U0059732

新荷蘭學

荷蘭幸福強大的16個理由

DUTCH TOUCH

DT
DUTCH TOUCH

CONTENTS DT

DUTCH **T**OUCH

真情臺灣・真情荷蘭 | 推薦序

胡浩德 Menno Goedhart・撰文
前荷蘭駐臺代表，2010年退休後，與夫人長居南臺灣

　　看到這個書寫計畫，我真是深受感動。這個計畫是要從各方面來書寫荷蘭，計畫的執行者主要是在萊登大學攻讀學位的臺灣學生，而這剛好也是我的母校。八年來，我一直擔任荷蘭駐臺代表，因此所有前往荷蘭讀書的臺灣學子我幾乎都見過。有幾位學生回到臺灣後，我們也又碰過面。他們對於荷蘭的生活都感到非常喜愛，對於我們荷蘭的文化、社會、自然、經濟、建築等各方面，也都能說出好多故事。這些觀感大部分是正面的，當然有時也會有所批評，但都是帶著一份對荷蘭的真感情。

　　這十四位作者決定要寫這本《新荷蘭學》，就是最好的說明。雖然我無法閱讀中文，但我認識其中大部份的作者，因此我會毫不猶豫地推薦這本書給所有讀者。我確信這本書寫了很多很有意思的東西，即使不是臺灣人，也會讀得津津有味。

　　2010年4月，我的新書《真情台灣：荷蘭駐台代表胡浩德的台灣遊記》出版後，就有人建議應該也要由臺灣人寫一本關於荷蘭的書。令我驚訝的是，現在竟然就出現了這樣一本書，而且還是由一群臺灣的博士生共同書寫的。這真是再好不過了！

2011年1月，寫於「返臺」前夕

碰觸臺灣未來的想像 | 推薦序

康培德・撰文
國立東華大學臺灣文化學系教授兼系主任

荷蘭人口是台灣的 3/4，土地面積是台灣5/4，國民所得大約是台灣兩倍。

50%的婦女在家中生小孩，產假有 16周。

65歲以上老人，每個月政府發兩萬兩千一百元（台幣計算）。

在荷蘭買房子貸款可以貸 120%，因為裝潢也要花錢。

荷蘭女王的公務車是福特，私家車是富豪，不浪費公帑。

工作者不論年資都有23天的年假，部分人因縮短工時代替加薪，可有36天年假，六月份會發度假費一個月，因為怕員工沒錢度假會影響工作情緒。

無法承受工作壓力也算公傷，許多人（將近一百萬）因此在家休養。

商店早上十點開門，下午六點關門，只在八個小時工作時間內工作，經濟力還是排在世界的前端。

荷蘭人會四種語言很普遍，九成的荷蘭人覺得自己很幸福，八成六覺得自己很健康。

重點是：當初鄭成功為什麼要趕走荷蘭人？

　　相信不少國人都在網路上看過這則膾炙人口的荷蘭簡介。在讀完宛如未來理想臺灣的新境界後，令人莞爾的是，民間宗教敬以為開台聖王的鄭成功，這回反而成了調侃的對象。

　　可惜，歷史的發展不是非黑即白的單純正反法則；如果當初鄭成功沒趕走荷蘭人，340年後的你我，也未必能成為享有上述福利的「荷蘭國民」。倘若臺

灣一直是荷蘭東印度公司轄下的領地，至二十世紀初都未曾在歐美等國之間易手，三百年後較有可能的結局是：當日本南進的勢力隨著二戰落幕而退去，在以美國為主的國際新局勢下，臺灣順勢隨著其他東印度屬地從荷蘭殖民地獨立而出。那麼，屆時臺灣是否會是新成立的印度尼西亞北方「神聖不可分割的領土」？

這當然是個黑色幽默，問題的答案也見仁見智；不過，屆時住在臺灣島上的你我所構成的社會，不會是現今這個樣子。人口組成大概會與東南亞一帶某些地區類似，福建系或廣東系人口只占部分比例；而南島語人口則不至成為流蕩在「山胞」或「原住民」詞稱下的分類；至於臺灣在文化、政治的發展，也應類似當今東南亞某些地區。

總之，不太可能是「荷蘭國」。

讓我們脫離歷史的想像，回到現實。坦白說，我們活在什麼樣的社會，與其說是身為某國國民的結果，不如說是你我如何面對、參與當下社會，來得實際也確切些。當初為鄭成功趕出臺灣的「荷蘭」，今日真的那麼誘人嗎？

與其透過網路對荷蘭的想像，不如真實去體驗荷蘭。那麼，《新荷蘭學》（*Dutch Touch*）這本集眾多具低地國經驗、在各領域學有專精的國人所剖析下的當代荷蘭，將是你我接觸荷蘭的入門窗。作者筆下舉凡低地國的建國歷程、自然環境、建築景觀、市鎮發展、航空交通、社會人口、農業成就、物質文化資產、飲食與生活、藝術與時尚、花卉與寵物等面向，不再只是讓你我嘖嘖稱奇的亮麗數值而已。今日耀眼成就背後的艱辛歷程，以及當下與未來的挑戰，都一一呈現於讀者眼前。

Dutch Touch，它不僅能釐清我們對荷蘭人文社會的想像，更能帶著讀者碰觸荷蘭來啟動新觀念。這個與我們過去擦肩而過的Touch，能對我們的未來帶來什麼？

為什麼我們要寫一本關於荷蘭的書 | 序

郭書瑄・撰文

不，不是因為我們想要回到荷蘭治臺時代。雖然那樣不見得會比現在不好。

我們是一群在荷蘭求學的博士生，每人懷抱著不同的初衷和各自的專攻領域來到異鄉。因緣際會下大家聚集一處，交換著彼此的友誼與心得。而自從我們不約而同進入這個奇怪的小國，每天的文化衝擊總讓我們在意外中又感到些許似曾相識。

我們發現，除了和鄭成功的一段歷史糾葛外，荷蘭和臺灣的近似度原來超過我們的想像：有著相近的面積與人口、都和大國比鄰而居，也都曾經歷過外力統治後獨立，然而荷蘭卻能自成一格，發展成一個高幸福指數的強力經濟國家。我們於是從一開始的驚奇、適應、批評，到認真反省這當中究竟有什麼值得我們借鏡的，這樣的話題在我們每月的博士生聚會中反覆上演著，而我們也歸結出些許結論，只期待和更多的人分享。

就在一次討論到熱血沸騰的夜晚，趁著酒酣耳熱之際，有人提出了醞釀多時的構想：「不如我們共同來撰寫一本荷蘭觀察書吧！」乍聽之下似乎不切實際的想法，卻因多數人皆有著以書寫度日的自虐習性而受到認同，之後也有更多住在荷蘭和比利時一帶的同好們加入寫作行列。這個計畫於是在大家的齊心努力下，隨著稿件的累積和出版社的提案進行，慢慢地付諸實現了。

我們嘗試在這本書裡觀察這個和我們各異其趣的國家，分析組成這個社會

脈絡的各種人文面向。由於許多當代現象其實具有淵遠傳承的背景，於是書中的文章不僅著眼於現代，更是深入歷史、挖掘可能的成因。因此，本書從乘坐歷史時光機的明喻開場，先對這個我們即將攤在解剖臺上的國家作一番背景認識，而我們也將發現，這個低地國的背後還有許多我們從未知悉的祕史。

光從硬體外觀看來，荷蘭擁有馳名國際的水利工程，還有井然有序的都市規劃，更有贏得歐洲最佳機場稱號的史基浦機場當作門面。而這種進步的成就顯然不僅限於外在形象，也反映在荷蘭人內在普遍抱持的寬容態度上。最明顯的例子便是荷蘭政府對各種群體所採取的開放政策，包括舉世聞名的同性婚姻、移民生活甚至動物福利，許多令人驚異的制度都形塑出荷蘭的前衛形象。

於是當我們繼續探索荷蘭生活的各個層面，從美食、語言、時尚，到荷蘭人深愛的腳踏車，我們不難發現這個國家的與眾不同。這些特殊性或許有利有弊，而這也正是我們得以進行觀摩與省思之處。同樣地，在各種藝術表現上，無論是博物館經營、建築或繪畫，都描繪著荷蘭人不容錯認的性格特徵。

我們企圖從上述的不同視野觀看這個國家。正如每個人都是不同的個體，本書裡的文章自然也都風格不一：有的嚴肅、有的詼諧，有的巨細靡遺、有的點到即止，有的放眼未來、有的以古喻今，這種多樣性也正是我們想要呈現的面貌。而我們也竭力確保在不同的書寫下，反映的是對各類議題同樣深度的思索。當然，荷蘭文化中還有許多本書無法兼顧的遺珠，但我們不過是提供萬花

為什麼我們要寫一本關於荷蘭的書　序

11

筒內的幾種光稜組合，一旦稍微轉換角度，世界就顯得不一樣了。

　　這種不同的觀看視野也揭露出本書撰寫的另一層意義。當歐洲人習於檢視自身內在的關係，忙著思索如何戰後重建和再現自我時，該是時候跳出歐洲中心的思考模式，轉換成從亞洲等其他世界出發的觀看角度了。不容置疑，荷蘭人的經濟力已經是世界前端，但在豐衣足食之後，還有什麼值得奮力追尋的目標？即使說飽暖思淫慾，但性產業開放的荷蘭人甚至連淫慾都不再稀罕。因此，當我們試圖由另一個亞洲小國的反省眼光進行文化觀察時，或許也提醒了荷蘭現代年輕人如今普遍缺乏的積極動力。這也是我們之所以自我要求，必須不斷對週遭社會抱持著省思與批評的理由，讓這樣的態度引導我們尋見更多可能的答案。

　　十九世紀的日本，能在短短數十年的明治維新後，迅速從一個前現代國家一舉跨入現代世界，成為船堅砲利的強盛國家，正是得利於江戶時代自長崎出島通商的荷蘭人身上所習得的「蘭學」。那是處於鎖國時期的日本，唯一通向西方世界的窗口。而荷蘭從航海時代歷經工業革命進入後工業時代之後，經濟力和人民幸福指數依舊走在世界前端。二十一世紀的臺灣，是不是也能從荷蘭身上，以新的蘭學得到向上躍升的動力？

　　十多年前，英國人科林‧懷特（Colin White）和美國人勞莉‧布克（Laurie Boucke）共同撰寫了一部戲謔荷蘭的文化觀察書 *The UnDutchables*（中譯為《荷

蘭不唬爛》）。今日我們以較學術的論述角度撰寫了這本*Dutch Touch*，某種程度上也可說是對前人作品的致意。*Dutch Touch*除了企圖跳脫西方主宰的觀點，也未嘗不是種新的聲明：在多元化的時代，現在的荷蘭不再是無法接觸的（un-Dutchable），讓我們試著來點荷蘭的接觸（Dutch touch）吧。

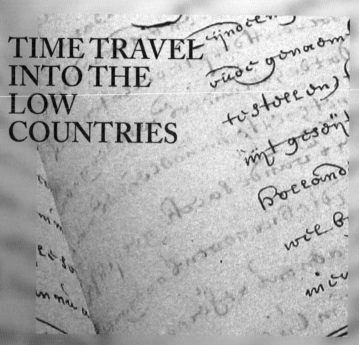

TIME TRAVEL INTO THE LOW COUNTRIES

a journey toward resurrection

低地國時光旅行團｜邁向復活的旅程

TIME TRAVEL INTO THE LOW COUNTRIES : a journey toward resurrection

「他們挑起野蠻爭端與不義之戰，爭要消亡於彼此的刀劍，竟是因為他們異地而處、風俗各殊？」──波伊提烏，《哲學的慰藉》（Boethius, Consolatio philosophiae, ca. 524）

Nakao Eki（那瓜）・文
荷蘭萊登大學東亞史博士候選人

導遊自白：時光旅行的奧義

　　這是個關於荷蘭歷史的故事，是一趟想像的旅程。閱讀這個篇章的讀者是這時光旅行團的成員，我則是這旅行團的導遊。在出團之前，我有義務先向讀者聲明，這並不是一趟很有條理的旅行，讀者必須預先做好勞碌奔波的心理準備。我們主要的活動是跟蹤一名荷蘭人，我們會跟著他負笈遠遊，跟著他功成名就，跟著他從雲端摔落谷底，成為階下之囚，而後跟著他越獄逃跑、流亡異國、客死他鄉。

　　這間諜任務背後的中心思想是：已逝的過往並不只是史料記載上的文字，

不是從時光爛泥中挖掘出來的腐朽史實，而是確切活過那個年代的人們所體驗過的真實。因此若非實地跟蹤幾個古人，我們便不可能真正了解歐洲半島西北角上的這個小地方，究竟是如何成為今日我們所知道的「國家」。而像我這種經常必須奔波許多瑣碎地點（例如博物館、檔案館、大學圖書館之類）的歷史學家，真正的功課並不是埋首書堆，而是在運河邊散步，流連酒肆與咖啡館，與人閒談瞎扯，到了夜深人靜無處可混時，再將自己蒐集到的所有線索在腦中編排成動畫，然後觀看並體驗這齣時代劇。這戲劇當然多少有點自導自演的成分，但容我在此引述已故希臘歌劇女高音卡拉絲說過的一段話：「如果你想知道如何在舞臺上表演，要做的事情只有一樣——聽。只要用心靈和耳朵認真地聽音樂，自然就會在其中發現所有的姿態。」換句話說，歌劇表演者真正的功課在於用心靈去聽音樂，尋找絃外之音與絃內之音合而為一的時刻。而接下來的這趟旅程也是基於同樣的道理，邀請讀者一同體驗這內外交會、已逝的過往與當下的心靈相遇的情景。

如同所有戲劇表演都有一個主要意象要傳達，每一趟時光之旅也都有其立足的象徵，是旅行者依循的線索。而我們這趟旅程要把握的則是「復活節」的意念。在此我們不妨拋開神學與哲學論辯，單純只以一種浪漫的方式來設想這一點：十六世紀末，在歐洲西北部的平坦低地上，有一群人起兵造反了。這些人本是西班牙王室的臣民，但如今重稅和宗教壓迫使他們決心追求獨立自由。與西班牙王室交戰十三年後，他們於1581年夏天宣布獨立，自稱為「低地七省聯合共和國」（Republiek der Zeven Verenigde Nederlanden），是歐洲史上的第一個共和國。不過在他們宣布獨立之後，還要再經歷近七十年的腥風血雨，待各方人馬都付出慘重的代價，這場戰爭才終於能夠結束。在尼德蘭人起兵造反八十年後，歐洲各國於1648年達成〈西發利亞和議〉（Peace of Westphalia）。這是歐洲史上第一個真正具有現代外交意義的和平會談，以兩個和約解決了數場長期戰爭，其中包括神聖羅馬帝國境內的三十年戰爭（1618~1648），以及尼德蘭人和西班牙人之間的八十年戰爭（1568~1648）。隨著和約簽訂，不僅低地國不再是神聖羅馬帝國的一部分，歐洲的政治局勢也進入了嶄新的階段。箇中原委十分複雜，不能在此盡訴，但讀者可以很方便地將之理解為一種浴火重生的過程。雖然長期而言，歐洲在此之後依舊紛爭不斷，甚至益見血腥，但對那個時代的人來說，數十年來遍及全歐的戰爭終於能夠劃下句點，說是重獲新生或許並不為過。

TIME
TRAVEL
INTO THE
LOW
COUNTRIES

1 PHOTO 荷蘭製圖家小揚索紐斯（Johannes Janssonius Jr., 1588-1664）繪製的
「低地七省聯合共和國」，收錄於1658年出版於阿姆斯特丹的地
圖集《聯省新述》（*Belgii foederati nova descriptio*）。

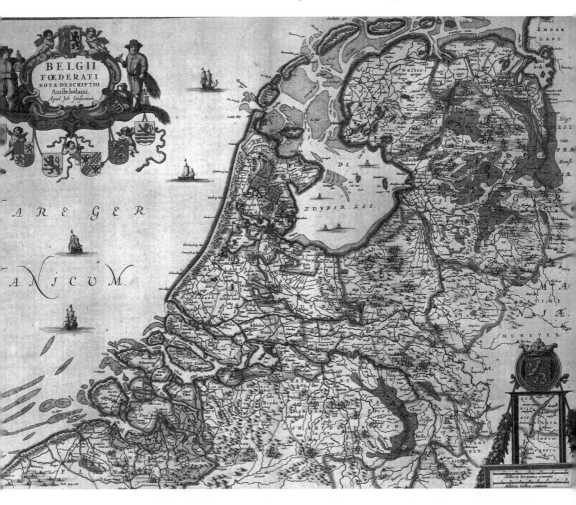

啟程：1583．臺夫特復活節

在現代荷文裡，春天叫做「lente」。這個字本來的意思是指每一年復活節前的四十天（Lent）。荷蘭人以這個字指稱春天，在許多方面都有其動人之處——此時正是冬盡春來的時節，濱臨北海的尼德蘭，雖然冷熱依舊交替不定，但整體而言，溫度確實開始升高，日照時間也逐漸增長。在基督宗教裡，四旬期始於耶穌自約翰受洗的那一日，終於復活節，這當中耶穌經歷了曠野裡獨處的四十日，克服了魔鬼的試探，重新進入耶路撒冷，之後被羅馬士兵逮捕，行完苦路，最後被釘死在十字架上。因此，稱春天為lente，基本上便暗示著這是一段少不了孤獨、掙扎、變動與痛苦的行旅，但在這整個過程當中，旅人都知道自己將會迎向光明和復活。

在1583年的臺夫特（Delft）進入教堂的人們可能也有這樣的心靈體驗。這一年的復活節在4月10日，而我們故事的主角葛羅休斯（Hugo Grotius, 1583~1645）就誕生在這一日，日後他將成為歐洲思想史上的巨擘、舉世公認的國際法鼻祖。他的家鄉臺夫特如今以畫家維梅爾（Johannes Vermeer, 1632~1675）而名聞全球；這位注重寫實的畫家筆下不僅捕捉到《戴珍珠耳環的少女》（Het Meisje met de Parel）那動人的神韻，也精準描摩了北海之國變幻不定的天光雲影。直至今日，看過他的畫作《臺夫特一景》（Het Gezicht op Delft）並到當地遊歷的人，都不能不承認畫中強烈的現實感。

不過，維梅爾比葛羅休斯晚了兩三個世代，1660年左右當他慢工出細活地描繪寧靜的臺夫特小城時，戰爭早已結束，葛羅休斯客死他鄉也超過十年了。我們可以想像，在葛羅休斯出生的時候，臺夫特的氣氛可能與維梅爾感受到的大不相同。那是戰爭流血的混亂年代，而臺夫特正是領導低地國獨立革命的奧倫治拿騷家族（Huis van Oranje-Nassau）的居地。就在葛羅休斯一歲多時，奧倫治親王威廉（Willem van Oranje, 1533~1584）在臺夫特遇刺身亡，然而因為戰爭的關係，他無法按照家族傳統葬在當時為西班牙人所占領的布烈達（Breda），因此他的葬禮是在臺夫特的新教堂（Nieuwe Kerk）舉行，此後這裡也成為歷代奧倫治家族成員的埋骨之所。而葛羅休斯雖然生前被迫亡命天涯，但在德國病逝之後，最終也歸葬在這所教堂。

一‧低地國時光旅行團

2 PHOTO | 圖為維梅爾的畫作《臺夫特一景》，現藏於海牙莫里斯皇家美術館（Het Mauritshuis）。

3 PHOTO | 臺夫特新教堂今日依然是小城重心，隔著廣場與市政廳相望，荷蘭王室不對外開放的地下墓室入口就在教堂內，奧倫治親王威廉的墓旁。

4 PHOTO 照片遠處的建築是現今的臺夫特王庭博物館（Het Prinsenhof）。
花園內的塑像是奧倫治親王威廉。

5 PHOTO 奧倫治親王威廉遭刺殺的
「犯罪現場」。據記載，
威廉是在晚餐過後下樓接
見客人時被槍殺在這道樓
梯上，牆上還留有當年的
彈孔。（圖右下方）

6 PHOTO 彈孔上方的古荷文說明：
這是1584年7月10日射中
奧倫治親王威廉的子彈彈
痕。（Hier onder staen de Teykenen
der Koogel en daer meede Prins Willem
van Orange Is Doorschoten op 10 Iuly A'
1584.）

因此，我們的旅行團不妨就在時空中的這一點佇足片刻——1583年4月10日，我們悄悄來到臺夫特新教堂的門口，看著人們在充滿希望的燦爛陽光之下走向城市中心的廣場，魚貫進入教堂。今天是復活節，我們知道春分已過，春天真的已經來了。同一時間我們也知道，就像每個春天之後都還有夏秋冬的循環要展開，生在這一天的葛羅休斯也有他波折不斷的人生旅程在前方等待。有一天他終究要再回到這座教堂來，而那時候離歐洲各國簽訂和約、止息干戈，也已經不太遠了。

次站：1594的時代意義

1594年在歐洲史上不算是什麼特別重要的年分。勉強說來，原先篤信新教的亨利四世在這一年2月迫於政治現實而重返天主教，之後終於能夠順利進入巴黎，以波旁王朝創建者之姿君臨法蘭西，大概算得上大事一樁。此外，原本受西班牙王室統治的低地省分，在這一年7月逼和了支持西班牙的北方城鎮荷羅寧恩（Groningen），也算是一起激勵士氣的捷報。但即便除去造反的低地省分不算，當時的西班牙帝國仍占有整個伊比利半島、一部分的義大利半島和法蘭西，不僅稱霸北大西洋，還坐擁太平洋兩岸的新大陸和菲律賓群島，聲勢如日中天，是不折不扣的日不落國。西班牙並不打算輕易放過這幫造反分子，這場低地獨立戰爭的終點還遠在難以捉摸的半個世紀之外。從一個較長遠的眼光看來，1594年真正的歷史意義恐怕要著落在一個小孩子身上。

這個小孩就是葛羅休斯。這一年他才十一歲，便告別了家鄉臺夫特而到另一座小城萊登（Leiden）入學。他想必熟知在那之前二十年，萊登曾發生過一樁驚天動地的大事——1574年10月初，萊登市民藉著暴雨，在水位大漲之際潰決了南方海堤，水淹西班牙大軍，終於解除了長達數個月的萊登圍城。流傳至今的故事說，奧倫治親王為了補償萊登市民為抵抗西班牙人所付出的慘重代價，詢問他們想要此後享有免稅的優惠，還是一所大學。而市民選擇了一所大學，理由是作為政治謝禮的免稅優惠不會永久，但知識的殿堂卻能夠長存。這樣的說法多少有點受到日後浪漫想像的渲染；事實上，萊登大學的設立，有很大部分是因為尼德蘭人感覺到自己不僅要在戰場上與西班牙人作戰，在知識和學術上也得與天主教勢力抗衡。而萊登大學就是這樣思考下的產物，是當時尼德蘭

全境唯一的新教大學，也是低地國邁向獨立自由的學術象徵，一座知識與精神領域的堡壘。

因此，葛羅休斯之所以前往萊登，與其說是天才對名校的選擇，還不如說是別無選擇。但總之萊登是葛羅休斯學術生涯的起點，他在這裡學習羅馬法、神學與古代經典，師事知名學者。所有這些人當然都對他的思想形成有所影響，但沒有一個人像當時尼德蘭最著名的政治家奧登巴涅菲（Johan van Oldenbarnevelt, 1547~1619）那般，對他的一生起了堪稱致命的作用。

三站：海洋自由・殺人越貨（1603~1609）

1598年，年僅十五歲的葛羅休斯陪同奧登巴涅菲出使法國，謁見亨利四世，讓法王留下了深刻的印象。次年他再度返回尼德蘭，在海牙展開了他不甚熱衷的執業律師生涯。或許就他的性格而言，他更適合當學者，可是送上門來的機會卻使他踏入了那個年代詭譎多變的政治領域。

他的第一起時代任務與1602年低地國成立的聯合東印度公司（Vereenigde Oost-Indische Compagnie，簡稱VOC）有關。這是世界史上第一個結集了國際資金的合股公司，以發展低地國的香料貿易為目的，這在當時是享有非凡暴利的事業。而在另一方面，VOC也是一家非常奇怪的公司，不僅受政府同意在海外享有壟斷貿易之權，還可以在必要時發動戰爭或媾和締約。這在今日看來令人頗感匪夷索思，但若我們將之想像成「以非常手段為革命建國大業籌措資金」的活動，便不難理解何以低地國政府竟會欣然同意讓一私人企業在海外享有一部分的「國家」權力了。

就在東印度公司成立的次年，在離海牙十分遙遠的地球彼端，發生了一椿即將改變世界史的小事。1603年2月25日，受僱於VOC的漢斯凱克（Jacobs van Heemskerk）在未獲授權的情況下，在新加坡附近攔截了葡萄牙船「聖加大利納號」（Santa Catarina），洗劫了船上的所有貨品。這海上殺人越貨的勾當雖然令某些公司股東頗感愉悅，有些股東則感到不安，認為似乎有負良知，更重要的是，這引發了葡萄牙的嚴重抗議，而當時葡萄牙是西班牙帝國的一部分，是正

7 PHOTO

今日，萊登大學語言中心便是以葛羅休斯的老師利普西斯（Justus Lipsius）為名，建築外牆上還題寫著古羅馬戰士歐拉休斯（Horatius, 65-8 BC）的詩，頗能引發我們對那個航海與殺戮年代的想像：

O navis, referent in mare te novi
船啊，留心吧，你將再度向海

fluctus. o quid agis? fortiter occupa
航去，你將往何方？或許應當就此停留

portum. nonne vides, ut
港中。看哪，那繫繩

nudum remigio latus...
已斷離了你的船舷……

與低地國交戰的敵對國家。爭議愈演愈烈，最後責任落到葛羅休斯頭上，他受命為此種劫掠活動尋找法律上的正當化基礎，好讓VOC能夠堂而皇之地將財貨據為己有。

　　葛羅休斯研究案情之後，寫成了《論戰利品與捕獲法》（De jure praedae commentarius），試圖透過完整的理論一勞永逸地解決這些爭議。不過這部作品中只有一章於1609年在萊登出版，也就是現代國際法的奠基之作《海洋自由》（Mare liberum）。葛羅休斯在這一章中力主海洋乃是國際領域，任何國家都有權自由從事海上航行，因此荷蘭東印度公司本來便有權闖入葡萄牙人在東印度的壟斷貿易。其結果便是尼德蘭人以新興海上霸權之姿在東印度群島與伊比利

人競逐財富，徹底打破了葡萄牙人的貿易網，以相當血腥的手段征服了盛產香料的摩鹿加群島，透過直接控制香料產地，逐步建立自己的壟斷貿易。

今日看來，《海洋自由》出版的1609年可謂充滿了矛盾。這一年，當西班牙為了消滅伊比利半島的伊斯蘭勢力而驅逐境內的穆斯林時，奧登巴涅菲終於促成了低地國與西班牙之間的十二年停火協定（Twelve Years' True, 1609~1621），但外部戰火平息反而使尼德蘭人陷入了內部衝突。也是在這一年，VOC在今天印尼的雅加達建立了巴達維亞城（Batavia）。此後這裡就是公司在亞洲的首府，是諸多血腥決策作成之地，而未來將被血洗的許多地方當中，也包括我們的美麗之島，福爾摩沙。

四站：下獄・潛逃・戰爭與和平（1618・1621・1625）

在奧登巴涅菲的賞識之下，葛羅休斯仕途順遂，青雲直上，在1613年受命為重要城市鹿特丹的諮議（Raadpensionaris）。這工作名義上是顧問，但事實上綜理全城法律事務，更是城市在省議會的代表，是位高權重的終身職務。但也是在這段外無戰事的時期，低地國內部的宗教緊張卻日漸提高。以果瑪魯斯（Franciscus Gomarus）為首的強硬喀爾文派神學家，和以亞米紐斯（Jacobus Arminius）為首的萊登神學院派，雙方在教義上的爭執不斷升溫，葛羅休斯甚至受命撰述了一份文件，聲明尼德蘭境內享有宗教寬容，但此舉成效不彰，反倒有點火上加油。當時的奧倫治親王是莫里斯拿騷（Maurits van Nassau, 1567~1625），一直以來他在宗教上偏好果瑪魯斯一派的教義解釋，在政治上則對奧登巴涅菲違反他的意願而促成十二年停火協定十分不滿，最後他在1618年採取了極端行動，將奧登巴涅菲及葛羅休斯逮捕下獄。後來奧登巴涅菲遭到處決，葛羅休斯則被判終身服刑，囚禁在路浮堡（Slot Loevestein，相當於當時低地國的綠島）。

葛羅休斯雖說受到終身監禁的嚴厲處置，在獄中還是相當受優待，不但可以和外界通信，還可以擁有書籍文具，在獄中繼續他的研究工作。也是這樣的優惠使他後來得以在妻子的策劃協助之下越獄逃跑。他藏身在一個大書箱裡，被當成書籍運出路浮堡，之後輾轉抵達巴黎，此後波旁王朝治下的巴黎就成了他

8 PHOTO | 今日路浮堡的外觀與十七世紀並沒有顯著差別，很能引起參觀者共鳴，並進一步想像葛羅休斯囚禁於此的心情。（拍攝：Niels）

9 PHOTO | 十七世紀的路浮堡。原版畫繪製於1636年。本圖翻攝自：Edward Dumbauld, *The Life and Legal Writings of Hugo Grotius*, University of Oklahoma Press, 1969.

異國流亡的主要寓所。

數個世紀之後的今天，多數荷蘭人或許已經不甚清楚葛羅休斯在歐洲思想史上曾經做出的重大貢獻，卻對當年那戲劇性的脫逃事件「記憶猶新」。如今阿姆斯特丹的國家博物館（Rijksmuseum）和臺夫特的王庭博物館（Het Prinsenhof）都宣稱自己擁有當年葛羅休斯藏匿的那只大書箱。我們當然已經無從得知到底哪個才是「真品」，但就體驗時空而言，王庭博物館或許強過國家博物館。這裡本是一座中世紀留下的修道院，後來成為奧倫治親王威廉的居所，也是1584年7月10日親王遇刺的案發現場。刺客爵拉德（Balthasar Gérard）是西班牙國王的支持者，喬裝成一位法國貴族與威廉接觸外交事宜，借著親身接觸之便槍殺了這位低地國獨立戰爭的靈魂人物。據荷蘭官方史料記載，威廉臨終之前呼求上帝的慈悲：

主啊，憐憫我的靈魂吧。主啊，憐憫這些可憐人吧。
Mon Dieu, ayez pitié de mon âme; mon Dieu, ayez pitié de ce pauvre peuple.

許多人質疑這或許是官方為了激起敵愾同仇之氣而杜撰的文宣，但若想想這死前懺悔在大眾文化之間引發了多麼廣大的迴響，或許就更能理解當年低地國追求政治獨立與宗教自由的內涵。而在另一方面，當我們來到王庭博物館，造訪那據稱曾經掩護過葛羅休斯的書箱，大概也不得不感嘆自由與寬容之難得吧。新舊教之爭點燃了遍及全歐的戰火，助長了尼德蘭人反抗帝國而追求獨立的決心，但是尼德蘭人原先極力想要獲得的宗教寬容，在威廉死後近四十年依舊付之闕如，否則，葛羅休斯又何以藏入書箱越獄，離鄉背井去擁抱他作為一個人的自由呢？

將葛羅休斯逮捕下獄的莫里斯拿騷過世於1625年春天。此時十二年停火協定已成過往，戰火重燃，西班牙人又再度包圍了奧倫治拿騷家族舊居的布烈達。我們不清楚葛羅休斯聽聞親王死訊時心中作何感想（想來應該五味雜陳多過額手稱快），我們確知的是，他的重要著作《戰爭與和平法》（De jure belli ac pacis）也是在這一年於巴黎出版。這是法學家的良心之作，體現了他自然法思想的精髓，從自然法的法源到法的內容、效力與範圍都有所著墨。今日自然法已經不再是現代世界所接受的法律思想，但重讀他的《戰爭與和平法》卻不難

一・低地國時光旅行團

發現，葛羅休斯雖然信仰上帝，也以此做為他整套哲學的基礎，他還是企圖在這基礎之上為人的存在本身找到意義。在這一點上，葛羅休斯已經告別了中世紀神學，轉向人類社會的本身，而這部作品便有如他一生知識旅途的復活節，標示著一個新紀元的開始。對葛羅休斯來說，人類自此要在自己的理性當中發掘規範，並且透過肯定自己的理性和社會性，接受規範的限制。在這個意義上而言，他或許比那個時代的許多人都更接近我們一些。

終點後的新起點

葛羅休斯生前不曾有機會見到歐洲戰火平息。據稱他臨終前曾說，自己一生力求所成，到頭來卻一事無成，或許這當中有一部分指的便是他對多年來戰火蹂躪下的歐洲所抱有的遺憾。但其實他離和平也並不太遠。就在他歸葬臺夫特後三年，各國達成了西發利亞和平協議，宗教戰爭的年代至此終成過往，宗教寬容成為各國所接受的基本原則，同時低地國確立了作為獨立國家的地位，歐洲也進入了主權國家的時代。

我們的時光旅行現在已近終點，但不妨在解散之前向被跟蹤多時的葛羅休斯現身，提出一個最後的疑問。據葛羅休斯在《戰爭與和平法》中所論，自然法所具有的乃是普遍的效力，一個人是否信仰上帝、是否是基督徒，都不影響基督徒（歐洲人）應受自然法約束的原則。葛羅休斯堅持自然法源於人類的理性和社會性，因此只要所面對的是展現出理性與社會性的人，行為者（包括個人和國家）都有遵循自然法的義務。但是，這當中也包括所謂的「野蠻人」嗎？

就在葛羅休斯脫出路浮堡而奔向自由的同一年（1621），東印度公司野心勃勃的總督寇恩（Jan Pieterszoon Coen, 1587~1629）以早先簽定的條約遭到違反為由，對班達群島的居民展開了慘酷的軍事行動，幾乎屠盡島上的全部人口，逃過一劫的則淪為奴隸，為尼德蘭人照料群島上的香料——只因為這散落班達海上的六座大小島嶼是當時全球唯一的豆蔻與肉豆蔻產地。關於這起事件，葛羅休斯可能會如何評價呢？

東印度公司血洗班達群島後一年，在離我們福爾摩沙島不遠的小琉球也發生

了一起悲劇事件：荷蘭船「金獅號」（*Gouden Leeuw*）的全體船員在海灘上被島上住民屠殺殆盡，令尼德蘭人十分怨恨，決心要報此血仇。十多年後，當尼德蘭人感到在福爾摩沙的殖民事業已然穩固，果真就在這座美麗的珊瑚礁島上展開了一連串慘絕人寰的屠殺，報復行動就如同復仇前的等待，竟持續了十年之久。1645 年初，一名漢商向尼德蘭人租下經營小琉球的權利，並殺害了當時島上僅存的十三名原住民，從此以後我們再也沒有見過傳說中小琉球的矮黑人了。

　　同一年病逝於德國羅斯朵克（Rostock）的葛羅休斯若是生前有機會得知小琉球「滅種」事件，又會作何感想？他會說尼德蘭人的報復行動不正當嗎？還是會說動武的理由雖然符合正義，但復仇行動未以正義方式為之，因此依然失去被視為正義之戰的資格？

　　矮黑人消失在小琉球的次年，尼德蘭人在福爾摩沙島上的尋金事業遭到了重大挫敗。1646年春天，兩名士兵奉派前往哆囉滿（Taraboan，位於今日花蓮立霧溪口），向當地人要求停留居住一段時間。他們打算在這傳說中的產金村落明查暗訪，找到金礦的真正所在地（之後公司再將當地人趕盡殺絕，好把黃金據為己有）。但他們的意圖被當地人識破，居住的請求也被嚴厲回絕。這鎩羽而歸的經過日後被呈報給上級長官，那份文件則流傳下來，至今保存在海牙的國家檔案館裡。目前在臺大任教的西班牙籍歷史學家鮑曉鷗（José Borao）評論這起事件時說，這兩名士兵聽到這些「土著」義正辭嚴的回答，想必感到十分震驚，並且首度發現這些「野蠻人」所具有的政治理解和道德力量。

　　看來鮑曉鷗似乎是將這兩名士兵視為葛羅休斯的替身，並試圖呈現一幅歐洲良心覺醒的畫面。雖然我們無從得知葛羅休斯是否會同意鮑曉鷗的看法，但若我們選擇去相信，或許代表我們如今已比葛羅休斯更接近他畢生的夢想。我們還沒忘記這畢竟是一場邁向復活的旅程，故而在此學著以希望和光明來回答疑問。但面對復活節過後將要展開的新頁，我們這個時代的人要抱著怎樣的信念將旅途繼續下去？屬於我們的復活和新生又在哪裡？

一・低地國時光旅行團

10 PHOTO 圖為海牙國家檔案館所保存的一份東印度公司文件,是當時駐在淡水的東印度公司商務員致長官的公文書(手抄副本)。原信是一封相當長的報告,其中提及奉派前往哆囉滿的兩名士兵被當地人回絕請求一事(圖上手指之處)。信末所署時間為1646年7月8日。

11 PHOTO 同一日攝於臺夫特的兩張照片:陽光照上教堂地面墓碑的同時,也穿透了教堂外春日的樹梢。這意象彷彿訴說著葛羅休斯的一生,和他一生中關切過的所有話題。

IN BRAVERY WE FACE THE OCEAN

how the dutch fight and deal with water

2 CHAPTER

勇敢面對海洋 | 荷蘭人與水搏命攻略

IN BRAVERY WE FACE THE OCEAN : how the dutch fight and deal with water

> 荷蘭人理解到水是不可壓縮的流體，它能夠運移、停滯、轉
> 向、擴散，卻不能沒有空間。

周柏儀・文

比利時魯汶大學地球科學博士
中興工程顧問社大地工程研究中心副研究員

　　三分之二的國土位於海平面以下，低地國與北海有著好幾世紀的恩仇。荷蘭人世代與海為鄰，全國人口密度排名最高的都會區皆緊鄰北海；他們也與海爭地，從十五世紀即著手國土乾拓與造陸，確保木鞋下的土地不再泥濘。為了居民的生計與生存，荷蘭築起總長約三萬五千公里的堤壩和閘門來抵擋北海怒潮；接著陸續啟用了一千座以上的風車，每天從內陸抽出相當於東京市一整年的排水量；最後試圖將奪回來的圩田爛泥轉變成有生產力的阡陌良畝。然而，與自然抗爭，荷蘭也遭受了無數次洪災的反撲與重創，造成難以計數的生命財產損失。

面對海洋，荷蘭人用水利工程不斷挑戰人定勝天的極限。最為人所熟知的水利工程是1953年洪水肆虐後，他們在萊茵（Rijn）、馬士（Maas）、須德（Schelde）等河流交會處建設的「三角洲工程」（Deltawerken），這是號稱世界上最大的防潮工程，確保荷蘭不再受到水患影響。而時至今日，荷蘭水利工程的設計亦加入整合性水資源管理的元素。低地國人民從與海洋全面宣戰，轉變到與之榮辱與共，這種與洪水共存的智慧與經驗值得我們學習。

我們將從北海地理條件與荷蘭過往洪災談起，簡述三角洲計畫與相關水利工程的貢獻，以及未來荷蘭面對全球氣候變遷與海平面上升的對策。

從北海說起

全球氣候變異所帶來的效應，除了極地冰山消融、各地生態時令錯亂，越來越極端的水文事件亦對人類臨海居住環境造成相當程度的威脅。即便2007年的諾貝爾和平獎得主讓全世界碎了一地的眼鏡，這樣的訊息卻也試圖喚醒人類應該正視海平面上升的潛在風險。

然而，對於荷蘭人而言，「勇敢面對海洋」卻已經是近五十年前的考古題。

北海自古便是沿海諸國展現國力的最佳舞臺，在內陸運輸不甚發達的年代，作為歐洲遠洋進出口貿易的門戶，她讓皇室得以品嘗來自海外殖民國進貢的香料乾果，也提供了庶民擴展南北生活物資的買賣通路。另一方面，北海蘊藏的資源也相當豐富，她孕育的魚蟹貝類超過兩百種，包括荷蘭傳統市集特有的鯡魚，以及比利時人鍾愛的貽貝；她還蘊藏油田與天然氣，確立她在政經與戰略上的重要地位；各國在北海離岸風場的商業競爭，更是近年來歐洲再生能源市場上的熱門話題。

從北海周邊地理位置來看，雖然荷蘭只有350公里長的海岸線，卻恰巧占據了相當有利的貿易熱點。荷蘭不但掌控了萊茵河內陸航運吞吐的港口，也扼制了從多佛海峽往北歐諸國的航道。而隨著荷屬東印度公司成立，荷蘭更幾乎壟斷了歐亞經貿市場，加速躍升為海上強國。荷蘭的文藝與科學不僅在此黃金時

代蓬勃發展，國力也在十七世紀達到巔峰，成為英國在北海勢力版圖上最主要的競爭對手。

經貿活絡帶動了土地利用的需求，於是荷蘭人開始與北海爭地，不斷進行內陸排水與造陸。荷蘭的經濟因依附北海而富庶，而他們的海岸與水利工程技術（包括波浪動力推估、漂沙堆積估算、海床測繪、港灣與船舶設計等）自黃金時代以來也打下了深厚基礎。時至今日，阿姆斯特丹、鹿特丹、海牙這些全荷蘭人口密度排名最高的都會區，皆緊鄰北海。這些臨海城市不但吸納了龐大的住民、貢獻整個國家三分之二的總收入額，也在全球文化、經貿及食品供應上占有一席之地。

坐擁北海所具備的地理優勢，絕對是荷蘭王國崛起過程最關鍵的外在因素。

間歇性沉潛的王國

假設我們能從海面遠眺荷蘭，會發現沒有比「平坦」更適合用來形容荷蘭地形了。曾有人打趣說：在古早的荷蘭，只要眼力夠好，人們站在最北的菲士蘭省（Friesland）就可以看到國境最南的林堡省（Limburg）。

荷蘭地處萊茵、馬士、須德等河川交會出海的沖積平原，乃是名符其實的三角洲地形。國土全境將近五分之一為水域，包括自然河川、人工運河、湖泊與濕地，稱之為水鄉澤國一點也不為過。荷蘭地勢最低點在豪達（Gouda）和鹿特丹之間，比阿姆斯特丹夏季平均海平面還低6.76公尺，當地市旗畫的是一頭在水面上載浮載沉的雄獅；至於荷蘭地勢最高點則位於東南方林堡省的法爾斯丘陵，標高海拔322公尺，僅能與高雄壽山齊肩。

平坦的地勢讓河川在進入荷蘭之後產生辮狀分離，大小支流經年累月在荷蘭國土上刻劃出不同的地景碎塊，不但分割出不同的地方文化，也串聯起城市彼此的競爭與繁榮。然而作為下游出海口國家，荷蘭也得承受河川上游集水區所累積的勢能，以及德法等國的工業污染。以萊茵河在荷蘭每秒2000立方公尺的年平均流量為簡單的概念推估，單憑這條表面河川就足以讓荷蘭全國變成一座

1.5公尺深的超大游泳池。加上荷蘭有大半國土地勢低於北海海平面，因此過去一旦發生豪大雨，荷蘭60%以上的國土不是受到大潮侵襲就是內澇成災。放牧地每年都好幾個月積水不退，破損的河堤與海堤一修再修，然而，每隔幾年卻還是會重演潰堤的悲劇。

當歐洲鄰國不斷聳立起直達雲霄的哥德式教堂，荷蘭人仍持續在水患泥沼中奮戰不懈。隨著全球的氣候變遷，荷蘭臨海城市在水利安全上更承受了無形的壓力。根據荷蘭三角洲委員會引述荷蘭皇家氣象局（KNMI）在2006年的估算，在不同全球暖化潛勢模擬條件下，到2050年荷蘭的海水將上升15~35公分，而到2100年則會上升到35~85公分，而這還不包括內陸相對地層下陷的速度。

荷蘭人沒因此認輸。

摩西時間的延長

荷蘭一直試圖把上帝的手掰開。

根據希伯來聖經的記載，摩西的杖一伸入紅海，海水便分開，露出乾地，讓上百萬以色列人得以通過。早期荷蘭先民亦將海視為惡水、將河視為瘴癘，用盡一切可能方法只為了讓雙腳保持乾燥，好讓自家後方的那畝田能種菜養牛。自十一世紀開始，為了創造新的耕地面積以及居住環境，荷蘭人開始思考以人為方式與水爭地，「圩田」隨即竭澤而生。

所謂圩田，是先在積水的低窪地帶或湖泊池塘周圍圈建堤防與水門，之後慢慢將堤內的水往外排放到堤外。當低窪地乾拓後，原本淤積的窪地終於露出泥炭，人們便可開始從事放牧與開墾等活動。為了維持這些新生地的使用效力，荷蘭人必須不斷地與地心引力拉鋸，將低窪地土壤的水導向堤外，並重新規畫排水動線，必要時還得讓河川改道。在過去動力能源缺乏的地區，排水的重任即由風車承擔。

荷蘭的風車通常配備有四片風葉，葉片上還會加掛帆布以助承載風力。風車

二·勇敢面對海洋

1 PHOTO | 荷蘭西南沿海「小孩堤防」（Kinderdijk）的風車與渠道。

2 PHOTO | 阿姆斯特丹傍水而居的景象

頂帽一般能夠旋轉，用來轉動風車以面向最有利的風場。透過風的力量驅動風車內部機械輪軸組件，進而推動底部水車運轉，以將低處的水往高處輸送。如此逐漸將荷蘭陸腹的水一級一級往北海送，人民的生活便得以在惡水退散的新生地上扎根。如同維納斯的誕生，荷蘭人相信陽光最後會帶走木鞋腳下多餘的水分，而花也終將在春天的圩田中綻放。

目前在荷蘭有超過三千處大大小小的圩田，陸續啟用過超過一千座的風車，保守估計每天得從內陸抽出相當於日本東京市一整年的排水量。然而，為了避免圩田排水過度而沉陷，或是堤外水壓過高而潰堤，堤內外水位必須取得動態平衡。因此，田間排水渠道的間隔、抽排水量，以及堤內外水位的調控等，都必須經過縝密計算，並由地方專責機構來管理。

隨著科技進步，風車逐漸退役，漸而由現代化抽水幫浦機組所取代。荷蘭人不但在新生地種出了千變萬化的鬱金香，還舖設鐵公路、大興城鎮，甚至蓋了機場。因此，在荷蘭常常可以看見河道與陸面幾乎齊高的景象，人民的生活是真正傍水而居。

1932年完成的南海工程（Zuiderzeewerken，又稱桑德海工程）展現了荷蘭人處心積慮延長摩西時間的堅持與瘋狂。

為了增加更多耕地與畜牧面積，由荷蘭著名的工程師萊利（Cornelis Lely, 1854~1929）所主導的計畫，是先在荷蘭北部內海與外海交接虎口處拉上一道封鎖線，即今天地圖上連接北荷蘭省和菲士蘭省的艾芙堤（Afsluidijk），內海被包圍住，水位就不會受洋流影響。這樣一來，荷蘭中部的精華地帶，如阿姆斯特丹與烏特勒支等大城市，就不再受北海威脅。另一方面，由於有內陸河川持續補注，經過長時間的更替，原本苦鹵的內海鹹水就會被淡水取代而成為湖泊，亦即今天地圖上的艾塞湖（Ijsselmeer）。最後，人們不但可以善加利用湖泊淡水資源作為民生用途，還可照慣例將湖泊圩田化，進而創造新的土地面積。

這個瘋狂的構想一開始就充滿阻礙和疑慮。工程師除了要擔心龐大的預算無法到位，還得試圖平息沿海居民的反對聲浪。居民的擔憂其來有自，因為一旦整個內海轉換成淡水湖泊，不但原本的生態系統完全崩解，仰賴漁獲維持生計

3 PHOTO 「萊利市」（Lelystad）便是南海工程中，由工程師萊利所主導出的造鎮計畫。這是目前萊利市沿海仍持續進行的填海造鎮工程，圩田的水抽乾後，在上方種植草木以增厚土壤，之後便可開路、蓋房、造鎮。

的居民也將空船而歸。再者，北海衝擊的力量將轉移到其他更北的城鎮，反而大大增加了其他地區居民被海水灌頂的風險。然而，萊利在1913年受荷蘭政府聘任為交通運輸部部長，他在評估經濟與人民安全之後，終於得到支持並開始進行這項計畫。

在阿姆斯特堤（Amsteldiepdijk）先遣試驗工程完成後，荷蘭政府決定加速主體建築的工作進度，而1932年艾芙堤完工，算是整個南海工程最重要的里程碑。這座32公里長的堤防高出海平面7.25公尺，前後雇用五千名以上工人，以五年的時間竣工，總共消耗兩千多萬噸砂與一千三百萬噸礫土。這道堤防兩端設有船閘供船隻通過，並設計了廿五處排水閘門，固定將內海的水往外海送。南海工程完成之後，從艾塞湖誕生四塊面積總合約2500平方公里的新生地，提供荷蘭更多生活空間與就業機會，更成為荷蘭第十二個省分。

阿姆斯特丹的居民從此不必再牽掛海水暴漲的風險，船隻可以從容地從碼頭載貨進出港口，而市區內運河水位下降後，原本的堤防也可功成身退。沿著阿姆斯特丹市區的運河走，可以看到許多早期抵擋海水的新舊閘門，大小船隻在其中來回穿梭。走進距離中央火車站不遠的唐人街，雖然原本橫亙的海堤已不復見，當地新住民卻也巧妙運用儒家哲學思維，替原本的荷文街名安上「善德」二字，提醒遊客莫忘南海工程的貢獻。

荷蘭人一度將南海工程視為對抗海洋的勝利宣告，今日的艾芙堤堤頂是連接北荷蘭省和菲士蘭省相當重要的A7公路，公路上紀念的除了有站在風中睥睨著北海的工程師萊利，還有當年在工程前線胼手胝足的砌石工人。

北海的逆襲

被對手逼到擂臺邊緣的拳師一旦決定反守為攻，出手絕對是拳拳到肉。

由於鄰近北海，荷蘭早期亦曾遭受多次海水倒灌的侵襲。不同於二戰德軍的坦克，與北海的輸贏往往在幾個小時內分出。從許多記錄荷蘭遭受風災與洪水侵襲的文獻與史料可以看出，逆襲往往發生在晝短夜長的冬季，北海洋流逆

二・勇敢面對海洋

4 PHOTO | 阿姆斯特丹穿梭在運河閘門門間的遊船

5 PHOTO | 阿姆斯特丹市區運河水閘門

6 PHOTO | 阿姆斯特丹善德街，Zeedilk的原意即為「海堤」。

7 PHOTO | 艾芙堤堤防上的砌石工人雕塑 (影像來源：林珮霖)

時針旋轉的切線加速衝擊，直接考驗了沿海堤防的韌性。荷蘭籍數學家柏努利（Daniel Bernoulli）的經驗告訴我們，由於北海暴潮的速度、壓力和勢能的總和將在內陸空域中維持恆定，一旦海堤被撕裂，出現缺口，海水瞬間破堤的力量將把陸上的房舍與牲畜全部捲走。冰冷的海水不但一口氣讓內陸的水域碎塊化整為零，低溫造成的高黏滯係數也讓海水退去的速度相對緩慢，傷亡之重，從記載中以千人為傷亡基本單位可見一斑。北海的逆襲不但屢屢重創荷蘭，甚至數次殃及德國與比利時。

然而洪水退去之後，荷蘭人又再度築堤、排水、造陸，生活歸零重新來過。

1953年1月30日，標記了荷蘭戰後受創最嚴重的一頁。一股在冰島南方生成的低氣壓轉變成颶風進而襲擊荷蘭，雨勢挾帶著九級陣風，在國土西南方肆虐了近二十個小時，文獻記載中，最高的海潮水位甚至超過阿姆斯特丹常水位（N.A.P.）將近五公尺。在風暴形成兩小時之後，第一道海堤缺口出現了，西南方內陸省分共計八十九座堤防陣線也陸續被沖毀，長驅直入的力量有人形容像是發狂暴衝的象群，破損的基座結構甚至被帶到原址百餘公里之外。

低地國又一次被重拳扣倒。造成的人員傷亡如往年一樣慘痛，然而基礎結構工程不堪一擊，卻讓荷蘭人開始警覺到自己與北海這個對手似乎不在同一量級。為了幫助國家盡速從風災中站起來，避免人民傷痛重複上演，1953年的洪災過後不到一個月，荷蘭由公共工程部門主導成立了第一屆三角洲工程委員會（Deltacommission），重新擬定國土防洪與保育政策，著手更新水文地質與洋流的觀測紀錄，並上修工程防洪設計標準。荷蘭水利工程師開始思考：如何讓下一代的子孫能「實際擁有」自己的土地，並找到「明確的歸屬」。終於，荷蘭在1958年催生了與海洋的正面對決：三角洲工程（Deltawerken）。

三角洲防禦升級

即使地形與地勢的條件並沒有給荷蘭人太多的籌碼，然而只要用對策略，仍然可以扭轉局勢並打出一局好牌。這是荷蘭水利工程人員正面詮釋難題的態度。他們體認到，縱使有再迅速的預警與通報機制，要在北海逆襲發生之前撤

離所有沿海低窪地區將近九百萬戶的居民並不是解決問題的根本辦法。再者，海水入侵造成內陸土地嚴重鹹化，淡水資源的供給負荷將更加沉重。

防守，是接管這場比賽的關鍵。

委員會於是建議荷蘭中央政府全面串聯三角洲碎塊與浮島，並從河川出海口朝內陸方向分階段管制，重兵封鎖海洋與內陸接觸的路徑，只保留鹿特丹和安特衛普港航道的暢通。面對北海的挑戰，荷蘭在三角洲這個賽場上擺了如同前鋒、中場與後衛等不同位置的水利防禦陣勢，包括不同操作機制的防潮閘門，以及不同形式的海岸堤壩。最前鋒線位置的沿海堤壩以一萬年回歸週期為設計準則，也就是能抵擋一百個世紀才會出現一次的極端海浪高度，而其後的防守單元也必須至少有四千年回歸週期的設計，戮力在北海下一波攻擊發起之前做好準備。

由於各個地點的海象和地形條件不全然相同，除了要兼顧工程單元彼此之間的影響，也必須考量對於陸地交通、航運、民生、經濟、古蹟與生態的衝擊，因此光是選擇因地制宜的工法就讓荷蘭的地質工程學者傷透了腦筋。荷蘭政府於是決定從相對小規模並且簡單的工程著手，從中獲得經驗與數據，進而作為下一期更大型工程的設計評估參考之用。

三角洲系列工程從後衛防線開始建造，首先完成的是萊茵河在鹿特丹上游河段的「荷蘭斯艾塞防潮閘門」（Stormvloedkering Hollandse Ijssel, 1954~1958），也是三角洲工程最靠近內陸的防線單元。這個防潮閘的設置主要在於保護荷蘭心臟地帶的居住環境，當海水倒灌使河川水位逼近設計容忍限度時，兩道如雙刀般的鋼鐵閘門會垂直降下以封閉河道。由於荷蘭斯艾塞是萊茵河通往北海內陸航運相當重要的河段，因此在閘門左側還設計了供船舶通行的航道，即使閘門放下了，船隻仍可從側邊通行。

緊接著，熱蘭省（Zeeland）三個島嶼：瓦爾赫倫（Walcheren）、北貝法蘭（North-Beveland）、南貝法蘭（South-Beveland）藉由東西兩座堤壩「費爾瑟堤」（Veersegatdam, 1958~1961）和「桑德克堤」（Zandkreekdam, 1957~1961）進行串聯，形成三角洲南端的防守單元。兩座堤壩一前一後形成雙重防禦，不但在三

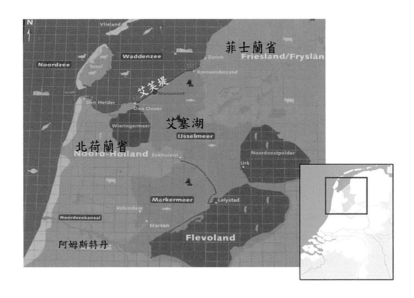

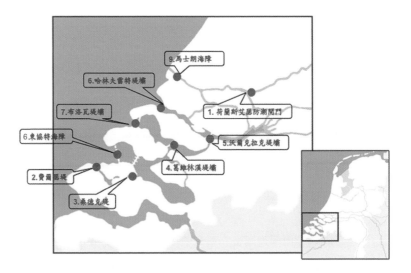

個島嶼中間圍出了22公里長的藍帶潟湖（Veerse Meer），更解決了三個離島間的交通問題。這個三島相連的計畫早在1953年洪災發生之前就已經提出，完成後也帶給設計者與工程師更多經驗與信心，得以面對往後施工難度更高的單元。

靠近陸腹的堤壩陸續完工，包括熱蘭省與南荷蘭省之間的「葛維林漢堤壩」（Grevelingen dam, 1958~1965），以及連接北布拉邦省（Noord-Brabant）與南荷蘭省的「沃爾克拉克堤壩」（Volkerk dam, 1957~1969）。作為防守中場的角色，這兩座堤壩在後續主要沿海工程施工期間發揮了緩和水流衝力的功能。

至於四座面海的前鋒設施，則包括「哈林夫雷特堤壩」（Harlingvliet dam, 1957~1971）、「布洛瓦堤壩」（Brouwers dam, 1962~1971）、「東協特海障」（Oosterschedekering, 1958~1986）與「馬士朗海障」（Maeslantkering, 1991~1997），完成了這些設施，便意味著三角洲系列防禦工程初步升級完成。三角洲計畫所完成的堤壩長度加起來約為臺灣海岸線總長的十倍，這些工程設施不但提升了荷蘭沿海防禦的等級，封鎖了北海近逼內陸的路線，並確保荷蘭不再受海水倒灌所苦，同時也創造了幾個重要的人工湖泊，對於荷蘭南部水資源的利用與調配有相當大的幫助。

然而，將北海完全隔離境外只解決了一半的問題，洪災的發生尚有可能源自內陸河川的暴漲而溢堤。

以空間換取時間

全球暖化將使雨量的時空分配極度不穩定，間接造成河川流量改變。以萊茵河為例，未來50~100年的年平均河川流量預估將是目前的8~10倍，然而洪峰流量分布卻會集中在冬季，而夏天則可能僅以地下水來補注河川的基流量。這種分配不均的狀況，在夏季會造成淡水資源不足，而當冬季豪大雨來臨時，如果沒有足夠空間吸納暴增的水量，勢必會使得市區與城鎮內澇成災。

因此，荷蘭提出了「把空間還給河流，時間留給人民」的概念。這個「空間」的產生，包括將堤防向後推移、將河槽加深加寬、保留滯洪容積、連接主要河川幹道與都市排水系統，甚至拋棄部分圩田，讓抽排出堤外的水回淹歸

位。如此一來，河川能與都市空間共榮並蓄，當洪氾發生時，人民將會有更充足的「時間」來應變與補救。

面對全球氣候變遷的局勢，荷蘭人認為第一階段防禦工程仍不足以抵抗可預期的海平面上升速度。以保護鹿特丹港的馬士朗海障為例，本來的防洪設計標準預估海障每十年會關閉一次，然而著眼於百年之後海水上升高度，關閉的頻率會高達每年三到七次。為了把未來荷蘭每年因水患所造成的傷亡控制在總人口的百萬分之一以下，由荷蘭前農糧部部長費爾曼博士（Prof. Cees Veerman）所主持的第二屆三角洲委員會，於2008年再度提出十二項具體建議，整合區域發展計畫與航運需求，針對防禦最薄弱的地點進行補強。這些建議包括：

1. 全面提升荷蘭海堤防洪高度。
2. 在洪氾區開發新市鎮的環境成本，必須由建商或地方利益團體承擔。
3. 在海堤保護範圍以外的城鄉發展，不得阻礙河川行水或湖泊水位變化。
4. 西部沿海部分區段必須進行人工養灘以及並重置進潮道。
5. 以國際合作的方式進行荷蘭北方海岸泥質灘地生態區之保育。
6. 提升三角洲沿海防潮閘門的使用壽命與強度。
7. 維持三角洲鄰安特衛普一帶河口為開放潮汐狀態。
8. 確保沿海防潮閘門全部放下時，內陸有足夠的腹地吸納河川尖峰流量。
9. 落實內陸「還地於河」的政策。
10. 暴雨時全面管制萊茵河出海口，並導引河川突增的流量，改由從西南三角洲入海。
11. 將北方人工淡水湖艾塞湖的水位拉高1.5公尺，以因應2100年海平面的預警高度。
12. 明確定義未來防洪決策、執行、資金籌措的政府層級與分工。

治水觀念的演變

從傳統的風車到現代的抽水幫浦，從人力堆疊的沙包到鋼筋混凝土的堤壩，低地國的人民從「與水爭地」、「迫河改道」，到「還地於河」、「藏水於民」，最後「傍河而居」，荷蘭的治水觀念隨著時代和工程技術的進展也有所轉變。與水搏鬥多年，荷蘭實踐了「從毀滅到繁生」（From doom to bloom），

卻也在傷痛中學到水能載舟、亦能覆舟的道理。海洋，曾帶給荷蘭無窮的希望，卻也曾毫不留情地抹煞所有堅強的理由。低地國人民對於海洋的情感，從懵懂、依賴、競爭、懼怕，到勇敢面對，他們將與海洋攻防之間的那一份細膩互動，轉換成實際科學的論證與實現。這樣的過程需要相當長時間的碰撞、試誤、歸零和修正，目的只為了稍稍拉長校準數據中小數點跳動的距離。

將土地還給河川，或是說讓河川回到它本來的位置，與其說是荷蘭人放棄了馭水的雄心，倒不如說他們改變了對待水的態度。荷蘭人理解到水是不可壓縮的流體，它能夠運移、停滯、轉向、擴散，卻不能沒有空間。因此，荷蘭對於水採取管制但不強制的態度，讓水自由地在鄉野與城鎮中流動，也讓人民習慣水在生活的空間中出現，貫徹真正的「親水」概念。

荷蘭人治水的視野是宏觀的，手段是靈活的，但是根基仍然建立在保障人民需求與安全的核心價值之上。現今荷蘭的總人口已破1600萬，隨著水利工程之發展，荷蘭人不但能隨心所欲地控制水流，並能保護居民不再受水患威脅。

放眼未來，在氣候變遷的賽局內，水文回歸週期只能作為政策評估的參考，因為暴雨有可能在下一秒降臨。荷蘭人知道他們不能只是被動地防禦水患，也不能只在災難發生後才採取因應措施或頒布緊急命令。唯有順應變遷，預先建構完善的防禦與救災網絡，並且充分尊重水利工程與氣象專業人員，才能真正與水共存。

9 PHOTO | 阿姆斯特丹支撐在水面上的房子

10 PHOTO | 漂浮在水面上的房子（影像來源：林珮霖）

FINE
ART
AND
COMMERCE

paintings in the dutch golden age

3 CHAPTER

藝術與貿易 | 黃金時代的荷蘭繪畫藝術

FINE ART AND COMMERCE : paintings in the dutch golden age

荷蘭人在藝術與貿易上的合作經驗，彷彿向全世界驕
傲地質問：「誰說藝術不能賺錢？」

郭書瑄・文
荷蘭萊登大學藝術史博士候選人
著有《圖解藝術》、《插畫考》

荷蘭是個不適合作畫的小國。

　　明信片上如詩如畫的風車、運河和鬱金香等明媚風光，其實都只維持短短
數月。荷蘭絕大多數的時刻，都在陰雨綿綿的晦濛天色下度過。向海爭地的結
果，使這個國家大部分都是平坦無奇的土地，更別提高山低谷、飛瀑祕泉的壯
麗景色了。且看梵谷在祖國荷蘭的早期畫作總是一片憂鬱陰沉，一旦來到晴朗
的法國南方，畫布上開出的向日葵便是多麼明亮耀眼。

　　然而，這塊地方雖在文藝復興、洛可可或浪漫主義等重要時期的表現都不
曾占據主導地位，卻有一段異常活躍的藝術顛峰期，也就是十七世紀商業貿易

達到頂峰的黃金時代。直到今日，這時期的成就仍是空前絕後，是人們提起「荷蘭藝術」時腦海中的第一印象（也是唯一印象）。而大航海時代與藝術高峰期的重疊，顯然不僅是種巧合。

黃金時期的藝術確切勾勒出荷蘭人的務實特質。不同於世紀末風流倜儻的巴黎人為藝術而藝術，能讓荷蘭人關切並投注心力的主題，不是想像、唯美或崇高，而是和他們切身相關的現實事物。十七世紀的荷蘭藝術，說穿了，其實就是荷蘭小國的即時速寫。

貿易，還是貿易

若我們觀察同時期的歐洲天主教國家，充滿榮光權威的巴洛克藝術正以華麗的動勢裝飾著教堂或宮廷。相形之下，即使是毫無藝術史概念的人也能輕易查覺荷蘭和這些地方的差別：在這個新教國家的藝術表現中，宗教色彩明顯淡化了不少，取而代之的，是大量的人物、風俗、靜物和風景畫。

自從代表天主教勢力的西班牙統治者被趕出這個國家以後，反對描繪聖像的新教，尤其是崇尚簡樸的喀爾文教派，便在荷蘭境內蓬勃茁壯了起來。不難想像，這對荷蘭藝術顯然有著舉足輕重的影響。

少了教會的大量贊助，藝術家必須另謀收入來源。這時的交易模式於是從依照委託人的訂單而作畫，逐漸轉變為藝術家必須拿出自己畫好的作品到市場上求售。在這個中產階級正興起的商業國家，他們找到的買家除了達官貴人，有很大一部分便是新興的富裕商人。因此，雖然表面上藝術家可以自由創作任何想畫的題材，但現實上，他們也無可避免地必須迎合市場的愛好與品味。同時為了最大的效益考量，藝術家經常會選擇自己最擅長（或賣得最好）的畫種，專注於同一種風格創作。而肖像畫或許就是其中最容易獲得穩定收入的畫種之一。

簡言之，一切都是為了錢。

FINE
ART
AND
COMMERCE

1 | 哈爾斯筆下的商人皮耶特‧凡‧登‧布魯克，筆觸大膽、
PHOTO | 個性鮮活，跳脫原有肖像畫僵硬的神情。

在這種典型市場作風下，哈爾斯（Frans Hals）可說是這種新興荷蘭畫派中頭一位稱得上大師級的人物。

哈爾斯出生於當時繁榮的商業城哈倫（Haarlem），雖然無法靠賣畫致富（實際上在他晚年還遭遇了嚴重的財務困難），但從他流傳至今大批活力無窮的肖像畫看來，他的作品無疑相當迎合贊助人的口味。

哈爾斯筆下的人物，看不到肖像畫中常有的僵化表情，相反的，他擅長以靈活筆刷勾勒出快照般的動態神情。他為商人皮耶特・凡・登・布魯克（Pieter van den Broecke）所作的個人肖像（見前頁），正可看出畫家的典型風格；他直接而大膽的筆觸，為畫中模特兒積極活躍的性格作出最佳詮釋。凡・德・布魯克為荷蘭東印度公司工作，先後到達爪哇、阿拉伯、波斯和印度等地，並在1630年自印度帶回一支艦隊。東印度公司為了獎勵他長達十七年的服務，贈送他一條價值1200基爾德的金鍊，此處正神氣地出現在畫中人身上。哈爾斯將他描繪成信心十足、充滿幹勁的姿態，以擅長的動態筆觸勾勒出栩栩如生的嘴角眼神，生動呈現人物的活力性格。

除了個人肖像，團體肖像也是畫家重要的收入來源。在沒有相機的年代，若想為家庭、團體或公司行號的成員樣貌留下紀念，唯一的方式便是請畫家繪製群體肖像。哈爾斯一生中接獲為數頗豐的團體肖像畫訂單，包括讓他一舉成名的聖喬治連隊群組像。而《養老院的管理者》和《養老院的女管理者》兩幅成對的肖像畫（見右頁），可說是哈爾斯晚年的顛峰之作。在當時，由於老年看護的社會問題越來越嚴重，因此市議會等機關開始推動養老院和醫院的設備與贊助。負責管理這類機構的人物通常都是顯赫的貴族，在當時相當受到尊敬，而他們也是這種團體肖像畫最重要的委託者之一。

在這兩幅養老院管理者的群像中，每個人的面孔都呈現個別的正面描繪，並搭配深沉的背景，使畫中人物彷彿一一貼上畫面似的。尤其在《養老院的女管理者》中，畫中女性的服飾樸素而統一，人物姿態端莊沉靜，完全避免任何誇張炫耀的味道。背景的牆上掛有一幅畫中畫，暗示著道德的涵義：風景中有條蜿蜒而上的小徑，可能意味當時盛行的「美德之徑」；這是在文藝復興時代經常使用的象徵，也可能透露著畫中的女管理者所期待見到的舉止。

2 PHOTO | 哈爾斯的群體肖像畫《養老院的管理者》(上) 以及《養老院的女管理者》(下),背景深沉,人物面孔皆以正面描繪,並透露出道德意涵。

吸金大法：林布蘭繪畫工作室

在這樣的重商主義背景下，荷蘭卻出現了一個奇蹟般的人物。他特立獨行，堅持畫自己喜愛的主題，絲毫不把贊助人的要求放在眼裡。這樣的人原本注定會被市場淘汰，但他卓越的技法卻讓人們趨之若鶩，而他幾乎稱得上企業化經營的繪畫工作室，則又是荷蘭人經商才能的另一項明證。

這人就是荷蘭最出名的畫家：林布蘭（Rembrandt Harmenszoon van Rijn）。

從1642年艾登的一項法案紀錄上，我們可看出這位大畫家在當時的社會定位：「林布蘭，阿姆斯特丹商人」。

林布蘭出生於大學城萊登的富裕中產階級家庭。在風景和靜物畫大受歡迎的藝術市場上，林布蘭卻仍堅持所謂的崇高道路，也就是製作具有文獻典故的歷史畫，尤其是聖經主題畫作。此時的聖經繪畫並非為了膜拜或裝飾之用，而是畫家個人對聖經內容的詮釋表現，也因此挑戰著藝術家的人文素養。林布蘭一方面繪製讓自己享有歷史畫家聲望的嚴肅主題，一方面也藉著個人及團體肖像畫的訂單來維持繪畫工作室，巔峰時期學徒甚至高達五十人。

但也別誤以為林布蘭的肖像畫是靠著迎合委託人的愛好而賺錢。林布蘭是出了名的擅長惹惱顧客。以家喻戶曉的巨作《夜巡》為例，這幅民兵團的團體肖像展現出畫家驚人的畫面配置功力。在一片擾嚷嘈雜的人群中，林布蘭將畫面重心放在中央的兵團將領與副官身上，並巧妙地以舞臺聚光燈般的光源達成畫面的平衡；副官的金黃制服和配掛著軍團標記「鳥爪」的黃衣女孩相互呼應，指揮官的紅色飾帶與左側正在填充火藥的紅衣男子，畫龍點睛地凸顯在黑暗的背景中。

如今，任何在阿姆斯特丹國立博物館瞻仰《夜巡》的人們，幾乎都有股在輝煌畫作前跪下敬拜的衝動，但據傳這幅作品在剛亮相時，幾位委託者卻意見分歧。只要和哈爾斯的團體肖像畫放在一起比較，不難看出委託者不滿的原因：哈爾斯在自然不造作的畫面配置中，仍細心讓畫中每個人物的臉孔都能清楚呈現，並且擺出最威風合宜的姿態，但林布蘭卻完全不在乎畫中人的美醜，甚至

3 ｜ 林布蘭《夜巡》，畫面重心放在中央的兵團將領與副官，而某些人的臉孔卻硬生生被遮住，且完全不在乎畫中人美醜，和正規的團體肖像相去甚遠。

毫不留情地讓某些人的臉孔硬生生被前方的人或物遮住，這對於支付同樣酬勞的人而言，顯然是難以忍受的事。而預備出巡的亂哄哄場景，也和預期中正經規矩的團體肖像相去甚遠。

不過，儘管畫家是如此我行我素，他玩弄光影的完美技巧仍吸引著眾多顧客前來求畫。《夜巡》為他賺進了1600基爾德，這在當時的行情簡直是空前絕後。為了因應市場需求，林布蘭於是建立起一批工作室學徒兼助手。雖然聘請學徒協助作畫在文藝復興時期就是大師常見的做法，但在缺乏教堂宮廷大量贊助的市場背景下，林布蘭工作室在當時的意義，與其說是承繼了文藝復興的傳統，不如說是藝術企業化的新成就。在這個林布蘭所調教出的圈子中，他們培養出相似的明暗對照風格，明亮的聚光燈在深沉陰暗的背景下格外凸顯。這樣

的「林布蘭風格」被大量販售到荷蘭繪畫市場上，因此後人常會覺得，十七世紀的荷蘭肖像都有類似畫風，若說這是生意人林布蘭一手所促成，其實也不算誇張。

尤其，在「版畫」這另一種媒介的推波助瀾下，「林布蘭」的圈子更是毫無窒礙地觸及更廣大的階層。由於版畫可多次印刷，尺寸通常也較小，因此收藏家能夠更輕易地擁有作品並珍藏在家中。林布蘭發展出的蝕刻畫技法和他的油畫一樣驚人，而他經常創作的聖經主題，更流露出畫家自身的深刻思索。在他的《基督醫治病人》中，大片尖筆刮擦的黑暗部分製造出油畫般的漸層陰影效果，而基督頭上的光圈、周遭人群的表情與衣著，全都生動地呈現在這一小幅精緻的平面上；站在中央發出榮光的基督，身旁聚集的不僅是穿戴體面的上層階級，也吸引了窮苦貧乏的平民百姓，見證著這道光芒照亮了世界。林布蘭情感與技法飽和的版畫，更鞏固了他在市場上的價值；此外，《基督醫治病

4 PHOTO｜林布蘭的版畫《基督醫治病人》，聚集在發光基督身旁的，不僅是穿戴體面的上層階級，還有窮苦貧乏的平民百姓，流露出畫家自身的深刻思索。

人》另外有「一百基爾德版畫」的別稱，正是因為這樣的售價對這種尺寸的這種媒材而言，已是不容小覷的高價。

有人說，「自由、藝術與金錢」是林布蘭一生追求的三樣東西。不幸的是，儘管林布蘭的藝術在巔峰期為他賺進了大筆財富與名聲，但在晚年時仍面臨了破產的命運。並不是因為他的作品開始走下坡，事實上林布蘭一些最成熟、最動人的作品，是在晚年窮愁潦倒時創作出來的。但與其說是畫家個人品行造成他的衰敗，不如說是整個大眾市場口味已逐漸轉變。林布蘭沉重的內容與陰鬱的畫面，在著重現實與日常生活的市場取向下，終於趨於式微。

勤儉為裝飾之本

實際上，最受荷蘭新興藝術愛好買家喜愛的畫種，還是那些小巧玲瓏、細節清楚，又能反映出屋主內涵與看法的風俗畫。這種描繪日常世態情景的類型，可以回溯到十六世紀法蘭德斯畫家布魯哲爾（Pieter Bruegel the Elder）的傳統。這位文藝復興時代的北方藝術大師，以帶有寓意的農村生活寫景，將這種藝術領域傳承到後代的荷蘭畫家身上。對於都市的中產階級而言，畫中農民樸拙勤奮的模樣，其實就像是觀看一齣描寫另一個世界的戲劇。尤其帶有道德勸諭的作品，由於符合喀爾文教派的訓誨，更受到市場歡迎；買主是否真正認同畫中寓意倒是另一回事，自宅牆上擁有這類畫作才是重點。

例如，馬斯（Nicolaes Maes）的《懶惰女僕》（見圖5）明顯帶有這種「勤勉為上」的美德勸說。畫面前景的女僕因為偷喝太多主人的酒而怠於職守，杯碗瓢盆在她面前散落一地，後方的貓正偷叼走盆裡的雞。這幕鮮活的下層生活側寫，在畫面中央女主人面帶苦笑、手指向瞌睡女僕的姿態中，再度加強了觀眾彷彿正在觀看一場生活喜劇的印象。畫面左後方，隱隱可見衣冠整齊樸實的端莊婦女正聚在一處談話；這種以不同畫面空間分隔出不同世界的作法，在馬斯同時代的畫作中相當常見。以上層家族為出發點觀看另一個世界的鬧劇，並陳述著理想中的道德規範。

出生於臺夫特小城的畫家維梅爾（Johannes Vermeer）便是這個脈絡下的翹

楚。他知名的《倒牛奶的女僕》（見圖6）中，女僕認真專注的動作所標榜的，正是這種勤勉、樸實的美德典範。畫中的牛奶可以具有宗教上的意涵，如《聖經》中彼得前書第二章所寫的「要愛慕那純淨的靈奶」，而籃裡和桌上的麵包也隱涵了聖餐的意義。背景的牆上散落著釘子與釘孔，代表經年累月的使用。整幅畫因此回應著簡樸聖潔的意涵，以致畫作剛問世時便備受讚譽。

　　與牛奶女僕的樸實相對的，則是對虛榮繁華的警示。維梅爾的《持天秤的婦人》（見圖7）描繪的是一名正檢視著自己首飾的婦女。光線從窗外射入，像聚光燈般集中在手持天秤的婦人身上，背景牆上懸掛著米開朗基羅的《末日審判》。這幅「畫中畫」描繪的是末日世人受審判的題材，基督的形象恰好位於婦人正上方，彷彿正提醒著虛榮的下場；另一方面，不少評論家指出，婦人手中的天秤其實是空的，因此整幅畫更進一步成為世俗價值虛空的象徵。

　　簡樸持家、個人操守或情感倫理等等，都是風俗畫經常呈現的題材，在維梅爾細節豐富的作品中，也經常隱含著當時訴求的道德勸諭。我們在《酒杯》裡看到一名女子在男子的勸誘下，將酒杯裡使人放縱的飲料一飲而盡，另一張椅上和桌上堆放著代表尋歡享樂的樂器與樂譜。而畫作的寓意則畫龍點睛地出現在左方半開的窗上，彩繪玻璃上呈現的不是別的，正是代表「節慾」的擬人化形象；手持韁繩的節慾正對著畫中人物，彷彿警告著男女主角不可陷入進一步的誘惑。

　　以畫中畫來進行暗示，是維梅爾畫作中經常出現的手法。《酒杯》中同樣的擬人化人物，也出現在另一幅相似題材的《女子與兩名男子》中。這回的人物多了一名，此時中央男子的動作彷彿正試圖撮合兩名男女。畫中背景的男子肖像很可能是女子的丈夫（或前夫），此時正陰沉地注視著眼前景象；桌上切開的水果是常用來意指偷嘗禁果的象徵；而我們已認識的「節慾」形象，同樣在窗上提示著畫作的警告寓意。

　　因此，這類小型又饒富趣味的畫種，就如當時同樣流行的靜物畫一樣，傾向於放在牆上裝飾、欣賞的功能。自然，除了富有明顯道德寓意的作品外，其他單純描寫農民活動的風俗畫更能達到賞心悅目的功能，例如阿維岡普（Hendrick Avercamp）的四季風光，就像月分牌般地吸引人們的注意與賞玩。就某方面來

5 _{PHOTO}

馬斯的《懶惰女
僕》，這是以上層
家族為出發點觀看
另一個世界的鬧
劇，並陳述著理想
中的道德規範。

6 _{PHOTO}

維梅爾知名的《倒
牛奶的女僕》，標
榜一種勤勉、樸實
的美德典範。

7 PHOTO

維梅爾所繪
《持天秤的
婦人》，不
但提醒著虛
榮的下場，
整幅畫更進
一步成為世
俗價值虛空
的象徵。

8 PHOTO

維梅爾所繪
《女子與兩
名男子》，
以畫中畫
來暗示「節
慾」的警告
寓意。

9 PHOTO | 維梅爾的《酒杯》，以酒杯、樂器、彩繪玻璃中的人物等豐富細節，透露出道德勸諭。

說，這些有能力負擔藝術品的中產階級贊助者，他們的愛好其實深深影響了荷蘭藝術所呈現的樣貌，具體而言便是荷蘭生活的寫照，以及荷蘭景色的風情。

海上霸主看世界

乍看之下，荷蘭的風景畫簡直是一成不變。

即使是最富盛名的風景畫家萊斯達爾（Jacob van Ruisdael），筆下看來也總是千篇一律的遼闊平原、蔥鬱樹木與大片裝滿雲朵的天空，偶爾在當中點綴些許風車與人煙。荷蘭一望無際的平坦地景特色，在這些風景畫作中一覽無遺。

然而，雖然題材總是低地國風光，但其實萊斯達爾的每一幅畫面都是經過縝密的構圖與思索。他的風景畫不像其他國家的畫家那樣致力於展現某種想像出的壯麗風光，而是近乎私密、一絲不苟地細膩描繪著某一處平凡無奇的景緻：可能是一座水車，可能是一株大橡樹。然而從畫家溫柔又不失強勁的筆觸中，我們感受到那股對自然的崇敬，以及對熟悉故鄉的情感。《哈倫風光》便清楚展現出畫家寫景功力，尤其是背景大片雲塊的處理，更是成了這個時期荷蘭風景畫的招牌特色。

　　萊斯達爾和那些受他影響的畫家，呈現出另一種截然不同於義大利畫家的風景畫表現。他們的獨特之處不僅來自荷蘭國土的特色，更源於他們觀看世界的方式。若和同時代接受義大利訓練的法國知名畫家羅倫（Claude Lorrain）相比，從羅倫金碧輝煌的歷史風景畫中，可以明顯看出畫家是站在固定的角度上，以透視法呈現出單一視點所看見的景致。然而荷蘭畫家的作法，卻是如一臺移動攝影機，將全景風光一次攬進畫面。如此呈現的視角不再是固定的，而是自由移動的廣角鏡頭，彷彿一面映照出完整自然風光的明鏡。

　　這正是荷蘭人觀看世界的方式，當他們的航海貿易廣布各地的同時，畫家則站在自己的平坦小國上將整個世界收納進平面的畫布。除了家鄉的描繪，他們也不忘記錄自己國家所踏足或征服過的地方。荷蘭畫家波斯特（Frans Post）在號稱「新荷蘭」的荷屬巴西地區居住了相當久，而他的創作幾乎皆是以描繪當地風土景致為主。不過，若仔細觀察，他的作品其實並非記錄眼前所見的實際事物，而是將代表性的異國元素，精挑細選後排列成理想的樣貌。在他的《歐林達風光》裡，背景中可看見一座大型耶穌會教堂的遺跡，身穿歐洲服飾的殖民者在當地隨從的陪伴下進入教堂。在前景中，畫家一絲不苟地描繪出各種外型奇特的動物與花草果實，這些南美洲特有的「異國情調」其實不可能同時出現在同一個地點，例如前方的樹獺幾乎不會出現在地面上，犰狳也是波斯特的畫作中幾乎都會出現的美洲象徵動物。但畫家的目的正是如此：以寫實的技法呈現出一座觀光宣傳般的異國想像。

　　無論國內或國外的景致，荷蘭畫家皆不約而同地呈現出這種看似精確的地誌記錄作法，這點特色於是反映在另一種繪畫平面的描繪上，也就是當時盛行的地圖製作。

10 PHOTO | 萊斯達爾的《哈倫風光》，他不致力於展現某種想像出的壯麗風光，而是溫柔又一絲不苟地描繪著平凡無奇的景緻，呈顯出對自然的崇敬和故鄉的情感。

11 PHOTO | 波斯特的《歐林達風光》，以寫實的技法呈現出觀光宣傳般的異國想像。

地圖在當時不僅是荷蘭人航海成就的見證，可以誇耀他們對世界的精確理解，同時由於價格昂貴，因此也是財富的象徵。維梅爾的畫面便經常出現地圖，例如《持水罐的婦女》，乍看之下似乎與強調勤儉美德的《倒牛奶的女僕》主題類似，然而，牆上的地圖、桌面右側的珠寶盒，以及圖案華麗的桌巾等等，其實暗示畫中人物的家境富裕，但同時掙扎著持守簡樸的禮俗教條。

維梅爾的另一幅知名作品《繪畫的本質》中，畫面牆上懸掛著一幅細節清晰的地圖。由於當時還沒有北方朝上的習慣，因此地圖中的荷蘭是西方臨海面朝上、北方朝右的方位。在地圖的兩邊，刻畫著荷蘭各大城市的地景圖，特別之處在於，這張地圖呈現的其實是荷蘭脫離西班牙統治前的舊版圖，包括現在的盧森堡和比利時境內的布魯塞爾及根特等城市。因此，維梅爾的這張地圖其實是利用地理成就的描繪，表達出另一層對歷史的緬懷；畫中女模特兒配戴著歷史繆斯克利歐的裝扮，以及天花板吊燈上西班牙哈布斯王朝的雙鷹標誌，都回應了同樣的主題。

荷蘭人於是以這樣的視點觀看自身所處的空間。雖然在室內的表現，有賀拉道（Gerard Dou）框架限制的狹窄空間，也有桑瑞丹（Pieter Jansz Saenredam）多重視點的深遠空間；但在室外風景上，則經常如維梅爾經典的《臺夫特風光》，觀眾彷彿站在高處，將眼前一百八十度的空間盡收眼底。這種攝影紀錄般的風景倒也不代表畫家所呈現的就是忠實的地景紀錄，而是秉持著海上霸主泰然自若的態度，自由、開放地審視眼前開拓的世界。

時至今日……

若翻閱正統藝術史教科書，荷蘭藝術似乎在黃金時期過後，便銷聲匿跡了。

當然，荷蘭人不可能在十七世紀以後就將藝術家趕盡殺絕，荷蘭藝術家一直持續地進行創作，只不過十八世紀起，法國學院便主導了藝壇的關注焦點，而十九、二十世紀的各種主要藝文運動幾乎都在法國興起，巴黎成為歐洲名符其實的藝術重鎮。在這樣的強勁趨勢下，荷蘭藝術自然越來越少出現在藝術史或藝術評論的版面上了。

12 PHOTO | 維梅爾的《繪畫的本質》，牆上那幅細節清晰的地圖，是荷蘭脫離西班牙統治前的舊版圖，以此表達出另一層對歷史的緬懷。

若要提起近代荷蘭對藝術創作的貢獻，除了二十世紀初以蒙德里安為代表的風格派，極簡的線條色彩構圖相當符合荷蘭人的實際性格外，其實荷蘭社會在另一個層面，更加發揮了他們與生俱來的天性與才能。

　　也就是荷蘭的藝術市集。

　　善於經商的荷蘭人一邊鼓勵國內的當代藝術創作，一邊利用歐洲中心的地緣優勢，每年都舉辦數次的國際性藝術市集。其中，每年3月在馬斯垂克登場的歐洲藝術市集（The European Fine Art Fair, TEFAF），正是全球規模最大也最有影響力的藝術博覽會。從1970年代起，這個連繫荷比德的南部小城便定期舉辦以美術作品和骨董為主的盛會，市場上流通的十七至二十世紀大師原作，有極高比例都會在TEFAF上出現。以2009年的市集為例，這場占地六個足球場大的盛會吸引了兩百多家參展商，展出的藝術品總價超過十億美金；其中最高價的藝術品，便是售價高達兩千三百萬歐元的梵谷風景畫。這樣的數字，使TEFAF有了「待售博物館」的稱號。

　　除了販售藝術品外，TEFAF也同時舉辦各種主題展覽與活動，將世界各地的藝術從業者與愛好者齊聚一堂。除了馬斯垂克，阿姆斯特丹、海牙與鹿特丹等大型城市也固定舉辦不同規模和主題的藝術市集，每年吸引數以萬計的訪客進入荷蘭小國。如此兼具藝術性與商業性的作為，還有誰比荷蘭人更適合擔任這種角色？

　　荷蘭是個有趣的國家，而藝術表現便是觀察一個國家的文化與民族性最直接的方式之一。很少有國家像荷蘭這樣，崇尚務實、注重經商、觀念開放，同時又產生了歷史上最重要的數名藝術大師。他們儘管風格歧異，但拼湊在一起看，卻又呈現出一個完整的文化奇景。荷蘭人在藝術與貿易上的合作經驗，彷彿向全世界驕傲地質問：「誰說藝術不能賺錢？」

FINE
ART
AND
COMMERCE

13 PHOTO | 每年3月在馬斯垂克登場的歐洲藝術市集,是全球規模最大也最有影響力的藝術博覽會。(影像來源:TEFAF)

paintings in the dutch golden age

STEPPING ON TO THE WORLD STAGE

dutch architecture
from ancient rome to the 21st century

4

從歐洲邊陲挺進世界舞臺 | 古羅馬時期到21世紀的荷蘭建築

STEPPING ON TO THE WORLD STAGE : dutch architecture from ancient rome to the 21st century

> 對於荷蘭建築在二十世紀的多樣性表現，我們千萬別試圖以單一原因加以解釋，因為這樣的解釋可能會變成罔顧歷史且悖離真實的虛構神話。 ——漢斯・范戴克（Hans van Dijk, 1948~）

黃恩宇・文
荷蘭萊登大學建築史博士候選人

　　提到歐洲著名的歷史建築，我們腦中通常會浮現一長串名單：法國的巴黎聖母院和凡爾賽宮、德國的科隆大教堂和新天鵝堡、義大利的古羅馬競技場和萬神殿、英國的白金漢宮和國會大廈等等。而荷蘭建築不在其中，就算有，頂多是那些站在田中央的無名風車。

　　此外，在介紹歐洲古代建築史的書籍中，荷蘭建築幾乎是沉默的，無論是古典、早期基督教、仿羅馬、哥德式、文藝復興或巴洛克建築，作者通常都不會以荷蘭建築為案例。因為相較其他國家，荷蘭的古代建築是粗糙、不具藝術性、不夠經典、小鼻子小眼睛的。

這樣的結果不令人訝異，畢竟在過去兩千年歷史中，荷蘭大多處於歐洲政治與宗教權力結構的邊緣，也因此荷蘭無法出現象徵政治力量的宏偉城堡與宮殿，也不會出現象徵宗教力量的華麗神廟與教堂。

然而，在談到當代世界級的建築師與建築事務所時，我們腦中會出現另一份名單，其中來自荷蘭的則多到嚇人：庫哈斯（Rem Koolhaas）的OMA、荷本（Francine Houben）的MECANOO、MVRDV、West 8、UNstudio等等。前兩者還在近兩年取得臺灣的重要建築設計案：2008年MECANOO的「高雄衛武營國家藝術文化中心」與2009年OMA的「臺北藝術中心」。這些建築師或事務所在荷蘭以及世界各地都有大量建築作品，提出的理論與觀念更是受到全世界的關注與討論。近十多年來，荷蘭的建築學校也吸引了許多來自世界各地的學生，無論是學習建築設計、都市規劃或是營建工程。不可否認，在當今世界的建築舞臺上，荷蘭雖是小國，但所扮演的絕對是聚光燈下的亮眼角色。

也因此，荷蘭建築呈現出一種有趣的兩面性：在過去，荷蘭建築的地位只能放在「歐洲邊陲」，然而在當代，荷蘭建築卻站在「世界中央」。我們不禁要問，這樣的轉變發生在何時？是什麼原因造成的？此外，我們又該以何種方式欣賞那些歐洲邊陲時代的荷蘭老建築呢？這些「不入流」的老建築或許粗糙、不具藝術性，也不夠經典，卻述說著許多有趣的故事並承載著豐富意義。

古羅馬帝國時代的荷蘭建築

荷蘭史上最早的建築活動，始於兩千年前的古羅馬帝國時代，不過主角是古羅馬人而非荷蘭人。公元二世紀，古羅馬帝國的疆域擴張到極致，大半個歐洲都被畫入帝國版圖，而作為西北邊界的萊茵河，正好由東至西貫穿今日的荷蘭。換句話說，今日荷蘭國土的南邊在當時屬於「文明」的羅馬帝國，北邊則屬於「野蠻」的日耳曼或高盧部族。

為了防止蠻族入侵，羅馬人在萊茵河邊界建立了所謂的「里美斯」（Limes）防線，其意義相當於中國古代的萬里長城。也因此，荷蘭史上最古老的建築活動都和這條防線上的要塞城鎮有關。當今幾個荷蘭城市，如烏特勒支

1 PHOTO 埃斯特聖威倫夫立杜斯教堂的考古挖掘平面圖，從中可見到古代日耳曼人神廟與歷代教堂的重疊配置。

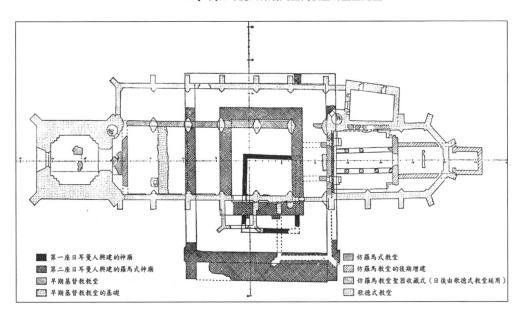

第一座日耳曼人興建的神廟
第二座日耳曼人興建的羅馬式神廟
早期基督教教堂
早期基督教教堂的基礎

仿羅馬式教堂
仿羅馬教堂的後期增建
仿羅馬教堂聖器收藏式（日後由歌德式教堂延用）
歌德式教堂

（Utrecht）、奈梅亨（Nijmegen）、希倫（Heerlen）等等，都是當時羅馬人因軍事防禦需要而興建的城鎮。

透過考古挖掘，人們在奈梅亨發現了羅馬兵營遺址，也在希倫發現了羅馬人浴場遺址。另一個有趣的遺址則是在奈梅亨對岸的小村子埃斯特（Elst）：二次大戰末期，砲火摧毀了埃斯特的聖威倫夫立杜斯教堂（St. Werenfriduskerk），人們卻因此在毀壞的教堂底部發現古代的建築殘跡。這些殘跡包括了兩座先後興建的古日耳曼或高盧神廟，且依據其基座形式，第二座神廟應是模仿羅馬人的神廟而建。

當然，和同時代南歐地區相比，荷蘭地區的古代城鎮與建築可說是既小又簡陋。雖然如此，居住於此的古代部族已受羅馬建築文化的影響，更重要的是，羅馬人也把他們優異的製磚與砌磚技術帶入該區（圖2）。對於沼澤遍布、缺乏石礦的荷蘭地區來說，磚造技術是往後荷蘭建築持續發展的重要因素之一。

中世紀的荷蘭建築

　　古羅馬帝國衰亡後，荷蘭地區再度成為「化外之地」。第八世紀，日耳曼人統治的法蘭克王國逐漸強大，到了卡洛林王朝，統治範圍更涵蓋了大半個西歐。第九世紀初，查理曼大帝將首都遷至今日德國西部的阿亨（Aachen），距離今日荷蘭東南部的馬斯垂克（Maastricht）很近，這也是荷蘭地區最接近歐洲政治權力中心的一次。查理曼大帝積極仿效古典羅馬文化，促使西歐文明再度發展，並結束了漫長的黑暗時代。第十世紀後，歐洲在神聖羅馬帝國統治下，荷蘭地區還是擺脫不了權力邊陲的角色，不過少數幾個城市升格成諸侯與主教領地，政治與宗教上的地位大為提升，因此也逐漸出現一些「較為宏偉」的建築。

　　例如馬斯垂克，它在當時是列日主教王（Prince-Bishopric of Liège）與布拉邦特公國（Duchy of Brabant）的領地，十一到十三世紀之間興建了一座聖瑟法斯教堂（Sint-Servaasbasiliek，圖3）。這座教堂具備了當時於歐洲普遍流行的「仿羅馬建築」特徵，如連續拱圈、西端屋、拉丁十字平面、厚重外牆等等，而在後來修建的大門與建築物南側，亦可發現荷蘭地區最早的哥德式建築特徵，如飛扶壁、尖拱、大面高窗等等。

　　又如位於今日荷蘭中心、當時帝國邊界的烏特勒支，自從菲士蘭大主教將之視為向北傳教的基地後，這裡的建築也有顯著發展。十三至十四世紀間，當地興建了哥德式的烏特勒支主教座堂（Dom van Utrecht，圖4），雖然精緻度遠不及同時代的巴黎聖母院，高度卻遠遠勝過，因為它有一座高達112公尺的鐘塔。

　　這座鐘塔足可體現古羅馬人留給荷蘭人的建築遺產：磚造技術。只有重要結構處與轉角處使用石材，其餘大部分都是用磚砌成。磚的強度遠不如石頭，但

2 PHOTO | 古羅馬人使用的磚、瓦與陶製水管。

3 PHOTO | 馬斯垂克的聖瑟法斯教堂，十一至十三世紀。

4 PHOTO 烏特勒支主教座
堂的鐘塔，十三
至十四世紀。

5 PHOTO 重建的荷蘭中世
紀的木造街屋。

丹柏斯的摩里安
街屋，十三世
紀。

中世紀荷蘭人卻可以利用這種材料興建出尺度不輸其他歐洲地區的教堂，成熟的製磚技術與優秀的砌磚工匠可見一斑。當今日本豪斯登堡（Huis Ten Bosch）荷蘭主題樂園裡的眺望塔，即以這座鐘塔為藍本，而大部分荷蘭地區的教堂也都是以磚造為主體，成為荷蘭古代建築最重要的特色之一。

日益熱絡的貿易活動也促成了荷蘭城鎮建築發展。十一至十五世紀，荷蘭東、北部許多城市加入了「漢薩同盟」，成為波羅的海與北海貿易網路的一部分。貿易活動使得工、商、農業發達，也促成市民階級興起，並帶動荷蘭城鎮建築發展。富裕的居民於是蓋起頗具特色的街屋，然而荷蘭地狹人稠，建築基地受到限制，為了爭取室內面積卻又不影響街道，街屋的上面樓層往往會凸出地面層，外觀因而向外傾斜，這個有趣的傳統甚至延續到近代。當然，磚造技術也反映在中世紀街屋，如烏特勒支南方不遠處的丹柏斯（Den Bosch），即保留了一棟十三世紀名為「摩里安」（De Moriaan）的街屋（圖6），這棟房子沒有華麗的細部，但外觀已傳達了當時市民階級自我表現的企圖心。

十七世紀黃金時代的荷蘭建築

十七世紀時，荷蘭地區在政治與宗教上歷經了劇烈轉變。在漫長的八十年戰爭後，荷蘭人成功反抗了西班牙的高壓統治，建立了屬於自己的國家（詳見〈低地國時光旅行團：邁向復活的旅程〉）。隨著政治上的獨立，荷蘭在宗教上也脫離了羅馬天主教的統轄，並建立自主的荷蘭改革宗教會。這些轉變讓荷蘭人成為自主的個體，不需再依附他者而淪為政治與宗教權力結構上的邊陲，更帶來了十七世紀荷蘭的「黃金時代」。

荷蘭在宗教上的開明作風，吸引了歐洲各地的宗教難民，包括南方（今比利時）甚至法國與德國的新教徒，與南歐和東歐被天主教勢力壓迫的猶太人。這些宗教難民有許多是學者、藝術家、工程師或富商，他們成了新荷蘭人，也替這塊土地帶來巨大貢獻。此時，荷蘭人亦致力於拓展海外勢力，成立了東、西印度公司，在亞洲、美洲與非洲都建立了大量殖民城鎮與貿易據點。

此時人們在荷蘭這塊土地所建造的房子，終於可以名正言順地稱為「荷蘭建築」。這些建築不再為天主教或封建勢力服務，而是為了荷蘭人自己建造，並隨著荷蘭人的海外擴張，正式踏上了世界舞臺。

城鎮建築

十七世紀的荷蘭城鎮出現了大量極具特色的山牆式街屋（gable house），這些街屋比起先前的木造或磚造街屋更加細緻多變，反映出當時荷蘭人的富裕與自信。有些建築史家將這些街屋建築視為帶有荷蘭特色的「文藝復興建築」，雖然從文藝復興建築的正統發源地義大利來看，這些街屋其實挺不入流的，既沒有認真採用古典元素，也未遵守理想的古典比例。然而，與其說它不入流，倒不如說它根源於荷蘭自身的建築傳統。從材料技術來看，這些磚造的階梯式山牆立面以及變化多端的裝飾細部，都暗示了屋主的職業、身分與地位，也反映了荷蘭社會的多元性。在往後兩、三百年間，這些街屋的山牆與立面仍然不斷翻修，以呼應不同年代的造型潮流。

十七世紀的荷蘭城鎮也出現了許多極具特色的市政廳建築。我們知道，大部分歐洲中世紀城鎮的中心都是教堂，然而自從荷蘭擺脫了羅馬天主教，城市空

7 PHOTO | 阿姆斯特丹的磚造山牆式街屋，十七至十九世紀。

8 PHOTO | 豪達的市政廳，
十七世紀。

STEPPING
ON TO
THE WORLD
STAGE

9 | PHOTO 那爾登的市政
廳，十七世紀。

10 | PHOTO 奈梅亨的磅稱所，十七世紀。

間不再由象徵神聖力量的教堂所主宰，取而代之的是代表世俗力量的市政廳與公共建築。以生產乳酪聞名的豪達（Gouda）為例，站在市中心巨大廣場中央的不是教堂，而是一座十七世紀的市政廳（圖8），然而外觀乍看之下仍像教堂。這座市政廳一樣被複製到日本的豪斯登堡主題樂園，不明就裡的觀光客常會以為它是複製某間荷蘭老教堂。一些較小城鎮的市政廳就樸素多了，它們往往長得像一般的山牆式街屋，如那爾登（Naarden）的市政廳（圖9）。另一種大量出現在十七世紀荷蘭城鎮的公共建築，則是供商品貨物過磅用的磅秤所，它們反映了當時貿易繁盛的景象。磅秤所一般都興建在市政廳旁邊，如這座已改為餐廳用途的奈梅亨磅稱所（圖10）。

教堂建築

　　荷蘭人在建立自己教會的過程中，也影響了教堂建築的設計。由於新教教義強烈反對偶像崇拜，並把傳統天主教教堂的聖像雕刻視為偶像，因此自十六世紀下半起，荷蘭許多地方出現了「聖像破壞運動」；人們把對天主教以及西班牙政權的憎恨，藉著清除偶像的名義，發洩在教堂聖像上，因此我們可以看到許多削頭去臉的耶穌、聖母或是其他聖徒雕像（圖11）。

　　另一方面，荷蘭改革宗的神學也讓荷蘭人重新思考教堂設計；許多十七世紀新建的改革宗教堂都採用「向心式」平面，而放棄西歐天主教教堂長久以來的「長軸式」平面，如萊登的這座馬勒教堂（Marekerk）（圖12）。新教神學認為教會成員不應有階級之分，在上帝面前人人平等。長軸式平面的羅馬天主教教堂，會讓神職人員與會眾產生前後與高下之分，而向心式平面的改革宗教堂，則可讓會眾平等地圍繞中心講臺而坐。

　　採用向心式平面，亦可視為和羅馬天主教決裂的強烈宣告。十七世紀之後，當許多歐洲天主教國家的教堂都受到巴洛克建築潮流的影響，翻新立面與內部，並加入繁複的雕刻與裝飾，荷蘭的改革宗教堂卻走出一條完全不同的樸素路線。雖然在荷蘭教堂內部看不到精采的彩繪玻璃窗、聖像與裝飾雕刻，但空間本身便已承載了豐富的意義。

軍事建築

　　由於十七世紀的海外擴張以及頻繁戰事，荷蘭人在軍事建築上也有令人矚

11 PHOTO | 烏特勒支主教座堂中，因「聖像破壞運動」中被破壞的聖像。

12 PHOTO | 萊登的馬勒教堂，十七世紀。

13 PHOTO | 荷蘭北海德索島上的星形稜堡，十七世紀。

14 PHOTO | 荷蘭北部那爾登在十七世紀時重新規劃成星形城市。

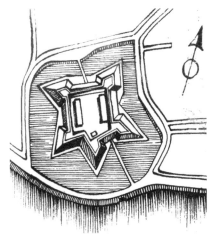

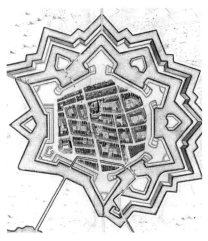

目的發展，特別是「星形稜堡」。星形稜堡源自於十五、十六世紀義大利工程師的構想，它可以有效去除火炮射擊的死角，增加要塞的防禦能力。十七世紀的海上強權國家進一步發展了這種構想，例如荷蘭的軍事工程師西蒙·史蒂芬（Simon Stevin），就是星形稜堡重要的設計者與理論家。而荷蘭優秀的磚造技術，更讓星形稜堡在物資缺乏且情勢緊張的海外殖民地迅速興建。今日荷蘭仍然保有許多這類建築，例如位於北海德索（Texel）島上的稜堡（圖13）；而臺灣臺南的熱蘭遮城，亦為荷蘭稜堡的案例之一。星形稜堡的概念也應用在城市設計上，像是荷蘭北部軍事要地那爾登，在十七世紀時就被重新規劃成星形城市（圖14）。

除了軍事建築，前述具有荷蘭特色的城鎮建築與教堂，也都出現在荷蘭的海外殖民城市，並與世界各地的建築傳統產生了交流。根據《熱蘭遮城日誌》以及《巴達維雅城日誌》等荷蘭東印度公司史料，我們可以看到荷蘭人如何和殖民地的建築包商與工匠合作，以當地建材興建他們所需要的各類建築。荷蘭前殖民地斯里蘭卡的可倫坡就有一座向心式教堂，入口立面是類似文藝復興建築的風格，而中央屋頂則保有斯里蘭卡傳統建築的特色。

當代荷蘭建築

　　1795～1815年，荷蘭經歷了拿破崙政權的短暫統治，此時的荷蘭建築也或多或少受到法國影響。二十世紀起，現代建築運動在歐美各國迅速展開，荷蘭建築師不但沒有缺席，更貢獻了不少代表性作品以及理論，在某些方面甚至領導著全球現代建築的發展。今日，無人會否認荷蘭建築在世界上的重要性，原因不僅在於建築形式的創意，更在於這些建築作品呈現了對人類生存議題的深刻思考，以及對生存環境的高度關懷。以下我們將就「住居環境的關照」、「自然環境的關照」及「國際化的推動」幾個面向，來看當代荷蘭建築的表現。

住居環境的關照

　　無論建築種類如何精采多變，我們還是要不斷提醒自己：最重要的建築不是教堂、不是博物館、不是城堡，而是住宅，因為人的一生使用最多的建築是自己的家。若一個國家不能在住宅的供需與品質上滿足人們的需求，這個國家就沒有資格談論其建築水準。

　　當然，每個國家都難免面臨不同的住宅問題，而荷蘭自二十世紀起，便以「人人有屋住」為重大施政方針，並以法令積極介入處理，而非任憑房地產的市場機制來左右（參見〈規劃者的樂園〉）；二次大戰後，無論政治上如何向左或向右擺動，荷蘭始終是西歐各國眼中的「福利國」典範。這一百年來，荷蘭政府所推動的住宅政策和法令，也往往成為荷蘭建築進步的動力與指標，而荷蘭建築師也在設計住宅的過程中，發展出許多重要理論，並產生許多動人的建築形式。

　　1901年，荷蘭政府通過了〈住宅法案〉，讓都市中的勞工階級可獲得購屋貸款與補助。1914年，阿姆斯特丹政府更成立了「市立住宅局」，以公共的力量推動「社會住宅」。雖然荷蘭沒有參與第一次世界大戰，但在社會與經濟上仍不免受到波及，因此荷蘭也跟歐洲各國一樣，在戰後面臨住宅短缺的問題。阿姆斯特丹市立住宅局的成立，可說是有效地解決了這個問題。

　　戰後大量興建社會住宅也造就出一批優秀的荷蘭建築師，他們被稱為「阿姆斯特丹學派」。他們在設計住宅建築時，除了認真解決空間與機能等基本問

15 PHOTO | 阿姆斯特丹學派建築師德克勒克在阿姆斯特丹設計的住宅案「船」，1920年。

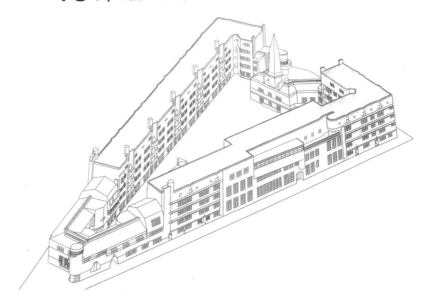

16 PHOTO | 阿姆斯特丹學派建築師克拉摩在海牙設計的「貝恩果夫」百貨大樓，1926年。

題，更以嶄新手法將荷蘭傳統磚造工藝以塑性和流動的形式進行表現，且加入許多工藝精品般的金屬細部，成功銜接了傳統與現代，甚至應用在其他類型的建築物上。代表性案例有德克勒克（Michel de Klerk）在阿姆斯特丹設計的住宅「船」（Het Schip，圖15），以及克拉摩（Piet Kramer）在海牙設計的百貨大樓「貝恩果夫」（De Bijenkorf，圖16）。

二次大戰後，住宅短缺問題再度發生，荷蘭政府同樣推動各種社會住宅興建方案，以及都市的戰後重建工作。這群參與住宅興建以及都市重建工作的建築師，成就甚至比先前阿姆斯特丹學派更大，因為他們關注的不僅是建築的機能與形式，還有人類社會與居住環境的嚴肅議題。

范艾克（Aldo van Eyck）為這群建築師中的代表性人物，除了參與住宅興建與都市重建計畫，他也隸屬於二次大戰後著名國際建築師團體「十人小組」（Team X）。1960年代，范艾克親赴非洲馬利研究當地傳統民居之後，提出了許多都市與住宅的設計觀念。他認為當代的人類住居空間，必須顧及社會與個體之間的調和，而住居空間結構也要能反映社會與個體之間的複雜關係。這就是所謂的「建築結構主義」，當然，這裡的結構指的不是建築工程結構，而是能同時表現社會關係以及空間關係的結構。

另一位著名的結構主義建築師哈布拉肯（N. John Habraken），他提出了「支架體與填充物」（support and infill）的設計觀念。哈布拉肯認為，現代社會的群體與個體關係複雜多變，每個人對於居住空間的需求也有所不同，建築師不應該執著於滿足不同的個別需求，而應該試圖建立一個空間架構，讓不同使用者在其內有效地填充自己的個別需求；直到今日，這個觀念仍影響全球的住宅設計。

當荷蘭建築師在處理住宅設計時，許多有趣的建築形式也隨之出現，例如布隆（Piet Blom）在1984年於鹿特丹所設計的「方塊屋」（圖17）。而MVRDV建築事務所亦在1997年於阿姆斯特丹設計了老人公寓WoZoCo（圖18），其建築形式完全打破大眾對於安養中心的刻板印象，以色彩多變的居住單元和活潑大膽的量體來呈現個性化的設計，讓公寓內的老人在享有完善的生活空間之餘，亦能藉由不同色彩與量體凸顯個別的主體性。看看這些案例，誰能說住宅設計

17 PHOTO | 布隆於鹿特丹設計的「方塊屋」，1984年。

18 PHOTO | MVRDV事務所於阿姆斯特丹設計的老人公寓WoZoCo，1997年。

比博物館或美術館設計更單調乏味呢？誰能說住宅建築不能成為都市景觀的重要元素呢？

自然環境的關照

荷蘭的原始地形地貌幾乎都是沼澤與爛泥，國土西南的大部分土地都低於海平面，歷史上的風災與水災也幾乎未曾停歇。然而經過數百年的努力整治，水與陸地之間的界線已大抵明確。也因為這樣的歷史，大多數的荷蘭人對於自然有很高的敏感度，荷蘭建築師的作品也呈現了對於自然環境的高度關照。氣候變遷與環境保護已是當代全球建築界關注的重要議題，「永續設計」也成為建築實踐的基本態度。當其他地方的建築師仍在努力適應日益嚴格的環保法令，荷蘭建築師卻已站在前端，以建築作品或理論表達他們對於自然環境的關切。

2000年，MVRDV建築事務所在德國漢諾威世界博覽會中負責設計荷蘭館。這棟建築物不但具備創意外觀，更重要的是表達了建築與生態之間的緊密關係。它的底層是波浪狀的混凝土基座，表現了自然界的丘陵地景，中間幾層穿插花海與樹林，屋頂則是數座現代風車以及一個巨大的雨水蓄水池。這些建築元素分別象徵了土地、植物、風與水，整個建築物再現了一個完整的生態系。

而荷本的MECANOO事務所在設計高雄衛武營藝術文化中心時，則以「有機設計」的觀念為原則，將建築物視為有機體。根據她的說法，這個靈感乃源於基地上茂密的老榕樹。此建築物的巨大懸浮量體、多孔隙的特徵以及內部的虛實變化等，正可呼應榕樹群的繁盛樣貌。她的另外一個作品「臺夫特科技大學中央圖書館」，更是巧妙地將建築物變成一個人造丘陵緩坡，使量體成為地景的一部分，且藉由圓錐尖塔的頂部開口，將自然天光引入建築物內部。

荷蘭與海爭地是人類歷史的重大成就，但當今荷蘭人越來越不因此感到驕傲，因為他們認為此舉破壞了人類和自然之間的和諧關係。幾百年來，荷蘭人利用水利工程，規劃出一塊塊的海埔新生地「圩田」，並在這些上面建立農園、牧場甚至城鎮（參見〈勇敢面對海洋〉）。

為了維持圩田的可利用性，人們得使用泵浦不斷將水往外抽送，除了耗能，還會排出大量溫室氣體，使海平面上升、增加海水倒灌的危機。至於抽出來的

19

PHOTO

荷本設計的臺夫特科技大學中央圖書館，1997年。

20

PHOTO

阿姆斯特丹運河畔的傳統船屋

水，還得仰賴複雜的水利系統才能排進海裡，萬一這些水利系統遭遇自然災害或人為破壞，荷蘭西南部地區將陷入萬劫不復之地。因此近年來，荷蘭開始出現「還地於自然」以及「去圩田化」的思維。

年輕的荷蘭建築師歐道斯（Koen Olthuis）即是去圩田化的強力擁護者。這十年來，歐道斯所主持的Waterstudio事務持續推廣著「漂浮屋」的設計概念，倡導將圩田回歸成自然水域，然後將符合各種需求的漂浮屋興建在水域上。歐道斯認為，此舉可減少耗能並降低溫室氣體排放，人們的生命安危也無需再完全仰賴堤防以及泵浦，而水域環境更是維持生物多樣性絕佳方式之一。此外，現今有越來越多荷蘭人想搬入船屋居住，然而僧多「舟」少，荷蘭城市的運河早就船滿為患，而歐道斯的構想將有機會實現這些人的夢想。

經過多年努力，歐道斯與其他支持漂浮屋構想的建築師、建商以及工程公司，和各地方政府積極討論，分析漂浮屋的開發成本以及其對環境的正、負面影響，陸續訂定出開發漂浮屋的法令規範。未來幾年內，我們將有機會看到樓高三、四層的水上漂浮公寓出現在荷蘭。

國際化的推動

十七世紀時，荷蘭人以船隻與武力，將建築輸出到海外殖民地；二十世紀後，荷蘭人則以獨特的觀點與價值思考，讓荷蘭建築作品與理論影響整個世界。荷蘭建築的國際化可從兩個方面來看：第一，荷蘭建築師勇於邁向世界，讓全球成為自己的舞臺；第二，荷蘭大膽開放自己，讓自己的土地成為全球建築師的舞臺。

1917年，荷蘭藝術家杜斯伯赫（Theo van Doesburg）以及蒙德里安（Piet Mondrian）發起了「風格派」的建築與藝術運動，而當1922年杜斯柏赫前往德國包浩斯藝術與建築學校任教時，便意味著荷蘭與國際的現代建築運動接軌，因為包浩斯正是當時全球建築現代運動的重鎮。

兩次大戰之間，歐洲各國建築師組織了「國際建築現代會議」（CIAM），引導著現代建築的思考與發展方向；該會議的創始會員有兩位荷蘭建築師，分別是風格派成員李維德（Gerrit Rietveld）以及被稱為荷蘭現代建築之父貝拉赫

21 PHOTO | 阿姆斯特丹郊區的現代船屋

22 PHOTO | 歐道斯設計的水上公寓

（Hendrik Berlage）。這兩位建築師設計了許多早期現代建築的代表性作品，如李維德於烏特勒支的「史洛德之家」（Schröderhuis，圖23），及貝拉赫的「阿姆斯特丹商品交易中心」（Amsterdam Commodities Exchange，圖24）。

二次大戰後，繼續扮演現代建築運動推手的則是「十人小組」（Team X），雖說是十人小組，但核心成員只有七位，而其中即有兩位是荷蘭建築師，分別是推動建築結構主義的范艾克，以及主持許多鹿特丹戰後重建計畫的巴克瑪（Jacob Bakema）。

當代荷蘭建築國際化的表現，背後亦有國家力量為後盾；這個力量不再是當年海權時代的船隻或槍砲，而是政府官方與各建築機構與所推動的國際性建築活動。1982年起，具有官方性質的「鹿特丹工藝協會」（Rotterdam Arts Council）連續舉辦數屆的「鹿特丹國際建築論壇」，這個論壇吸引了大量外國建築師，並促成了他們與荷蘭本土建築師的對話。不少外國建築師因此獲得了荷蘭的建築設計案，許多荷蘭本土年輕建築師也因此得以和外國建築師合作。先前提到的幾個重要荷蘭建築事務所，如MECANOO、OMA以及MVRDV等等，都是在這一系列的論壇中逐漸獲得名聲的。

而「荷蘭建築協會」（NAi）亦是荷蘭建築國際化的重要推手。1993年，建築師庫能（Jo Coenen）於鹿特丹設計的荷蘭建築協會的新大樓完工，這座建築既是國家級的建築博物館，也是國家級的建築研究機構（圖25）。荷蘭建築協會在這棟大樓裡面有計畫、有系統地典藏當代荷蘭各種建築作品，無論是影像、圖面或是模型，並在舉辦各類建築常設展與特展。荷蘭參觀者到這裡可以接觸到全球最新的建築資訊，外國參觀者也可以了解最新的荷蘭建築成果。在今日，荷蘭建築協會已成為荷蘭與國際在建築交流上最頻繁且最穩定的平臺。自2003年起，荷蘭亦開始舉辦「鹿特丹國際建築雙年展」，至今已經成為世界最重要兩大國際建築展之一（另一個為義大利威尼斯建築雙年展）。歷年建築展都拋出鮮明且激進的主題，帶動全球性建築議題的熱烈討論。如同過去的荷蘭東西印度公司在全世界各大洲建立了殖民與貿易據點，今日荷蘭建築師也在全世界攻城掠地，他們的建築作品往往成為全球各大城市的地標。

23 PHOTO | 李維德於烏特勒支設計的史洛德之家，1924年。

24 PHOTO

貝拉赫於阿姆斯特丹的商
品交易中心，1903年。

25 |PHOTO 庫能於鹿特丹設計的荷蘭建築協會大樓，1993年。

傳統的延續與挑戰

曾經跟一位非建築背景的荷蘭學生提到庫哈斯將在臺北設計一座藝術中心建築，她的回答竟然是：「I'm very sorry!」在我還沒回神之餘，她洋洋灑灑說出她不認同庫哈斯作品與觀念的種種理由，且言之成理，這應是長時間觀察後的結論，絕非一時情緒反應。作為一個國際級大師，荷蘭建築師庫哈斯在自己的國家並沒有得到太多禮遇，任何人都可以毫不留情地批評他。對於務實的荷蘭人來說，大師的品牌不見得有用。這種「挑戰」的態度，正是荷蘭建築持續進步的動力，無論是挑戰權威，或是挑戰傳統。

四百年前，荷蘭人若沒有挑戰西班牙的權威及天主教傳統，具有本土特色的荷蘭改革宗教堂不會出現。二十世紀的20~50年代，當擁護「傳統主義」的「臺夫特學派」主導著荷蘭建築發展時，也出現了另一批主張現代「機能主義」的「新建築」團體與之對抗。對抗的過程中，人們不斷思考與辯論建築所代表的

意義與價值，無形中也確立了建築發展的方向；對荷蘭建築師來說，建築是戰鬥，而非品味的表現。這種戰鬥精神不僅是年輕人的特權，也是許多資深建築師的一貫態度，或許這正是年近七十的庫哈斯，仍可活躍於世界舞臺的重要原因。這種勇於挑戰也勇於接受挑戰的態度，不但讓年輕建築師爭取到生存空間，也讓資深建築師可以持續進步。

　　除了「挑戰傳統」，我們也不能忽略荷蘭建築師在「延續傳統」上的態度。磚造傳統即是一個很好的例子。試想，如果古羅馬人未曾將磚構造技術帶入荷蘭，這個缺乏石材礦源的國家，絕對無法在中世紀和其他歐洲地區同步發展仿羅馬或哥德式建築；再者，如果沒有磚構造的技術傳統，十七世紀的荷蘭也不會出現具有特色的山牆式街屋，更不可能在海外殖民地迅速興建磚造稜堡。而二十世紀「臺夫特學派」與「新建築」團體所爭論的焦點之一，即是對於傳統磚材作為建築主體的延續與否：前者認為應繼續使用磚構造，後者則認為應該使用現代的鋼筋混凝土與鋼構造。

　　這兩派的爭執於50年代畫下句點，而我們也在隨後數十年間，看到荷蘭出現許多結合傳統與現代的建築：它們以鋼骨或混凝土做為主體結構，但以磚材作為外牆表現。1993年落成的荷蘭建築協會大樓是個非常好的例子，它除了以一大面傳統磚牆作為部分立面量體的表現，還使用了金屬、玻璃及混凝土創造別具層次感的現代空間變化。這棟建築似乎向我們述說著：荷蘭的建築成就，不但在於對傳統的情感延續，也在於勇於對傳統挑戰。

BUILDING CREATIVE HERITAGE INDUSTRIES

museums and cultural heritage in the netherlands

5

記憶的經營創意 | 荷蘭的博物館及文化資產

BUILDING CREATIVE HERITAGE INDUSTRIES : museums and cultural heritage in the netherlands

> 文化部門不是養老院，亦非政治宣傳工具，而是促使過去得以
> 累積為文化、使文化得以萌芽為文明的關鍵行動者。

江明親・文
荷蘭萊登大學文化資產研究博士候選人，曾任金瓜石黃金博物館館長

　　來到荷蘭，包包裡一定有幾張卡：賴以維生的銀行卡、通勤必備的火車折扣卡、能驗明正身的ID卡。此外，還有一張「博物館卡」：成人年繳40歐元（約臺幣1700元），即可免費或以極低價參觀全荷蘭博物館。然而，荷蘭除了梵谷美術館和皇家美術館幾個觀光必去景點，似乎就沒有所謂的大品牌博物館了。那麼這張40歐元的卡，究竟有何魅力？

　　搭上阿姆斯特丹的運河觀光遊船，導覽廣播一定會要你看看岸邊那排十七世紀華麗住宅歪歪斜斜的有趣模樣。眼看房子站得驚險，但是門廊下遊客如織，生意照做、日子照過。既然房子快倒了，何不拆掉重蓋，不但安全舒適，又可省去大筆維修費用？一向務實的荷蘭人為何寧可花錢維修，住在「危樓」中？

這些都要從荷蘭對文化資產的思維和經營談起。荷蘭雖小,博物館卻有上千間,且主題多樣、內容扎實,足以使逛博物館成為讓人驚喜連連的休閒活動。荷蘭博物館並不追求世界級的規格,卻能默默在荷蘭人的文化生活中發生實際作用。它們如何融入常民生活,又發展出獨特性,並且在不穩定的經濟狀態中持續經營?此外,老房子難道只能變成咖啡廳或博物館嗎?除了BOT,政府部門還能運用什麼方式,讓這些老建築物「既有人幫忙管,又能管出文化價值」?

我們將探訪幾間有意思的博物館以及文化資產的管理案例,探究荷蘭人如何看待歷史價值和經濟發展的衝突,以及如何創意利用這些承載著舊記憶的場址,成為歐洲國家的成功案例。

博物館密布的水上王國

荷蘭的面積和臺灣差不多,博物館卻超過1000座,其中符合國際博物館組織定義的有773座(2007年統計資料),這樣的密度就算不是世界第一,也絕對名列前茅。或許有人會問,博物館這麼多,真的有人參觀嗎?有這麼多東西可以展示?不會有許多是「蚊子館」吧?

2007年,荷蘭總人口數約為1636萬,但博物館參訪人次卻高達2054萬。當然,如果只看建築外觀和展示手法,荷蘭甚至歐洲多數的博物館,可能都比不上臺灣的新穎創意和慷慨花費。然而,它們很多不需依賴政府補助便能長期經營,並且創造出自身的性格來維持創館的目標和理想。

事實上,荷蘭常民生活之所以能與博物館緊密連結,與深植於他們基因中的冒險天性和蒐奇性格息息相關,而這得從大航海時代說起。

愛好航海的荷蘭人和他們的驚奇收藏

荷蘭人愛好收集,這與他們在航海黃金時期縱橫世界的貿易網絡以及驚奇收藏密不可分。歐洲人自十五世紀開始,便航向想像中充滿奢華物品和異國奇

1 | PHOTO | 熱帶民族學博物館，重現過去「驚奇收藏室」的樣貌。

2 | PHOTO | 西博德館的「驚奇」擺設。

景的東方世界。1602年，這個低地國強勢整併了國內各個貿易公司，以荷蘭聯合東印度公司一舉拿下國際貿易市場的霸權。東印度公司在航程中除了收購瓷器、絲綢、香料等奢侈品，還肩負著收集巨人、侏儒、獨角獸、鱷魚等「珍奇」動物和植物的任務。這不僅是財富的展現，更反映了科學和文藝復興等當代新興思潮，以及綿密蓬勃的國際貿易網絡。

當時的有錢人喜歡在家中設置「驚奇室」（Wunderkammer），裡面擺滿了收集而來的各種物件。然而驚奇室除了炫耀財富，也提供了科學研究最好的環境。這就是現代博物館的前身。例如萊登城中的西博德館（Sieboldhuis），展示靈感便取自昔日的「驚奇室」。馮西博德（Philipp Von Siebold）是十九世紀參加東印度公司船隊的德國醫師，他派駐日本期間，不僅收集日本鎖國時期的各種動物、植物、器物和地圖，連同製造過程中所有相關物件工具都一併收藏。西博德希望藉此建立整套知識系統，而他的「驚奇室」更把遠方日本人的動態生活面貌帶到地球此端的荷蘭。

1750年左右，在文藝復興知識風潮的席捲下，荷蘭各方更是關注於建立專業且具知識性的收藏品，學者和業餘科學研究者也因此更有機會接近這些原本屬於上層階級的收藏庫。1774年，歐倫治王朝的王子威廉五世以藝廊的方式首次開放他的私人收藏，並且分類陳列在展示櫃內。後來，泰勒斯博物館（Teylers Museum）承繼了這樣的展示形式，於1784年開放大眾參觀，成為荷蘭登記有案最古老的博物館。

十九世紀上半葉，荷蘭的威廉國王（King William I）將歐倫治王朝的收藏品安置在國家級博物館中。這個作法受到歐洲當時民族主義發展潮流的影響，也反映了荷蘭對於國民文明養成、發展人文科學知識的理想。此後，荷蘭成立了20間以上的國家博物館，人員的薪資和營運支出皆由國家負擔。到了十九世紀末，各省各市亦據此紛紛成立地方級博物館。

二次大戰後，荷蘭博物館的數量大幅成長。從1947年的195座，成長到2000年的1000座以上，而參觀人數也從300萬增加為2000萬以上。事實上，這還得大大歸功於1981年推行的「博物館卡」[1]以及「博物館之友」組織。此外，1970年以後荷蘭文化政策對於普及教育的強調也是重要因素。而由於文化藝術被視為社

會福利的一環，荷蘭中央政府不僅負擔國家級博物館的經費，甚至對於私人博物館的營運損失也提供補助。1985年，荷蘭制定了一項新的博物館政策，開始為博物館劃分不同層級，並逐漸將大部分博物館轉入地方政府的權責範圍，自此只有少數國家級博物館仍有中央政府的財務支持。

博物館法人化

1990年代，荷蘭文化政策出現了大幅躍進。當時荷蘭經濟狀況極佳，荷蘭政府席捲著一股新自由主義的風潮，而「文化資產」的觀念亦在此時大受重視。為了完善保存國家的文化資產，荷蘭教育文化部提出Delta計畫（Delta 為荷蘭水利技術名詞，意指築堤防堵。此處意味著以完備的監督輔導防止文化資產流失），將博物館單位區分出各種層級，以釐清國立館舍執行權責，並將大部分國家級的博物館法人化。

荷蘭政府是歐洲國家中，率先將原本隸屬於政府部門的國立博物館交由基金會管理的。首先，政府明確界定，博物館的館藏和建物本身是全民的文化財產，乃國有財產，因此國家仍需對其負起責任，提供保存維護的經費。而博物館亦擁有獨立的法定地位，擔負營運管理的責任。由於博物館負責照護全民的文化資產，不僅要受國家文化資產稽察單位的監督，更因其經費來自於基金會，也得接受基金會的考核和監督。如此一來，政府得對博物館負責，而博物館也受制於政府。

另一方面，博物館改由基金會管理後，經營變得更有彈性。政府不介入博物館的營運，而由專家組成委員會加以輔導監督。博物館得自行拓展財源，積極推動各種教育展覽、開發創意商品等。因此，國立博物館不再是公務員的最佳養老場所，而是肩負社會教育責任並且善於掌握社會脈動的現代專業組織。

寓「建設」於「保存」之中

博物館的階段性任務完成後，二十一世紀初荷蘭文化資產政策的視野也更加宏大。單點的歷史建築、考古遺址或者博物館的保存工作已經難以應對當代複

雜的社會變遷和運作網絡，因此如何結合各種不同部會、有興趣的團體和研究單位，真正深植「保存」這個價值於國土規劃的考量，便落實為1999年出版的「文化美景營造計畫」(Belvedere Programme)。

在這項國家級計畫中，中央政府的文化部門與建築、都市規劃等部門攜手合作，並與地方政府、學術單位、私人企業以及民間團體，共同實現一個屬於荷蘭的美麗願景。計畫中，荷蘭的「未來」，產生於「過去」累積的紋理和深度，以「文化歷史」作為整合的媒介，導入各種「知識機構」共同參與都市規劃，使考古、歷史、建築與都市規畫等各項知識，在區域發展之初就得以介入，成為形塑空間紋理的文化涵構，「地方特色」也因此得以保存和延續。這項計畫長達十年（2000~2010年），希望達成深遠的影響，而非僅是短期的政治訴求。

這項計畫在區域開發初期即納入文化歷史學家的意見，期以文化保存帶動區域發展，在保存荷蘭代表性地景的同時，亦能衍生經濟產值、提升當地社群的生活品質，甚至得以透過空間規劃協助改善社會問題。如此一來，「建設」和「發展」不再總是與「保存」衝突，而臺灣常見的政府建設案和古蹟保存之間的拉扯，在此也不會出現。「文化美景營造計畫」相信，尊重過去，過去也會成為未來美景的動力。

由於牽涉到的單位眾多，該計畫非常重視跨部門的合作。我們可以從「新荷蘭水防線」（the Nieuwe Hollandse Waterlinie）這個案例，看到其中牽涉五個中央部會、五個省級政府、二十五個縣市政府、五個水力相關單位，還有其他許多私人部門和地方社會團體的合作。

「新荷蘭水防線」計畫

水是城市的自然屏障，但是河口或堤防等區域，卻也給了敵人靠近的機會。1672年，荷蘭為了阻擋法國勢力入侵，在這些地區築堤、建壩以控制水位，並增設碉堡和砲臺，因而有了第一道「水防線」。這道水防線縱貫整個荷蘭，由最北一直延伸到最南，也成為今日荷蘭沿海地景的元素。

在此之前，歐洲的主要防禦方式是興建城堡，並以城牆和護城河來保護軍隊和人民。此外，荷蘭亦善用自然地形的特點設置防禦系統，例如在延伸外凸的河口和沼澤區域建築堤防和水壩；而沒有自然屏障的地區，則興建堡壘和砲臺。如此一來，防禦線的網絡便逐漸成型，構成了「舊荷蘭水防線」。

十六世紀末，荷蘭七省聯合成為共和國，合力對抗西班牙菲利浦二世的統治，原本四散的禦敵設施逐漸整合為完整的水防線，並自此成為荷蘭人的典型防禦系統。一直到二十世紀，這些防禦水線仍不斷延伸、增建，並保護著荷蘭這塊土地的安全。

水防線的防禦方式，主要藉由水位上升使地形難辨。只要上升40公分，就足以阻絕敵人的軍隊、馬匹和軍事設備；若水位下降，也能防止船隻入侵。十九世紀之前，依舊得藉由破壞堤防和水壩才能把水導入；1815年之後，荷蘭發展出排水和汲水技術系統，自此才得以有效製造洪水和控制水位。荷蘭的水防線歷經三次動員：俄法戰爭、一次世界大戰和二戰初期。目前的「新荷蘭水防線」，長85公里，寬3~5公里，面積達5萬公頃。

不要浪費過去，把它拿來作為未來之用吧！

「新荷蘭水防線」是2005年開始推動的計畫，它是「文化美景營造計畫」中的指標性子計畫，原因不僅在於它是國家二十大地景之一，而且該計畫總共涉及四十個相關單位的合作，還必須處理極為複雜的空間規劃任務。2005年，各部會簽訂共同發展契約，一起推動此計畫至2020年。

「新荷蘭水防線」計畫完整保存了軍事設施及水利建設，並結合了休閒娛樂、文化觀光和自然教育等現代生活的許多功能，再搭配地圖的繪製、資訊整合和行銷計畫，使這條由南至北的水防線不但維持了軍事保留區的基本功能，還提供多重的區域發展視角。因此，遊客可用腳踏車、健行或遊船的方式沿著水防線行進，沿途還有許多軍事碉堡開放參觀，甚至結合新的創意成為露營區、藝術展覽廳、旅館、宴會場所等。每年9月，原本不開放的碉堡和防禦區還會推出特殊參訪方案或導覽行程，供遊客深度參訪。今日，「新荷蘭水防線」已列入世界文化遺產。

「新荷蘭水防線」跨越了這麼多省，如果要一日探訪，你可以這麼走：搭乘火車到荷蘭南部的荷瑞遜（Gorinchem），從這個城鎮出發騎腳踏車往南部行進。

阿特納堡壘（Fort Altena）

先帶著腳踏車搭渡船到司洛維克（Sleeuwijk），接著騎車前往阿特納堡壘。這裡除了有堡壘歷史的導覽和特展，也有許多經過設計的有趣活動，例如非洲鼓研習坊、戰爭築城遊戲等。堡壘內還設有一間「水店」，裡頭有五十多種世界各地的礦泉水，不但可欣賞美麗多樣的瓶子，還可喝到千里之外的水。會場也可出租舉行各式宴會或研討會等，甚至預約地方風味餐和烤肉，是個多角經營的單位。

伍德瑞遜（Woudrichem）

騎車或搭船繼續往南走，就會抵達伍德瑞遜這個中世紀小城，它和荷瑞遜、路浮堡是荷蘭著名的軍事金三角。伍德瑞遜是荷蘭典型的防衛城鎮，捍衛兩河交接的區域，圍牆環繞的造型類似多角星形，守衛時可以看到多重視角。

路浮堡（Slot Loevestein）

騎車繼續往南走即可抵達。它位於兩河交接的戰略位置，中世紀由一位騎士開始興建塔樓逐漸形成城堡。歷經荷蘭歷史上的重要戰役，因此成為水防線的重要據點。荷蘭共和國時期，路浮堡成為國家監獄，囚禁政治犯，而這些歷史記錄也成了展覽主題。（參見24~25頁）此處不僅可以參觀博物館，亦可由穿著傳統服飾的導覽員帶你進入時光隧道，參訪城堡和要塞。

此外，針對不同年齡的兒童和青少年，經營單位還設計了許多活潑有趣的預約活動，例如裝扮成騎士或公主，體驗過去的生活。還有各種尋寶探險，讓孩子藉由過去的痕跡尋覓寶藏。城堡並提供場地租借舉辦各種活動，可在中世紀的神祕歷史氛圍裡享用最特別的晚餐，渡過奇妙的一天。

伍倫堡壘（Fort Vuren）

再繼續往南騎，即可抵達這個河口的駐防要塞。伍倫堡壘善用場地特殊的空間氛圍，成為現代藝術展覽的絕佳場地。2009年第五屆的國際GlasHArt藝術展，便邀請世界各地的藝術家利用堡壘的空間元素，創造令人印象深刻的裝置作品。

堡壘的氛圍也很適合舉辦宴會或會議，裡面也有旅館。在拱型的建築體和軍事要塞的特殊感受中過夜，是很有意思的體驗。

BUILDING
CREATIVE
HERITAGE
INDUSTRIES

3 PHOTO | 阿特納堡壘

4 PHOTO | 伍倫堡壘

滾動的石頭不生苔：「建築保存周轉資金」和「樂透彩基金」

若要讓大眾樂於參與文化資產的保存，保存工作就不能僅止於硬體空殼的維護，還得符合現代生活方式而加以使用，前述「新荷蘭水線」計畫就是個成功的案例。而除了這種以公部門為主推動的保存計畫，許多私人或者民間團體也能夠在生活空間中實踐保存，其中最大功臣便是「建築保存周轉資金」（the Revolving Funds）的設立和靈活運用。

荷蘭的國家文化部門設立了「修復基金」（NRF）機構，它就像是文化資產銀行，不僅監管文化保存和維護的補助款，也負責開發新的補助方式，例如「修復抵押借款」：建築所有權人可向政府借款來整修建築，且利率極低、借期相當長。至於還款的收入則會轉入「建築保存周轉資金」，作為其他投資的本金，賺得的收入則全數用於資助新的保存維護案。

和文化保存運作息息相關的「博物館卡」，資金則來自另一種管道：樂透彩。荷蘭有各種樂透彩發行機構，並設定了各自的公益目標，最後得將收入的一定額度投入公益活動。其中，「銀行樂透彩基金」的補助標的就設定在文化範疇，如梵谷美術館、國家博物館等許多博物館，都在補助之列。原則上，博物館和文化單位必須先自籌40萬歐元，並且有公眾的支持度（例如參訪率等）。樂透彩基金成立於1970年代，設定獲利的50%為公益支出。他們在2005年之前，共支持了53個文化單位，投入5800萬歐元。樂透彩的發行機構可自行決定補助對象和核發標準，並邀請專業委員會協助審核，至於政府則不涉入補助名單的決定過程，但是當樂透彩發行機構要更新發行許可時，就得提報他們的補助政策和標準，還有他們預計用在公益補助的收入比例。

由此可見，文化資產能夠長久保存，「財務計畫」和管理絕對是關鍵因素，建築硬體的修復只是其中的一環，而管理也決不是藉由外包個三、五年的BOT契約就可以解決。此外，在現代變動劇烈的都市環境裡，文化資產更必須以其置身於都市紋理中可能產生的效應加以思考，配合完整的管理計畫，文化累積才可能永續，並且成為改善都市住民生命品質的有力因子，鹿特丹的文化場館規劃就是一個很好的案例。

5 | PHOTO | 伍倫堡壘，已改裝為藝術空間、宴會或會議場合，還可以過夜

以水與建築營造新鹿特丹

在荷蘭人心目中，鹿特丹一向是個「工作城市」。它曾經是歐洲的第一大港，居民主要從事商業和碼頭運輸的工作；其中外籍族群的多元和比例之高，更是鹿特丹的特色。歷經二次大戰的嚴重炮轟，市中心幾乎全毀，再加上1970年代經濟不景氣的襲擊，鹿特丹的社會經濟結構受到挑戰，於是地方政府開始鄭重思考鹿特丹的遠景。要怎麼做，才能提升鹿特丹的文化形象、建立市民的文化認同，甚至讓外來訪客願意久留？

鹿特丹勇於挑戰阿姆斯特丹文化首都的地位，決定要建立一個「活潑多元的現代文化城市」，並藉由水、建築和藝術完成夢想。其中，「博物館園區」（The Museumpark）的建立，就是實現這個夢想重要的一步。

博物館園區

在1980年代後期，鹿特丹開始對於自身的未來走向開放論辯，並在參考了美國巴爾的摩市以文化和遊憩發展水岸城市的構想後，開始一連串營造鹿特丹文化核心的計畫。其中最重要的一項，就是在原有的公園裡置入「博物館區塊」。這項規畫案由建築師庫哈斯主導，最後成為「博物館園區」。

博物館園區並非文化功能集中的封閉區塊，而是在整個城市的文化營造裡扮演著肚臍的角色。從園區往南走，沿著維德韋街（Witte de Withstraat）一路走到歷史港區，便可抵達鹿特丹的文化地景：港口和伊拉斯姆橋。這整片區塊形成了鹿特丹的文化帶。在這條文化帶上，除了博物館園區內著名的柏以曼博物館（Museum Boijmans Van Beuningen）、荷蘭建築學會（Nai）和現代藝術中心（Kunsthal），更有史卡皮諾芭蕾公司（Scapino Ballet）、維德韋國際藝術中心（Witte de With International Art Center）及貝拉罕建築學院（BiA）陸續移入，結合水、建築和藝術的文化軸線於此大成。

博物館園區的成功，和荷蘭建築學會自阿姆斯特丹遷入鹿特丹這項重大變動有著密切關連。鹿特丹免費提供市中心土地，成功吸引荷蘭建築學會搬遷，接

BUILDING
CREATIVE
HERITAGE
INDUSTRIES

著配合學會建築的新建，導入國際競圖案，開展鹿特丹作為現代建築城市的形象，進而促成更多建築研究和從業單位樂於移入。

博物館園區內可以看到什麼？

博物館園區的景觀設計皆由知名設計師操刀，並聚集了以下幾個重要單位：

柏以曼博物館：這是歷史悠久的重量級美術館，2009年7月慶祝成立160週年紀念。館中展出中世紀至當代之藝術大師的作品，典藏品包含林布蘭、梵谷、達利的繪畫，以及許多當代荷蘭設計。博物館的名稱起源於兩位收藏家：柏以曼（Boijmans）和包寧根（Beuningen）。

荷蘭建築學會：具有博物館、檔案文獻保存及研究教育等多種性質，為世界最大的建築收藏中心之一。典藏品包含草圖、設計圖、攝影、書籍、期刊及模型等，是研究荷蘭建築最重要的資料庫。

現代藝術中心：為開放的藝術展覽中心，擁有3300平方公尺的展示場地，每年辦理超過25場藝術展覽及教育活動。主題涵蓋古典及現代藝術、攝影、設計，從精緻文化到流行文化的各類議題。建築物本身是庫哈斯的作品，也是當代荷蘭建築的代表作之一。

莎堡博物館（Chabot Museum）：1938年興建完成的私人住宅，由建築師巴斯（G. W. Baas）及史托卡拉（L. Stokla）設計。目前作為美術館，收藏荷蘭表現主義藝術家沙柏特（Henk Chabot, 1894~1949）的繪畫及雕塑作品。

鹿特丹自然史博物館（Natuurhistorisch Museum Rotterdam）：擁有數量龐大的物種標本，並針對不同生物科學主題辦理各種特展及教育活動。每年6月5日的「死鴨日」（Dead Duck Day），是博物館獨特的紀念日。當天下午5:55，館員會聚集在博物館的玻璃牆旁舉行相關的緬懷儀式，然後到固定的中國餐館點份D套餐：烤鴨。這是紀念1995年的同一時間，有隻雄性野鴨誤撞博物館玻璃而死，結果引來另一隻雄性野鴨的性行為。目睹的館員據此完成首篇野鴨同性戀屍癖的研究，該論文並因此獲得搞笑諾貝爾獎。

如果你只是把上述種種視為一群博物館建築的集合，或者是一個策略合作的博物館群，那麼你就錯了。博物館與地景，是城市發展理想的基本質素，是都市規劃的一環，需要搭配的行為包含了符合質感的產業導入、路上水上交通的銜接規劃、定期的文化活動等，才能使文化行為得以持續發生，讓文化能量能夠累積。

　　從鹿特丹文化帶的一端開始，你會經過各種私人藝文空間、小而有特色的餐廳、由老倉庫或碼頭建物變身的舞廳和時髦酒吧等等。你可以參加每年的「博物館之夜」，半夜兩點搭車甚至坐船到不同的博物館或歷史展場看表演、聽音樂、參加活動。平日也可以搭上每天定時出發的大船欣賞鹿特丹，或是招來衝刺在各點間的水上計程車到紐約旅館喝下午茶，乘著餐廳專船一邊看夜景一邊吃荷蘭煎餅。這些文化活動都需要長期整體經營規劃，不是四年一次的政績展現可以達成的。而除了新都市的文化營造案例，舊記憶場址的經營亦是如此，具遠見、富創意的整體性經營永遠是成功的要素——荷蘭的南海博物館就是最好的案例。

一日穿梭於荷蘭的過去、現在和未來：南海博物館

　　當荷蘭人又開始出現在庭院或者露天咖啡座享受陽光，就是前往南海博物館的好時機。雖然博物館在冬季仍開放室內展示，但戶外展區以及接駁船等感受荷蘭文化和地方特質的重要元素，則得在春天到秋天這段時間才體驗得到。

　　搭乘火車到阿姆斯特丹東北方的小鎮恩克豪森（Enkhuizen），前往博物館區的接駁船就在車站附近的碼頭邊等待。從上船的這一刻開始，你就進入了荷蘭和恩克豪森過去的歷史。舉目四望，恩克豪森似乎被水和船隻所圍繞。這些層層排列高低不一的桅桿，說明了這個地區的過去：這裡曾是南海的一部分，和荷蘭北方的北海相望。1932年，圍海工程把南海分割成兩個水域，於是和北海的連結也消失了。這項工程雖是荷蘭與海爭地的重大成就，但對於南海沿岸的漁村文化產生了巨大影響，而南海博物館正是希望能為消失的傳統留下痕跡。

BUILDING
CREATIVE
HERITAGE
INDUSTRIES

8 PHOTO | 現代藝術中心

9 PHOTO | 恩克豪森的水岸地景

露天博物館

下了船，踏上彷彿百年前的城鎮。除了從周圍漁村搬遷重組出的不同時期老屋，屋內還有穿著古裝的人們在裡頭生活，滿足訪客偷窺在地生活的渴望：村子角落，穿著一世紀前服裝的婦女正把洗好的衣服從木桶裡拿出來晾；屋內爐上擺著燒好的傳統蔬菜薯泥，三個寡居的老婦人正專心禱告準備用餐。一般的露天博物館會讓導覽人員及志工穿上傳統服飾解說，但南海博物館則讓他們在這裡「生活」。如果投緣，這些「在地人」會跟你談談他的生活、他的房子，甚至邀你品嚐他剛烤好的鯡魚。

室內博物館

受到露天博物館的盛名之累，室內館很容易被一般遊客錯過，甚至誤以為不過是展示一些地方民俗歷史。然而，一踏進看似不起眼的正門，你就會明白絕非如此而已。

南海博物館是一座綜合歷史、教育、視覺藝術以及當代設計的多元博物館，他們請當代設計師針對恩克豪森進行研究，創作出結合地方元素的當代藝術作品。例如以傳統服飾圖案發想出服飾和空間設計，並從中延伸出的當代作品，其結合之巧妙，常讓人眼睛一亮。藉由設計者之眼，傳統成為創新的養分，南海博物館也因此有了源源不絕的能量。不只是表層地消耗懷舊產品，博物館使長期的收藏和研究得以創意轉化，在展現與注視之間得到提升和新的可能性。

除了都市規劃以及傳統場址的經營再現，離現代生活更為遙遠的考古遺址其實也能透過具有企圖心和創意的管理，成為受歡迎的文化媒介，一如荷蘭北方著名的考古博物館：巨石文化中心（Hunebed Centrum）。

現代的考古行銷：巨石文化中心

荷蘭北方的巨石群和世界上許多的巨石群一樣，以其神祕性引來熱切關注。然而在博物館成立之前，並沒有那麼多人為了與巨石第一類接觸而來到柏赫（Borger）這個地方。巨石博物館自2005年成立以來，每年吸引了10萬訪客，其中最大的功臣，就是這個生活於史前時期的小男孩：歐克（Oek）。

10 PHOTO | 「在地人」會跟你談談他的生活、他的房子，甚至邀你品嚐他剛烤好的鯡魚。

11 PHOTO | 沿著館方規劃路線往室內博物館方向走去，即可見到當期藝術家的大型圖像創作。無意間踏入傳統建築裡，也可以驚喜地發現當代創作的設置。

活潑積極的行銷策略

巨石考古中心和大部分荷蘭的博物館一樣，必須自籌經費。每年130萬歐元的經費需求，20%是由地方政府支付，其他則得倚賴門票收入、餐廳、紀念品以及獎金收入等。巨石考古中心在2008年贏得了「最佳考古博物館」獎，光是獎金收入就讓博物館得以更新硬體和展覽設施。館長科倫馬可（Hein Klompmaker）謙虛地說，他們的成功純屬巧合，因為博物館以史前小男孩歐克為主題推出的系列，在地方的電視頻道播放大受歡迎，使得訪客人數大幅提升。他們除了推出歐克為主角的童書系列，還希望能夠爭取國家級電視頻道播出的機會，更積極進行電影製作。

即便如此，能夠成功絕非偶然。把令人生畏的考古主題透過活潑的教育策略擴散而出，再加上積極的行銷手法，使一般人樂於親近，正是博物館大受歡迎的主因。例如他們以偵探尋寶設計出主題動線，使考古展示變得有趣極了。

此外，博物館網站除了荷文，還有五種不同語言的版本（其中包含簡體中文版），展現出館方旺盛的企圖心。科倫馬可表示，他們調查了參訪的遊客來源，發現大部分仍然以荷蘭國內的觀光客為主，至於外國旅客僅占6%。於是他們展開準備，希望先從吸引比利時、德國等鄰近國家遊客開始，再逐漸聚集國際目光。

地方認同的核心

當然，博物館經營能夠成功，除了出色的行銷，積極與地方認同加以結合也是一項要素。當地政府和居民認為，巨石群是具有重要意義和價值的文化資產，因而表現出支持態度。另一方面，博物館提供工作機會給地方上的失業人士和更生人，引介他們重回社會，建立與地方政府合作的雙贏機制。館方希望能再爭取到更多地方政府的財務支持，但前提是「不被政府干涉」。無論如何，最重要的還是獨立於政治影響力之外，以維持文化機構的主體性以及對教育和研究的理想。

軟體先於硬體

巨石考古中心的運作思維也跟我們一般認定的不同，他們主要收入投注在常態的教育和營運支出，至於硬體設施和展覽的布置和更新，只有在得到額外贊

BUILDING
CREATIVE
HERITAGE
INDUSTRIES

12 PHOTO

右圖展櫃中是南海地
區的傳統服裝和裝飾
圖樣；牆上的塗鴉作
品及上圖中的現代服
裝設計，則是由這些
傳統圖樣和服裝形式
衍生而出。兩者皆由
館方邀請藝術家依當
地的傳統文化和地景
特色發揮創意。

助時才進行。因此，許多園區內的建築設施都是一點一滴緩慢進行的。博物館的建築物本身出自名建築師，但是，活潑的軟體教育計畫，加上開放、隨時尋找可能性的經營態度，才是永續運作的關鍵。

保存還是再發掘？

在荷蘭北部區域，仍然有上百處巨石遺址呈帶狀散落。部分遺址已作公開展示，但是仍有許多遺址刻意被主管單位隱密保存於原址。當前荷蘭的文化主管部門普遍認為「原址保存」（conservation in situ）是最佳策略，因為未來的世代將會發展出更好的保存技術，因此應該不加更動完整保存，考古發掘更應盡量避免。

13 PHOTO

博物館以史前小男孩歐克為主題推出的系列，在地方的電視頻道播放大受歡迎。

然而，兼具專業考古學家身分的館長科倫馬可則提出了不同看法。他表示，目前人們對於巨石文化的認識還不足，如果能夠繼續發掘，或許區域性的考古知識會有更多提升。離館之際，科倫馬可也以此反問：「你們覺得呢？」看來，這始終是西方考古學界擺盪於原貌保存以及知識渴求間的棘手難題。

勇敢創造、認真經營的水王國

國家的陸地很小，但是荷蘭人看的不是被水包圍的狹隘侷限，而是從水延伸出去的無限世界。無論是跨越南北的水線計畫、港口大城的文化營造、因海埔新生地而消失的舊文化保存，或者是老祖宗與水爭地建立的古老文明記錄，都可以看出荷蘭人強烈而勇於突破現狀的企圖心，還有支持這企圖心的綿密計畫以及認真、貫徹、樂於合作的實踐力。

文化資產的經營，不是被動保存，不是民間老怪政府不給錢，也不是政府老是花大錢整修硬體然後閒置或來個BOT，而是築基於成熟的市民意識之上，勇於開拓各種方式。他們不怕花時間，耐著性子充分討論和收集意見，並務實面對現存的困難，尋覓創意的解決途徑。荷蘭能夠維持文化的永續經營，在於以創意獲得政府允許和大眾支持，並且認真去規畫落實。文化部門不能當養老院，也不能只是政治宣傳工具，而應是促使過去得以累積為文化、使文化得以萌芽為文明的關鍵行動者。

1. 博物館卡是各博物館通用的聯合卡，一年內可免費進入荷蘭四百多家博物館。25歲以上繳付39.95歐元，25歲以下19.95歐元。（2011年1月費率）

※感謝：荷蘭萊頓大學考古學院院長Willem J.H. Willems及博士Monique van den Dries提供的協助和諮詢；許維蓉、葉盈貞提供照片。

五・記憶的經營創意

PLANNERS' PARADISE

urban planning in the netherlands

規劃者的樂園 | 與市民共同發想城市願景

PLANNERS' PARADISE : urban planning in the netherlands

在荷蘭，「共識」可説是權力來源的基礎，而透過多元的參與
廣納民意的過程，與規劃成果一樣重要。

李怡德・文
比利時魯汶大學空間規劃博士候選人

荷蘭的國土面積，扣除掉海外屬地，約為3萬4000平方公里，大小相當於臺灣或日本的九州。然而在這個西歐小國裡，卻住著1600多萬人、1300萬頭豬、400萬頭牛，以及1億隻雞，人口密度逼近每平方公里500人，為歐洲人口密度最高的國家。其中，約有一半人口居住在荷蘭西部僅占國土總面積四分之一的蘭斯塔德（Randstad）地區。事實上，荷蘭與臺灣一樣，同樣面臨著土地稀少以及人口過多的問題。

然而，相對於臺灣雜亂無章的市容、令人困惑的街道配置、都市住宅價格過高，以及每逢土地徵收便會引發的抗爭，荷蘭卻有工整的街道及配置勻稱的住宅、對比鮮明的城鄉景致，以及合理的房價。此外，相較於其他民主國家，荷

蘭政府所提出的國土規劃政策較能貫徹，而規劃師的專業亦可獲得人民普遍尊崇──事實上，該國在以空間規劃（即都市計畫）來創造與管理建築及自然環境上所展現的能力，是大受國際肯定的，而近來荷蘭在空間規劃方面的表現，亦屢屢被歐盟列入各會員國所應師法的最佳典範。

這樣的成就，得拜荷蘭獨特的規劃文化之賜，他們有充分協調的公部門，而規劃師的專業也廣受政府與民間信賴，並獲得充分授權。事實上，空間規劃本質上是一種政府干預的行為，公共利益與私人利益之間的衝突也時有耳聞。然而，荷蘭卻能讓成熟的民主運作和政府大幅介入的行為融合出一種獨特而和諧的性格。若要探討這種性格的成因，或許要先從荷蘭人長期以來與海搏鬥、防範洪患的生活經驗來了解。

上帝創造世界，荷蘭人打造荷蘭

荷蘭與比利時、盧森堡在過去同被稱為低地國，領土有五分之一低於海平面，另有五分之一是透過縝密的堤防及圩田系統填海造地而來。若說荷蘭人能在這樣特殊的地理條件下安身立命，是拜其土木水利工程的卓越表現之賜，可是一點也不為過。

荷蘭最早的公共機構，正是各地掌理對海防禦事務的水利會。荷蘭水利會最早可追溯至十二世紀，甚至比荷蘭的地方市政機關設立的時間還早，而早期的禦海建設基本上多是地方性的小工程，大規模的建設則是等到十九、二十世紀，隨著省級和中央級的水利單位成立後才陸續展開。至今，荷蘭水利會即使附屬於交通暨水資源管理部，卻是個運作極為成熟的國家機器，影響力之大，有時甚至被認定為「政府中的政府」。荷蘭有句話說，「賺錢如賺水」（Geld als water verdienen），是用來形容一個人賺的錢就像湧入荷蘭的水一樣多。然而要處理這麼大量的水卻是所費不貲：荷蘭人必需有像水一樣多的錢，才有辦法去處理這些水所帶來的種種挑戰。洪汜、海平面上升、地層下陷、水質鹵化，都是令人頭大的問題。

事實上，荷蘭各級政府光是在水資源管理上的支出，每年就超過30億歐元[1]，

荷蘭乾拓造陸得來的弗萊福蘭省（右下插圖中的橘色部分）

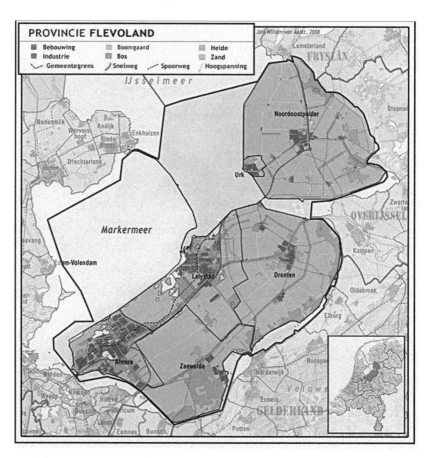

其中15%用於洪害防治，20%用於水量管控，剩下的65%則用在水質改善（1998
年資料）。這些經費主要來自人民及企業的直接稅收（占總稅收的70%），並
且逐年增加，從1995年的11億歐元，到2009年已經高達21億歐元以上。水資源
管理對荷蘭人而言，的確是個沉重卻必要的負擔。

　　如此說來，缺少了與治水相關的制度基礎，荷蘭人不可能成功關閉桑德海，
將之轉變成現今的艾塞湖，另以乾拓造陸的方式創造出荷蘭的第十二個省「弗

萊福蘭」（Flevoland），並在其上以前所未見的規模大舉開發新市鎮。同樣地，如果沒有過去的治水經驗與制度，荷蘭人也不可能在遭遇1953年的洪水肆虐之後，推動堪稱世界上最大防潮工程的三角洲工程，成功降低水患對他們生活所帶來的威脅。（詳見〈勇敢面對海洋〉）

這也難怪許多國內外的觀察家在探討荷蘭空間規劃成功的原因時，常會從「水利假說」的觀點加以論述：荷蘭人長期以來與海搏鬥、防範洪患的生活經驗，培養出公眾利益先於個人利益的普遍價值觀，也因此荷蘭人對於規劃所加諸在他們身上的種種限制與不便，視為理所當然。

此外，荷蘭人民對政府的信任，和過去的建國經驗也大有關係。現今荷蘭是歷經了十六、十七世紀對西班牙王國統治的反抗，以及十八、十九世紀對英國和法國強權的抵抗，才建立出荷蘭王國。他們歷經了許多堅苦卓絕的奮戰，才成就今日這個議會民主制的獨立國家。荷蘭人對政府信任，因為人民認定這個政府是荷蘭人的政府，是追求自由、民主與人民福祉的政府，而非來自遙遠彼端、只專注於統治者利益的外來統治政權。

荷蘭民眾對空間規劃者也採取同樣的信任態度。荷蘭的空間規劃在整個二十世紀可說是完全交由專業的規劃者盡情揮灑，鮮少受到政治力介入，而荷蘭的規劃者也不負人民對他們專業的尊重，往往能夠提出令人信服的分析與因應之道。近年來，荷蘭空間規劃的中心議題逐漸從住宅的提供，移轉到國家競爭力的提升，而空間規劃也逐漸開始出現在全國性的政治議程。

當然，空間規劃在荷蘭能受到廣泛的接受與配合，除了治水和建國經驗，荷蘭政府的體系和運作文化，以及人民和政府、市場、社會與土地之間的關係，也都密切相關。

荷蘭的政府體系與規劃體系

荷蘭是由中央、省、市構成三級制的政府組織。理論上，這三個層級的政府分別享有自治權限，但由於中央政府掌握了全國九成以上的稅收，因此實際

上還是中央獨大。也就是說，只要有必要，中央政府隨時都可介入，而地方政府則通常扮演著中央政府的忠實代理者。事實上，荷蘭中央政府自1950年代開始，便常態性地彙整相關部會的意見，與時俱進地提出全國性空間規劃報告。

---

1 | 規劃範例：蘭斯塔德—綠心
BOX

蘭斯塔德是個橫跨四個省份的區域空間，位於荷蘭中西部，把阿姆斯特丹、鹿特丹、海牙和烏特列支這四大城市以及其間眾多小城市連結成環形的城市群。在這些城鎮之間，有個面積約400平方公里的農業地帶，稱為「綠心」。

二戰後，大量移民湧入荷蘭西部主要城市，由於人口急遽增長導致蘭斯塔德地區無序地擴張，荷蘭政府因此於1951年成立委員會，研究荷蘭西部的空間發展狀況，並於1958年公布了「荷蘭西部發展報告」。報告中建議，繼續維持荷蘭西部那種分散式發展的都市結構，保留環形城市群圍塑而成的綠心及城市綠地，並且抑制都市化的發展入侵綠心。「蘭斯塔德—綠心」自此成為荷蘭重要空間規劃概念，主導荷蘭西部都市化的發展模式。

1960年代，荷蘭政府針對蘭斯塔德提出疏散政策，在第一、二次的空間規劃報告中，建議以分散式集約發展的方式將人口引導至周邊地區，以保護綠心。然而由於蘭斯塔德的經濟中心地位及快速都市化的發展，綠心自1970年代起便遭受蠶食與擠壓。荷蘭政府因此於1973年的第三次空間規劃報告中，指定了14個都市做為成長中心以吸納都市化所衍生的空間需求；之後又在第四次空間規劃報告中，將新興住宅社區開發案配置於綠心之外；在第五次空間規劃報告中更引入紅線（劃定都市發展區）與綠線（劃定特殊生態景觀與重要綠地），以及都市網絡的概念，作為防止都市蔓延的基本戰略。

儘管飽受壓力，「蘭斯塔德—綠心」的規劃概念至今仍主導著荷蘭的空間發展政策。

2 | PHOTO | 荷蘭的蘭斯塔德與綠心

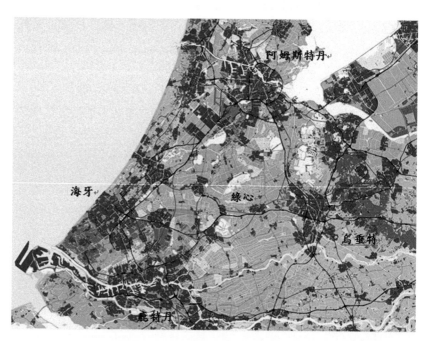

　　荷蘭就曾在1972~1988年間，於新市鎮預定地興建了22萬5000戶的住宅，成功引導50萬人口遷居至此，且有效保留了公園、綠地等開放空間；而荷蘭政府同時又提撥數十億歐元的經費，為老舊市區的居住環境進行更新。在政府與民間的通力合作之下，不僅成功落實了政府對全國所提出的都市化政策（如分散式的集約發展、緊密城市），荷蘭的國土空間規劃亦因此揚名國際。

　　二戰後至今，荷蘭的國土規劃基本上一直是由中央主導，並有特定部門，專司國土規劃（住宅、空間規劃及環境管理部）、工程建設（交通暨水資源管理部）以及農地生產和鄉村景觀規劃（農業部）。長期下來，這些部會雖已培養出各自的專家社群，但也發展出不同的政策文化，因此部會之間在國土發展方向的歧見與衝突也時有所聞。然而，對於習於追求共識的荷蘭人而言，這些緊張關係往往可以經由協調獲得圓滿解決。

2 | BOX 緊密城市與都市網絡

所謂「緊密城市」，是提倡高密度地混合使用土地，並且依循大眾運輸系統的動線來規劃城市發展，鼓勵市民步行與使用自行車。如此不僅可以減少私人汽車的使用量、保住綠地開放空間，還可以解決市中心因為郊區的發展而逐漸衰敗等問題。

至於「都市網絡」（或分散式集約發展），是由許多大小不一、不同城市性格的緊密城市所構成的都市區域。主要目的在於藉由實質網絡（如鐵路、公路及ICT網絡），把各具特色又彼此區隔的都市節點連結成緊密的共同體。這些城市在功能與特色上可以互補與合作，如此使整個區域體的「戰力」大大提升，而得以在全球經濟占有一席之地。

緊密城市與都市網絡是空間規劃中兩個彼此關聯的概念。由於都市蔓延對自然生態及公共投資造成了負面影響，空間規劃師對此進行反省，認為應該充分利用既有公共建設，讓各項資源得以有效利用，以追求城市的永續發展。

尋求共識的治理文化

在荷蘭，「共識」可說是權力來源的基礎。荷蘭人追尋共識的文化是深植於整個官僚體系的，而且不僅在政治場域如此，民間組織運作也是如此。

荷蘭的共識文化與其「柱式化」（verzuiling）社會有深厚淵源。「柱式化」是指荷蘭社會中宗教、政治和階級等不同派系壁壘分明的現象。早期的柱式化體系是因教派陣營而形成（新教與天主教），是基於不同的宗教信念轉化成明顯的社群分化，到了二十世紀時則開始出現非教派的柱式化體系，如自由黨、社會民主黨等。

這種柱式化社會可視為政治、宗教、社會、經濟共同體，其紋理深入社會各

層面。一個人只要從屬於某個柱式化體系，從出生到入土都可在這個體系下受到照顧與保護，如就醫、就學、就業、保險、退休等縱向照料，以及從政、從商、置產等多元又完整的配套機制。由於各根「柱子」皆可在特定的條件下接受政府補助，用來辦教育、提供醫療服務、提供社會住宅或是其他社福服務，因此這些民間屬性的柱式體系實際上也分擔了政府的工作，肩負著公共責任。

荷蘭社會由於柱式化結構，也發展出一種統合式的（corporatist）治理文化，亦即以協議共識來進行決策：社會中的各個利益團體在國家的認可或特許之下，會被納入整個國家的治理體系。對於荷蘭的許多社會菁英而言，參與柱式化體系中的自助會組織以從事社會服務，甚至被視為是道德上的義務。

荷蘭這種統合協商式的治理文化與制度也表現在空間規劃上。規劃人員在做出決策之前，通常會針對相關議題密集準備許多參考文件與資料，以方便利害關係人確實掌握客觀事實與數據，就政策與議題做深入討論，進而達成共識、做出結論。而政府部門之間，不管是橫向或是縱向協調，都浸淫在這種追求共識的文化之下而有效運作，至於荷蘭空間規劃最主要的工具「結構願景」，之所以得以有效且持續執行，也是由於這樣的協商文化。

規劃工具：結構願景

如果說地區發展的願景是由當地居民和專家共同發想，那麼「結構願景」（Structuurvisie）就是讓這個想法落實並進而立法的最主要工具。它不僅指出這個地方未來會變成什麼樣子，同時也提出實際的發展議程，以免流於空想。例如阿姆斯特丹市政府，2010年便已開始設想三十年後阿姆斯特丹的模樣，並將目標設定在讓該市未來能續維持全球經濟的領先地位，然後依此提出了一份報告書「阿姆斯特丹2040結構願景」。

報告書中認定，為了符合屆時人口增加所產生的居住需求，要增建七萬戶屋舍，甚至屋舍周圍的景觀綠地以及休閒活動和運輸需求，也都一併考慮進去。而為了讓這個城市在全球經濟網路上保有競爭力，對於市中心道路的規劃、綠地河岸的運用和開發，以及與歐洲各地和世界各區域的運輸連結，都是考量重

點。另外更設專章討論對於氣候變遷的因應。

現在進行的市政規劃，是否真的能貫徹到三十年後？不同的市政團隊，能否延續既定政策？事實上，結構願景勾勒出的方向與架構，是具有法定地位的，即使政府重新改組，新的市府團隊亦需在既定的架構下加以落實。更重要的是，這樣的結構願景，是在一個開放的過程中進行的。市民、商業團體、社團以及政府相關單位，都會在不同的階段以不同方式參與結構願景的制定，因此就某種程度而言，這樣的政策是所有市民一起參與和決定的。屆時若有需要變更，也要經由法定程序來修正。

3 _{BOX} | 全民運動：一起發想城市的未來

在荷蘭，透過多元參與廣納民意的過程，與規劃成果一樣重要。不過，這樣的過程卻是非常耗時的，以阿姆斯特丹的結構願景為例，就歷經了三年才完成。一般而言，規劃過程大致上可分為三個階段：首先是探索期，主要著重於架構安排，並決定城市未來的相關重大議題。在這個階段，規劃團隊會舉辦會議或工作坊，邀請市民、私人企業、利益團體以及規劃專業人士，針對城市的未來進行對話與發想。再來是整合期，將先前各種對城市未來發展的想法，整合成結構願景草案。此時，規劃團隊以另類的方式讓民眾參與，一方面透過網路與媒體發起「三十分鐘內」（binnen30minuten）的宣傳活動，廣徵市民對城市的看法；另一方面則在公共空間策劃展覽，誘發市民思考都市的發展。最後為認可期，旨在尋求議會批准結構願景草案。在這個階段，所有市民及組織，甚至是阿姆斯特丹以外的居民或團體，在十二週內皆可以書面的方式，就結構願景草案的內容表達意見。

阿姆斯特丹的結構願景雖然已於2011年2月17日在議會正式通過，但是與市民的對話卻未因此中止。市府團隊隨後就在4月21日舉辦了一場公開會議，邀請市民、利害關係人及專家，就結構願景的執行進行討論。

阿姆斯特丹2040結構願景圖清楚呈現四大空間發展趨勢：市
中心的外擴發展；沿著北海運河（Noordzzeekanaal）、艾河
3 | PHOTO （IJ）、及艾湖（IJmeer）的水岸發展；阿姆斯特丹南側以Zuidas
為中心的國際化發展；阿姆斯特丹市與都會區景觀的交織發
展。願景圖中另外標示兩處作為爭取2028年奧運的兩處場址。
（影像來源：阿姆斯特丹市空間規劃局）

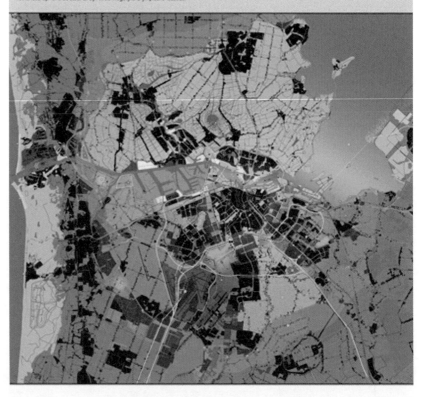

空間規劃要處理的對象種類繁多、層級繁複，要有遠大的願景，也要處理許
多瑣碎細節。它在本質上便是個跨部門、需集結各類專業並溝通整合的行為，
因此這種文化特質便顯得格外重要。其中，土地向來是影響空間規劃成敗的一
大關鍵，而荷蘭統合協商式的治理文化的優點，也反應在土地政策上。

荷蘭的土地儲備制度（land banking）

若要有效落實結構願景，土地通常會是最大問題，如果沒有成功徵收預定用地，並且加以整理以供預定用途，那麼這些願景便無從實現。事實上，荷蘭政府對於土地與不動產市場的介入可說是非常強勢。為了儲備因特定目的發展（如住宅、都市擴張、生態保育）所需的土地，通常都是由市級政府先向地主購買，經整地後，才用足以反應成本的低價讓售給開發商。

對於土地私有率極高的自由市場國家（如臺灣、比利時）而言，要推動並落實土地計畫確實是一大挑戰，尤其公告價格常和實際價格有極大落差，光是徵收土地便曠日廢時。但在荷蘭，土地徵收通常不會構成重大問題，因為土地私有率較低、政府能運用的空間較大，而且相關公部門對於土地的市場價格瞭若指掌，因此價格上的爭議較少。必要時，政府還會以補助金或易地的方式，說服地主配合徵收，甚至強制徵收（不過很少會走到這一步）。

在荷蘭這種低地國（特別在高度都市化的西部區域），政府在土地取得的強勢介入其實有其正當性。首先，要整好一塊地，得先投入大筆資金來興建排水與下水道系統，再填上大量砂土以提升高度，並改善地盤結構等；光是這一點，一般開發商就很難辦到。再者，這樣的土地儲備制度也和社會住宅形成交互補貼的系統，因為政府對社會住宅的補貼，除了來自稅收，開發商其實也在購地時，不知不覺貼補了社會住宅的土地成本。此外，土地儲備制度在計畫管制也上賦予市級政府更多籌碼，可以要求承購開發商在開發時遵守計畫中明訂的規範。

這整片圩田在政府投入大筆資金進行整地之後，開放給民眾認養。民眾可在其上進行放牧、耕種等活動，農牧活動的收益歸給民眾，而土地則因此獲得維護和涵養。土地認養期滿，政府再依其預定計畫進行開發。

荷蘭的土地儲備制度在抑制土地投機炒作上亦發揮了極大作用。特別是在1970~80年代，由於政府強力介入，荷蘭的土地與房產價格可說是相對低廉，地產開發商從政府所取得的土地價格往往僅是反應政府所投入的成本，而開發商的利潤主要來自於營建業務，而非土地投機所得。雖然在1990年代，農地和都

PLANNERS'
PARADISE

4 PHOTO | 這整片圩田在政府投入大筆資金進行整地之後，
開放給民眾認養。

市用曾出現地價格波動，不過在政府長期積極介入房地產市場的情況下，土地投機也僅限於小規模炒作。

然而荷蘭政府藉由土地儲備制度在都市發展上所能發揮的影響力在未來勢將大幅減退。畢竟，可供發展的土地日益減少，而空間規劃的方向也傾向於抑制都市擴張、堅持緊密城市，如此更進一步減少了可發展用地的數量。再者，具有堅強財力和管理能力的開發商也越來越多，足以取代過去政府在土地儲備所扮演的角色，而且即使開發商僅擁有一小撮地，只要開發符合規範，政府就不得收購，還需將之納入整體計畫。這也意味著在計畫發展過程中的權力關係，已發生結構性的改變。

荷蘭的空間規劃在過去透過土地儲備制度滿足了荷蘭人對「住」的需求，也成功將人口引導到政府指定的發展中心，有效保有大片且完整的綠地及開放空間。然而，當規劃的目的轉變成提升國家競爭力之時，關切的重心就不再是提供人民住宅，而是如何興建基礎建設與發展區域經濟。

面對經濟全球化的態度

荷蘭在面對經濟全球化的潮流時，一開始的確流失了許多重要產業，例如煤礦、造船與紡織等。然而，他們善加運用現有資源，隨後便發展為歐洲數一數二的經濟自由國家。荷蘭擁有鹿特丹這個歐洲最大港，而貿易也向來是荷蘭經濟發展的重心。此外，荷蘭的陸運產業亦相當發達，其服務範圍遍及全歐洲。再加上史基浦機場乃歐洲四大空港之一，使得荷蘭成功發展為歐洲重要的運籌中心。

荷蘭在運籌管理的know-how，也成為一項輸出「產品」，這點我們可以從鹿特丹港與史基浦機場參與全球其他港口的營運管理得到明證。而荷蘭高技術、高適應力的勞動力，也是造就出這個開放經濟體背後的關鍵原因。當然了，荷蘭人在語言方面的優勢能力，更可以完全滿足國際商業之所需。

荷蘭規劃者在面對全球化時展現了強大實力，主要源自規劃者向來視荷蘭為

歐洲的三角洲，並習慣以全歐洲、全世界的視野來看待荷蘭所能扮演的角色。他們普遍認為荷蘭與歐洲內陸的關係不可分，因此規劃師在進行規劃時，十分注重荷蘭與歐洲內陸在運輸上的連結。

此外，荷蘭的規劃者也非常熱衷於跨國交流。他們常主動串連歐洲其他國家，要求歐盟在空間規劃方面扮演一定的角色，甚至促成歐盟提出「歐洲空間發展遠景」（European Spatial Development Perspective），而這份報告書也被視為歐盟會員國集體對於全球化等未來種種挑戰的具體政策回應。荷蘭規劃者由於具備了國際視野並積極參與國際交流，因此得以深刻了解許多具國際性根源的問題與挑戰，並將荷蘭的空間規劃推上了世界舞臺。

小結

荷蘭雖小、人口雖多，整個國家卻顯得井然有序，土地發展具永續性，人民也擁有絕佳生活品質。荷蘭的規劃者深思熟慮、精於溝通協調，也廣獲民眾信賴，更為荷蘭創造出能站上國際舞臺的居住空間。更重要的是，荷蘭城市的願景是全體市民共同發想出來的，他們借助規劃者的專業和政府的執行力，把全體國民的夢想一起落實在自己的土地上。空間規劃在荷蘭，不僅是一種專業表現，也是夢想的實現。當我們看到蘭斯塔德與綠心從規劃語彙逐漸演變成為荷蘭人生活的一部分[2]，我們發現，倘若荷蘭是規劃者的樂園，那是因為他們的努力，使規劃文化成就了國家文化。

六・規劃者的樂園

1. Huisman, P. (2002)「How the Netherlands finance public water management」, in European Water Management Online (http://www.ewaonline.de/journal/online.htm).
2. 例如，一家源自於荷蘭的跨國人力公司，就以Randstad為其公司名稱。

PLANNERS'
PARADISE

urban planning in the netherlands

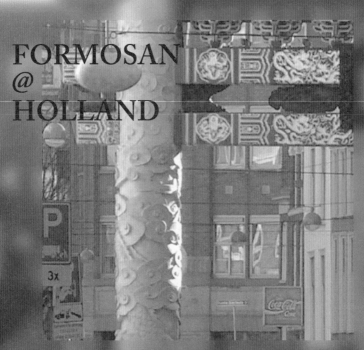

FORMOSAN
@
HOLLAND

the communication and policy
for immigrants in the netherlands

在荷蘭遇見臺灣人 | 臺荷交流與荷蘭移民政策

FORMOSAN @ HOLLAND : the communication and policy for immigrants in the Netherlands

> 如果，世界是由貿易所打造，那麼，不論是Dutch@Formosa
> 或者是Formosan@Holland，這跨越百年的邂逅與重逢的記
> 事，定是由「貿易」開始書寫起⋯⋯

陳奕齊・文
荷蘭萊登大學政治經濟博士候選人

從梅花鹿邂逅到潛艦重逢：臺荷貿易

1602年，荷蘭東印度公司成立之後，隨即由司令官韋麻郎（Wybrant van Waerwyck）率領著一支由十五艘船與一千人組成的艦隊，隨著季風的腳步往亞洲開拔。1604年，韋麻郎選擇在澎湖落腳，期待著與明朝政府進行通商貿易不可得之後，埋下了1622年荷蘭東印度公司的司令官雷爾生（Cornelis Reijersen）到臺灣本島進行勘查。終於，荷蘭從澎湖轉抵今天臺南安平地區，並建立了貿易中心，時值1624年。從此，臺灣的鹿皮、鹿脯與砂糖等，就成了荷蘭人在臺南大員商館中心的貿易與創匯要角。

然而，四百年後，臺灣人正式踏上低地國的機緣，卻要從臺灣政府在1980年向荷蘭採購兩艘潛水艇的交易說起。

　　1970年代的兩次石油危機，導致了世界經濟不景氣。1979年，荷蘭最大造船公司RSV（Rhine Scheldt Verolme）瀕臨破產，再加上臺灣退出聯合國之後，臺灣國防武器採購的國際空間不斷受到中國打壓，荷蘭便私下找上臺灣政府，表達荷蘭造船廠亟需臺灣潛艦訂單。於是，這便催生了臺灣政府向荷蘭RSV採購兩艘潛艦「海龍」與「海虎」的機緣。

　　然而，臺灣政府跟RSV的潛水艇採購案曝光之後，不僅引來中國的強力抗議，中荷外交關係也由「大使」級降為「代辦」級，同時，原停靠鹿特丹港的中共船隻即刻改停比利時和西德漢堡港，並停止與荷蘭奈德洛伊德航運公司往來。經過一番角力拉扯與折衝，荷蘭國會最終在1980年以76：74決議仍出售潛艇給臺灣。當然，荷蘭國會之所以同意這項交易案，主要是因為荷蘭正經歷二次大戰所帶來的嚴峻情勢：高達7.1％的失業率。

　　靠國際貿易起家的荷蘭，算盤可打得精。他們借力使力，將中共對荷蘭經濟與外交上一連串報復所帶來的損失，全算在臺灣政府的帳上，要臺灣以大宗採購荷蘭本地物資來補償。1981年3月27日，臺灣採購團便在海牙向20家荷蘭公司簽署採購案，總值高達1億17萬6819美元，而荷蘭政府也開放臺灣外貿協會十個投資名額，讓臺灣廠商或貿易商得以進入荷蘭設點，以開拓歐洲市場。

　　於是，外貿協會與駐外單位便委託民間成立「產品運銷中心」，而臺灣經濟部則在鹿特丹成立了「臺灣貿易中心」，並以優惠價格將辦公室承租給第一批臺灣廠商。當時，要在歐洲拓展貿易市場並沒有想像中容易，因此第一批十個名額中，若有拓展失利而回臺者，便由後繼者遞補。當年這批抵達荷蘭的臺商先頭部隊，便聚集在荷蘭鹿特丹旁邊的「卡培拉」（Capelle aan den Ijssel），並暱稱之為「小臺北」。

　　資深的老臺商盧振堅先生，即是隻身帶著行李箱，銜命遠道開拔至荷蘭的十名先發部隊中的一員。1980年，盧振堅仗著初生之犢不畏虎的壯志，隻身遠赴荷蘭，搭乘著火車操著一口臺式英語，挨家挨戶對荷蘭廠商推銷Made in Taiwan

1 PHOTO | 演習中的臺灣793海龍號潛艇

2 PHOTO | 商家林立的海牙中國城

的行李箱。就這樣，盧振堅在這鬱金香的國度過了將近三十個年頭。當年在國民黨政府長期戒嚴的環境下，一般百姓除了留學、商務、洽公，能出國是件相當不容易的事，而盧振堅當年會毅然決然踏上荷蘭這塊土地，就是「想知道世界的那一頭有什麼」。

事實上，貿易商的市場利基早就在1990年代耗盡，因而貿易起家的盧振堅更是倍感異國經商之艱辛，但是他依然認為當年毅然決然出國是人生正確的抉擇：「至少我出來之後還能活到現在，如果沒有出來，現在可能已經掛掉了。以前做貿易的，每晚都要喝酒，我曾經每夜喝，喝到被車撞倒，還好沒怎樣。我一邊騎車、一邊吐，喝得真的很誇張。當時只要是做生意的，男人就要喝，但我又不會喝，而且喝的都是紹興，遲到就一整壺乾下去。當時真的是一個禮拜醉五晚，第二天又去上班……」

事實上，自從潛艦採購換來十名貿易投資名額，便陸續開始有不同產業的臺商進出荷蘭。於是，從1980年代以降，荷蘭社會宛如送往迎來地見證了各類臺商的勇猛進入與黯然退出。

1980年代，進入荷蘭市場的臺灣產品是成衣、食品、行李箱和搖椅，到了1980年代末期，開始浮現在荷蘭地景的則是銀行業（交銀、臺銀、彰銀、國際商銀、中小企銀）、交通業（華航與陽明）。到了1990年代初期，大型資訊電腦（宏碁、大眾）、中小型的電腦周邊產業以及單車及其零件商，亦陸續進駐荷蘭。爾後，如蘭花、冷凍食品、蔬菜、推拿等五花八門的產業類別，也漸次從臺灣進到了這北海邊的低地國度。

當時，臺灣各種產業進駐荷蘭的考量各不同，臺灣銀行業則是因應1992年歐洲實行單一市場後的眾多商機：到荷蘭設點，就等於在整個歐盟設點。為了增強臺灣銀行業在歐洲金融市場的根基，以及服務可能越來越多的歐洲臺商，彰銀便於1991年正式在荷蘭開幕。其實，到荷蘭設點的確有幾項好處，例如英語也能通、港口物流便利等等。

然而，在荷蘭設廠，成本不可小覷。荷蘭在戰後成為福利國家，人均年勞動工時遠低於臺灣的一千小時，而勞動保護制度更是相對人性與完善，因此在

荷蘭的人事開銷是一筆可觀支出，而這也是逼退臺商的主因之一。此時只要稍有不慎，商機就可能成為「傷機」。臺灣在荷蘭的幾家大公司如宏碁或大眾電腦等，後來也只剩下簡單的辦公室甚至完全退出了。又如上述的彰銀，他們除了人事成本，又受限於荷蘭金融主管機關對外商銀行要求的12%高資本適足率（臺灣是8%），營運成本大幅提升導致獲利空間不足，也在2005年退出荷蘭。

根據經濟部投資審議委員會的統計，至2007年8月止，臺灣至荷蘭投資廠商約為136件，包括大家熟悉的大同、創見資訊、巨大機械（捷安特）、精技電腦，投資總額為8億4184萬美元。至於透過外國子公司、控股身分或個人身分直接對荷蘭投資的，則無法掌握。目前，在荷蘭投資的臺商約有兩百多家，有七成為資訊電子產業。然而，扣除已經退出的廠商，參加「荷蘭臺灣商會」的會員也有150家左右。儘管如此，土地與人口和臺灣相去不遠的荷蘭，依舊是臺灣在歐洲的第二大貿易伙伴（僅次於德國）；至於歐洲在臺的第一大貿易伙伴，則是荷蘭呢。

不過，貿易往來帶來的不僅僅是金錢的流動，還有情感上的交流。

花紅洋裝思金髮情郎：臺荷婚姻

> 身穿花紅長洋裝，風吹金髮思情郎，想郎船何往，音信全無通，伊是行船仔逐風浪，放阮情難忘，心情無地講，相思寄著海邊風，海風無情笑阮憨，啊～不知初戀啊心茫茫。

> 相起情郎想自己，不知多親啊二十年，思念想要見，只有金十字，給阮母親啊做為記，放阮私生兒，聽母初講起，愈想不幸愈哀悲，到底現在生也死，啊～伊是荷蘭的船醫……

這首於1951年開始傳唱的〈安平追想曲〉，訴說的是一段發生於十九世紀末的愛情故事：臺南安平的女孩與荷蘭船醫相戀後產下一名金髮女孩，女孩長大後，同樣愛上了遠離安平而去的外國人。這個悲戚的愛情故事後來成為膾炙人口的臺語老歌。然而，臺灣人與荷蘭人的愛情故事，甚至「為愛走天涯」的場

景戲碼，可說是歷經了四百年而不墜。

十七世紀，荷蘭人在安平建立了貿易中繼站。由於荷蘭船員曾被小琉球原住民殺害，因此荷蘭亦派兵剿滅了當地原住民，並把倖存者全數發配到印尼巴達維亞或臺灣的新港社。小琉球倖存的原住民約寇伯‧拉邁（Jacob Lamay）成了荷蘭水手，並於1656年與1667年於荷蘭阿姆斯特丹市留下兩次婚姻紀錄，流寓於荷蘭。於是，拉邁就成了有案可考的臺荷通婚第一人。也有傳說指出，服務於荷蘭東印度公司船隊的拉邁在前往加勒比海之後，便未再回到荷蘭。

事實上，臺灣人因為婚姻而移民或移居荷蘭，可說是歷久不衰的現象。畢竟，人為國界最難阻擋的，就是因愛而生的越界。即使是宋美齡，都差點當不成蔣夫人而成了「荷蘭新婦」。宋美齡九歲至美唸書，十九歲搭船回上海的途中，邂逅了一位荷蘭建築師范艾維（van Eiveigh）。他對宋美齡著迷萬分，在船上便迫不及待地向宋美齡求婚。當時宋美齡頗為心動，最後因為家人激烈反對而作罷，宋美齡因此錯失成為荷蘭新婦的機會。

究竟有多少臺灣人入籍荷蘭或留居荷蘭？根據荷蘭中央統計局1995~2006年的資料發現，臺灣移入荷蘭的人數中，女性有1355位，男性有986位。從中我們可以大膽估計，臺灣移入荷蘭的女性多於男性，有可能是透過婚姻或伴侶關係而移入，畢竟在種族與性別之間的矛盾經濟關係中，亞裔男性與白人女性的配對原本就相對稀少。

荷蘭法律所認同的伴侶或同居關係有三種形式：婚姻（Civil Marriage）、註冊伴侶（Registered Partnership）或同居協議（Cohabitation）。這三種形式，除了少數細微差異，幾乎具有相同的法定效力。而荷蘭自2001年起，也允許同性戀者採取婚姻、註冊伴侶和同居協議的法律管道，成為合法伴侶。因此，臺灣人以婚姻移民荷蘭的情形中，也包含了同志共結連理的個案。

儘管，相對而言，荷蘭是同志天堂，但是礙於臺灣社會對於同志權益的漠視以及對同志身分的歧視，因此藉由同志婚姻來荷的臺灣人，事實上鮮少參與臺灣社群，通常只以透過個別的朋友關係來維繫和臺灣的連帶。根據私下了解，以同志伴侶或婚姻身分移居荷蘭的臺灣人至少有20人以上。不過，有趣的是，

移居荷蘭的臺灣同志，似乎還是以男同志占絕大多數，這跟荷蘭本地女同志伴侶關係多於男同志的現象有顯著反差。

或許，「亞洲男」在世界婚姻市場中，是有特定「賣點」的。臺灣以婚姻移居荷蘭的人口中，異性戀婚姻以臺灣女子嫁給荷蘭男士為多（而鮮少臺灣男士娶荷蘭女子），而同性戀婚姻中，則以臺灣男子跟著荷蘭男性定居荷蘭居多。

2003年移居荷蘭的阿龍，即是以同性戀同居的法律渠道，成為荷蘭的婚姻新移民。阿龍回憶道「初嫁」來荷時：「我不但收到了荷蘭岳父母的花束和問候卡片，生日當天更收到一張貼心生日卡片，上面的圖案還是裸體猛男用蛋糕遮住下體。」更令阿龍難忘懷的是，「新婚」的那幾年，不僅是集三千寵愛於一身，更在伴侶帶領下於荷蘭國內趴趴走，欣賞許多新奇又有趣的景致，生活得既浪漫又美好。

不過，阿龍也表示，儘管整體而言，荷蘭算是對同志友善的社會，但隨著各國移民造成荷蘭人口結構的轉變，同志受到肢體跟語言暴力的情形卻有增無減。例如新移入的摩洛哥移民，就常出現對同志暴力相向的情況。事實上，弱勢者常會欺侮更弱勢者，以轉嫁所受到的歧視與不平等對待。這就像臺灣家庭中兒童和婦女暴力事件，常常是出現在被勞動力市場汰除的男性失業者身上。

事實上，帶著異國浪漫情調的婚姻未必總是幸福的，語言與文化總會對外來者融入社會造成障礙。例如遠嫁荷蘭的臺灣新婦中，也不乏自殺、受惡待的例子。不過總體而言，一般在荷蘭的臺灣人，除了天氣較難適應，作為外來者仍受到相當友善的對待。此外，由於荷蘭社會對個人主體性的尊重，以及家庭鮮少三代同堂或與雙親同住，因此「婆媳問題」也就較少發生。

因婚姻而移居荷蘭的臺灣人，跟貿易或經商而落腳荷蘭的臺灣人之間，有個相當大的差異：前者通常必須「落地生根」，而後者卻可能以告老還鄉之姿「落葉歸根」。自然而然，婚姻移民者面臨的社會融入壓力及各種社會難題，勢必比經商貿易者更大。2007年11月，一群荷蘭臺灣新婦便成立一個「異國婚姻俱樂部」，並給予一個荷蘭色彩濃厚的名稱：Stamppot（馬鈴薯泥）。這道典型的荷蘭菜，就是把所有食材都摻和在一起的馬鈴薯泥，以此表現出臺荷婚

姻融合狀態。活躍的「異國婚姻俱樂部」暫時成了荷蘭臺灣新婦的娘家。

英語有個複合字「Dutch Wife」（字面義：荷蘭妻子），指的是熱帶地區的人用竹或藤等編製而成、可消暑解溽的長筒形抱枕。據說此字出現的背景是，荷蘭東印度公司的員工遠赴印尼從商，必須與遠在荷蘭的妻子分隔一段很長的時間，因此這些消暑抱枕便成了荷蘭旅人思念老婆時的替代品。這個「異國婚姻俱樂部」亦宛如思鄉抱枕，消解著這些從臺灣外嫁的「荷蘭妻子」的鄉愁。

如果，為了婚姻而移居的臺灣人，是隨著愛情的腳步翩然抵達荷蘭，那麼，有一種偉大的「擬親情」，也不斷讓「臺灣之子」移居到荷蘭社會之中。荷蘭是目前領養最多臺灣之子的國度，這份親情般的大愛以及荷蘭社福制度的相對完善，不僅減輕了荷蘭人養育孩子的壓力而提升了他們的收養意願，更令人動容的是，荷蘭家庭還領養了許多來自於臺灣更需要特殊照護的孩童。因此，下次若在荷蘭街頭撞見荷蘭夫婦領著亞裔面孔的孩童，那有可能是才剛加入荷蘭大家庭的臺灣之子。

臺灣由於特殊的國際地位和政治關係，身為臺灣女婿或妻子，也往往會特別關注伴侶的國家和社會狀況。旅居美國的荷蘭人韋傑理（Gerrit van der Wees）和臺灣妻子陳美津，三十年前受到美麗島事件的衝擊而投入臺灣的民主人權運動，期間不但透過國際特赦組織全力搭救臺灣受害者，更因此創辦了英文雜誌《臺灣公報》（*Taiwan Communique*），不斷向國外宣傳臺灣並替臺灣向國際發聲，從過去的打字機時代，一直努力到今日的網路時代。他們甚至認為，為了臺灣，自己別無選擇，只能再接再厲繼續出版。

追尋著愛情的足跡，而落腳北國荷蘭的臺灣人，已是兩千多名旅荷臺灣人最主要的社群，也是受荷蘭影響最深切的臺灣人。然而，受到荷蘭文化思想洗滌的，還有留學於此的臺灣人。

走向世界的窗口：臺灣留荷學生

如果說荷蘭有個城鎮，是臺灣走向新世界的窗口，那麼這個城鎮就非萊登莫

屬了。

十七世紀荷屬東印度公司在臺南安平建立了貿易中心，荷蘭駐臺宣教士為了傳教並協助政務推行，努力學習當地語言，並且以羅馬字教導當地西拉雅原住民書寫自己的語言。1636年，荷蘭人更在新港社開辦了第一所學校。而這些在臺灣從事教育工作的宣教士，正是來自於荷蘭萊登大學神學院的畢業生。

四百年後，萊登大學依舊是臺灣學子走向世界的一扇重要窗口。不同的是，當年是萊登大學將世界帶進臺灣，現在則是臺灣學子直接開拔至萊登，找尋那扇通往世界大門的鑰匙。

2007年第四屆「總統文化獎——百合獎」的得主江樹生教授，當年即是遠赴荷蘭萊登的學子之一。1975年，年屆四十的江樹生教授，為了挖掘研究那遺留在故紙堆中的臺灣史，替蒼白的臺灣史進行補白，即毅然決然留下妻子與三名幼子，隻身前往荷蘭萊登大學修習古荷文及荷語。這一去便是三十四個年頭。江教授耗費半甲子的時間駐留北國荷蘭，也譯注出三大冊的《熱蘭遮城日誌》，為當代研究古臺灣歷史的學者，舖埋下最基本與重要的入門踏腳石。此外，目前全心地投入臺灣偶戲文化的保存與發揚事業的羅斌博士（Robin Erik Ruizendaal），也是畢業於荷蘭萊登大學中文系的荷蘭人。

儘管荷蘭是在臺灣首度辦學的西方人，然而身為歐陸小國的荷蘭，一直遠非當代臺灣人的主要留學國家。這當然與過去臺灣教育部公費留學「重美輕歐」的走向有關；而1984年之後，即使教育部因應「歐洲共同市場」的成立而規畫了「碩士後赴歐」的公費留學名額，增加的留歐人數也始終集中在英、法、德等大國。當然，這與各國學校的學制年限（例如英國的碩士學位一年即可取得）、學費高低（例如德國教育幾乎是零學費）以及財務政策（例如英國某些大學以高額學費狂收海外留學生填補財務缺口）息息相關，而荷蘭的學費和生活花費高、留學年限長、入學門檻高，因此即使有優良的學術傳統，依舊缺乏足夠的留學吸力。

然而，由於網際網路等新科技帶來的資訊可及性大幅提升，讓英語也能通的荷蘭大學教育，成了用英文撰寫論文的新選擇地，近年留學荷蘭的人數於是大

幅攀升。根據教育部的統計，1988~2004年，臺灣留荷總人數只有147名，平均一年不到9名。但到了2007年，該年度留學荷蘭人數已經成長到260人之多。再加上到荷蘭攻讀博士的外國人拿的是工作簽證，因此實際留學荷蘭的學生很有可能更多。

江戶時代的日本，便是藉由荷蘭這個窗口，不斷將西方的學術、文化和技術輸入日本，成就了「日本蘭學」。至於「臺灣蘭學」，除了四百年前荷蘭宣教士在臺灣的識字教育和辦學，以及現代留學荷蘭的意義，二戰之後臺灣的各種工程建設裡，也少不了「蘭學」的貢獻。

以高雄港為例，高雄港今日能成為亞洲大港，甚至曾飆上世界第三大貨櫃港口，實乃得力於1958年高雄港十二年擴建計畫所打下的基礎。該計畫是戰後高雄港第一次有規模、有方針的發展方案，而此後的高雄港，也就是隨著這個擴建計畫的思維一直發展下去。

擴建計畫是先以港灣濬深與擴建來增加碼頭船席，再以挖出的廢泥回填造陸，闢建成加工區和各項工業區用地，舖埋下高雄港戰後發展的最重要基礎。當時臺灣政府的技術官僚不可能有這般知識跟遠見，而事實上，這也的確是學習自鹿特丹港口填海造陸、進而發展出重要工業活動的經驗。

那時，世界銀行委聘荷籍港埠專家里塞拉達（T. J. Risselada），親赴高雄港為其建設與發展進行了詳盡考察，並對港灣擴建與周遭工業區的設立提出前瞻性的擘劃。除此之外，臺灣政府也曾派赴各級公務員至荷蘭學習考察。1949年，美國駐華安全分署就曾補助高雄港務局副工程師林憲章至荷蘭針對海港工程進行為期一年的學習與考察。林憲章工程師的荷蘭考察以及里塞拉達的擘劃，讓高雄港的戰後發展軌跡鑲嵌著濃厚的荷蘭知識與特色。

「中華民國」在荷蘭：老僑民

事實上，相較於日本與美國，臺灣人在歐洲各國的現身算是晚近之事。1960年代，臺灣留歐學生開始增加，在法、比、德、奧等國的名大學約有20~30位。

1971年中華民國在聯合國的席次由中華人民共和國取代之後，歐洲國家除了梵蒂岡，皆一一與臺灣解除外交關係。當時關心臺灣前途的歐洲臺灣留學生紛紛成立「臺灣同鄉會」，關心起臺灣的前途。不幸的是，國民黨政府在保釣運動之後，利用海外「職業學生」加緊力度控制海外留學生，而參與「臺灣同鄉會」的留學生則陸續被列入黑名單而無法回到母國臺灣。於是，他們從歐洲留學生短暫的居留身分，被迫成為長期的移民身分。

然而，由於當時荷蘭鮮少臺灣留學生，遑論臺灣同鄉會之類的學生組織，因此荷蘭的臺灣長期移民中，就沒有法、比、德等國這種從黑名單留學生轉變成的移民。有趣的是，拜此種歷史機緣之賜，據說海外各種臺灣人組織的命名方式，其實便隱含了某種身分認同：取名為「同鄉會」或「臺灣協會」者，對臺灣國內的政治與社會議題有高度專注，並通常認為自己是「臺灣人」；而以「鄉親會」為名者，對臺灣政治與社會議題則相對冷感，並傾向認為自己是「中國人」。倘若真是如此，海外臺灣人組織的命名政治學，的確值得細究一番。

根據有限的荷蘭官方資料，1973年，荷蘭華人手持中華民國護照者，男性有205名，遠高於女性的85名，總共290名。然而，從1995年起到2006年為止，臺灣淨移入荷蘭的總人數已達2341名，當中男性有986名，低於女性的1355名。其中光是2006那年，手持中華民國護照居留在荷蘭的人數就有1220人，當中男女分別是510人與710人。

這些統計數字背後其實隱藏了一些相當有趣的訊息。首先，在1973年以中華民國國籍留居荷蘭者，未必是出身臺灣的臺灣人，因為在1972年臺荷斷交之前，中華民國政府以「自由中國」為名，並以唯一合法的「中國」政府自居，更是海外所有「華僑」的唯一與合法代理母國。因此1970年代以前，在荷蘭手持中華民國護照者，可能是來自中國大陸、香港、澳門、越南、印尼或者世界其他地方的華人，而非出身臺灣的臺灣人（Formosan）[1]。

1980年以旅遊名義進入荷蘭並就地展開打工與生活的阮世光，即是這樣的個案。阮世光的父親乃是中國國民黨的軍官，在國民黨政府流離至臺灣時，他們一家便滯留香港。身為忠貞的國民黨黨員，阮世光自然也就成了國民黨在香港的活躍分子。然而，政治敏感的阮世光早一步察覺到香港可能會回歸中國，便

FORMOSAN @ HOLLAND

145

動身離開香港，以免未來受到中共整肅。

其次，1970年代荷蘭手持中華民國國籍者男性人數高於女性，主要則跟當時荷蘭華人移民的黃金潮有關。1962年之後，中國難民上演了一齣湧入香港的「大逃亡潮」，再加上當時香港新界農民受到泰國與越南米進口的衝擊，以及1967年的「香港暴動」，歷次累積的不安能量最後在1970年代石油危機一次爆發出來，終於促成香港基層華人以及海外華人再度移民，當中便有有一批華人大舉移入荷蘭。當時，港人手持英籍香港護照，出入境容易，所以他們大多是以旅遊身分在法國或比利時入境之後輾轉來到荷蘭。當時在荷蘭工作相對容易，廚房新丁每月薪資高達600荷盾，包吃包住，不但比香港收入高出數倍，與當時臺灣薪資的差距更高達六倍之譜。

反觀1995~2006年，臺灣淨移入荷蘭的總人數中，女性比例高於男性，合理的斷定是，臺灣女性與荷蘭男子的婚姻移民居留，已成為臺灣人在荷蘭的主要型態社群。

此外，海外華人、手持中華民國國籍的「華僑」與臺灣人的身分界定與認同一直處於混淆和混亂狀態。跟隨國民黨撤退到臺灣的軍眷或第一代外省老兵，在臺灣戒嚴時期相對之下較有辦法移居海外。這群人在臺灣生活的日子比起他們在中國或荷蘭都更為短暫，而這群從中國轉抵臺灣再移居荷蘭的「中華民國老華僑」，亦成了旅荷「臺灣人」中的特殊族群。

據說這些出身浙江軍中的「中華民國老華僑」是屬於陳誠的派系，後來陳誠失勢，且沒多久便故亡，再加上「一年準備、兩年反攻、三年掃蕩、五年成功」的號召在年復一年的空等下，反攻大陸成了無望夢囈。這些失去前景的官兵便在中華民國仍是「合法中國」唯一代理前夕，透過關係到歐洲邦交國家的中華民國大使館擔任廚師工作。隨著歐洲邦交國一一離棄中華民國而去，這些大使館廚師也就留在荷蘭經營餐館之類的工作。

2009年2月初，這些中華民國的老僑領便在「思鄉情切」或大一統觀念的驅使下，於荷蘭海牙召開的「臺灣第四屆全球僑務會議後續說明會」中提出如下建議：「中華民國」僑團與「大陸」僑團應該走在一起合辦活動，以營造「兩

3 PHOTO | 海牙唐人街

4 PHOTO | 海牙唐人街，由河道填起的街道

岸僑團合流」的氣氛。這些荷蘭「中華民國老僑領」大多出身中國浙江，隨著中國改革開放以後，從浙江溫州、青田大量湧進荷蘭打工和開設餐館，並成為中國荷蘭大使館在荷蘭當地的重要領袖，因此就形成了一種「中華民國老僑領」以「浙江人」身分嫁接至中國的國族想像，甚至還會出席中國大使館活動。或許這些老僑領所廝守的記憶夢境，是「曾在中國」的中華民國，而非「已在臺灣」的中華民國吧！

Formosan@Holland

當臺灣已在太陽的管轄之下，荷蘭還在月亮的呵護之中。臺灣與荷蘭之間無預期的交叉，已從那四百年前沒有預約的邂逅，跳躍到1980年代以潛艦牽起的奇緣。從尾隨梅花鹿身上的斑點，到循著潛水艇的聲納而至，那來自東方福爾摩沙的人們，仍在這片覆滿著鬱金香的土地上找尋著商機、追隨著愛情與挖掘著「蘭學」呢！

1. 這是因為在1949年之後，「中華民國政府」在戰敗的背景下流離搬遷至臺灣，而當年手持「中華民國護照者」卻未必尾隨抵臺。再者，當國民黨政府在臺灣以「自由中國」自居時，在孫中山「華僑為革命之母」的前提下，海外華人只要對中國國民黨一路情義相挺，甚至加入成為黨員，那麼申請「中華民國護照」則成為相對容易之事。「中華民國僑委會」長期以來即是肩負此種跟中共爭取「海外華僑」民心與支持的工作。

EVERYBODY'S "GAY"

Everybody's "Gay" : the culture
and history of homosexuality in the netherlands

一個都不能少 | 以「人」為訴求的荷蘭同志運動

Everybody's "Gay": the culture and history of homosexuality in the netherlands

臺灣酷兒運動的戰鬥路線是向邊緣挺進，荷蘭同志運動則是
挺著胸往社會中心邁去。

陳奕齊・文
荷蘭萊登大學政治與經濟博士候選人

　　2008年3月中旬，阿姆斯特丹市政府宣布，入夜之後，在知名的馮德爾公園
中「公幹」（public sex）將是合法行為，只要當事人不影響到公園其他遊客，同
時完事後不遺留垃圾即可。這種大方開放的作風令人咋舌，然而阿姆斯特丹警
方此舉，其實是為了讓公園中尋尋覓覓的同志得到更多保障，以降低遭受攻擊
的可能。

　　有趣的是，在這座紀念荷蘭知名詩人兼劇作家馮德爾（Joost van den Vondel）
的公園裡，最有名的雕塑作品「路西法」，講述的正是天堂中最高位階的熾天
使墮落成撒旦的故事。歷史的彼端是宗教意味濃烈的警示故事，當下的此端卻
是踏青公園變成「公幹公園」，而這種「宗教上的墮落」卻成了當前荷蘭前衛

Everybody's "Gay"

進步的象徵。猶有甚者,阿姆斯特丹警方還特別呼籲,全國都能向此公園的前衛政策看齊。

這些寬容、自由與性開放的前衛形象,的確很符合荷蘭的社會現實,然而,這些令人欽羨的「荷蘭意象」並非荷蘭與生俱來,而是歷經了許多社會學習跟努力。尤其相較於其他各國,荷蘭社會對同志的權益保護與尊重的確是「差很大」。就讓我們打開身上的同志雷達,找尋這個差異的來源。

荷蘭法律與同志

同志在歷史上所受到的待遇,可說是一部血淚交織成的史詩。三百多年前,同性戀在歐洲不是被視為跟濃妝豔抹、忸怩作態的街頭妓女同類,就是被當成雞姦犯一樣看待。當時的同性戀者大多是祕密審訊處決,因為當權者擔心同性戀的敗德劣跡會玷污觀刑者的靈魂,讓群眾紛起效尤。

1811年,荷蘭實行了相對進步的《拿破崙法典》,此時對同性戀者的刑罰才稍微減緩。即便如此,仍然有一百多名同性戀者被處死、數百名遭監禁。十九世紀後期,這些過分苛刻的作法才得到糾正,同性戀社區也逐漸形成。然而,同志的生活可謂冷熱交替,他們在法律和社會上的待遇,全賴統治者的態度和大眾的觀感。

1911年,荷蘭通過了刑法增修條文248bis,特別聲明禁止成年人與未成年人發生同性性行為。此外,該條文規定的成年人年齡為二十一歲,而異性戀者的合法性行為年齡則為十六歲。如此差別待遇的理據是:同性戀如同傳染病,相當容易傳染給青少年和兒童。

事實上,該條文正印證了法國知名學者傅科的觀察:自從十七世紀之後,歐洲國家干預人民生命權力(bio-power)的方式發生了轉變,早期是以死刑來取走同性戀者生命(take life),後來雖讓同性戀活著(let live),但卻經由法律箝制,規訓著同性戀者的身體。而這種以病理學的眼光看待同性戀的性實踐與身體高潮,亦隨著納粹鐵蹄踩進荷蘭之際,悄然降臨。

EVERYBODY'S
"GAY"

1 PHOTO 荷蘭知名詩人兼劇作家馮德爾銅像，位於阿姆斯特丹馮德爾公園。 （影像來源：GNU Free Documentation Licens）

1940年，在納粹占領荷蘭並頒布81法案（Decree 81）之後，只要是男子之間的性接觸，不論年齡一律禁止。

納粹德國的嚴厲舉措，一方面繼承了傳統基督宗教對同性戀的不寬容心態，另一方面也是擔心納粹的大日耳曼優秀品種會因為同性戀蔓延而滅絕，因此，納粹對於非日耳曼「劣等種族」的同性戀者相對而言較不嚴苛。由於荷蘭被視為日耳曼的一支，因此荷蘭的同性戀會被起訴判刑、甚至關進集中營，且以男同志為主。

二戰之後，荷蘭經歷了戰後重建的經濟復甦，1960年代，整個歐陸也展開了全面的社會文化運動與性解放運動。1971年，荷蘭政府終於將刑法248bis修正條文中，合法的性行為年齡放寬至十六歲，與異性戀者同一標準。1983年，荷蘭將憲法第一條中，禁止基於「宗教、信仰、政見、種族與性別」的歧視，加上「其他理由」，並將性傾向納入憲法保障範圍。

1994年，荷蘭政府進一步頒布〈平權法〉（Equal Treatment Act），以保障同性戀者在就業與相關服務中享有平等權利。2004年，〈平權法〉進行修訂，更明訂對同性戀或異性戀者的「騷擾」是一種歧視行為。如此一來，同志便能享有更加友善的社會環境與文化氛圍，而「平權法」通過之後，荷蘭社會也變得較為溫柔幽默。荷蘭有個小鎮公園，便是在公園裡放養蘇格蘭高原牛，以軟性驅趕公然親熱的同志，而不再是以武力驅逐或暴力相向。

1998年，荷蘭政府更近一步制訂了〈註冊伴侶法〉（Registered Partnership Act），讓同性戀伴侶可以經由法律登記註冊，讓同性戀者在婚姻、家庭及養育子女上，享有異性戀婚姻的同等權利。然而，伴侶註冊得到的是法律上「民事結合」的認可，但「婚姻」的神聖領域依舊專屬於一男一女。2001年4月1日愚人節當天，荷蘭政府對異性戀者的民法法律體系，開了一個嚴肅的玩笑，成為世界上第一個同意讓「同性戀婚姻」合法化的國家。至此，荷蘭的同志權益保護與權利賦予，已遙遙領先世界各國了。

扶正荷蘭同志的推手

事實上，荷蘭法律一路修訂下來，從對同志的嚴打到寬容認可，並非一蹴可幾，而是許多先輩努力得來的。

在對同性戀者進行法律箝制的刑法248bis頒布隔年，一位荷蘭當地仕紳蕭勒（J. A. Schorer）便成立了「荷蘭科學人道委員會」（NWHK），並自力設立了圖書館、印製數十萬張傳單，以對抗不正義的刑法。二戰期間，荷蘭在納粹占領下對同志進行嚴厲打壓，大戰結束隔年，阿姆斯特丹亦隨即成立「莎士比亞俱樂部」，以文學欣賞會的形式對同志權益和議題進行探討，該組織隨後亦更名為「文化休閒中心」（COC）。1960年代，性解放運動風起雲湧，COC開始在社會中大方現身，1964年甚至在電視媒體中開始獻聲放送。

1960年代的性解放運動，亦間接促成法律對於外遇通姦、墮胎、色情刊物以及性交易開始鬆綁，例如1971年修正了刑法248bis條款，接著1973年荷蘭精神健康協會不再將同性戀視為疾病，爾後甚至最保守的軍隊也解除了對同性戀的管制。在這脈絡之下，荷蘭有越來越多同性戀及各種性偏好者大量「出櫃」了。

1971年，COC階段性任務完成，於是改名為「荷蘭同性戀社會整合COC」（依舊簡稱COC），以強調其政治性格。同時，各種更為激進的男女同性戀政治團體、工會與組織亦在同年代陸續現身，同志運動自此走向多元紛陳與眾聲喧嘩的年代。

此時荷蘭同志團體的組織性力量，開始從國會、政黨政治以及政策性遊說著手，一方面依循著「一個都不能少」的社會整合路線（詳見下文），要求政府在法律上給予同性戀更加平等的對待，另一方面更要求政府挹注資源對國民與學生進行同性戀權益與文化教育。如此讓荷蘭社會在同性戀的「硬體」（法律制度及其保障）和「軟體」（國民尊重、文化容忍和社會寬容）上，都享有更公正與友善的對待。

此外，荷蘭政府更於1986年指定由「健康、福利暨運動」部門專司同性戀平權的相關事務，務求讓社會融合以及讓同性戀進入主流的措施，逐步落實在

各部門的政策中。2001年，「健康、福利暨運動」部長也做出政策性宣示，表明同性戀平權乃是不可妥協的原則，並透過各部會和各級政府與民間團體的協作，共同推動「反歧視」與「社會接納」這兩大目標。

在這個過程中，最具文化鬥爭制高點的事件，則是同性戀終於「軟化」了陽剛氣鼎盛的國防部與軍隊。1973年，軍方放寬同志進入服務，此後荷蘭軍方便致力創造良好環境來接受同性戀者。1987年，軍方甚至成立了「同志與軍方基金會」（SHK），以維護軍中同性戀者的權益。2006年，荷蘭政府更委託學術單位對軍中同性戀者的處境加以研究，以作為未來改善的參考。

---

1 | 「娘娘腔」且「虛弱」的荷蘭軍隊？
BOX

1995年7月，巴爾幹半島上發生了一場慘絕人寰的種族大清洗。塞族共和國軍屠殺了八千名當地穆斯林男姓，慘遭殺害的難民亦有三萬人之譜。當時駐守於停戰區的是荷蘭維和部隊，因此這件失敗任務也成了荷蘭社會中不敢言說的痛。

2010年，荷蘭再次被這個事件刺痛，而且這次竟跟同性戀扯上關係。

美國總統歐巴馬為了讓美國同性戀軍人的存在合法化，招來美國保守派大加抨擊，而前美國海軍大西洋司令部海軍總司令約翰・席恩（John Sheehan）甚至在國會的聽證會上大放厥詞，認為1995年的巴爾幹事件，正是因為荷蘭使用了同性戀軍人，才導致戰力不足而全數繳械。

這一席話不僅撩撥起荷蘭社會的痛，更無端波及荷蘭同志粉紅軍，並在美國、荷蘭及同性戀圈中惹來眾多爭論。荷蘭同性戀士兵甚至企圖利用「粉紅軍」（pinkarmy.nl）網站，號召全荷蘭士兵向加州聯邦政府遞交訴狀。

看來，即使同性戀獲准加入陽剛氣十足的軍隊，依舊得辛苦地和「娘娘腔」和「虛弱」等刻板形象奮戰。

2 | PHOTO 荷蘭歷經了1960年代的性解放運動，才間接促成法律對於外遇
通姦、墮胎、色情刊物以及性交易開始鬆綁。

　　然而，當我們看到荷蘭這段艱辛的同志奮鬥史，不禁想問，他們是基於什麼
樣的信念、受到什麼動力所驅使，又創造出怎樣的環境，才讓荷蘭得以在所有
先進國家之前，使同性戀者享有法律、社會和宗教上最平等的對待？

從務實走向寬容

　　荷蘭人接納同志的事實、捍衛同志的人權，與整個社會的寬容氣氛息息相
關。「寬容」似乎是荷蘭社會給外人最大的整體印象，不論是咖啡館中的大
麻、以性為營生手段的工作者、安樂死的合法化，或是同性戀婚姻等等，在在
都讓人感受到荷蘭特有的「寬容」氣氛。

事實上，寬容在與荷蘭畫上等號之前，荷蘭人更重要的特質是「務實」：一種經濟上的開放精神。荷蘭由於缺乏天然資源，只能仰賴地利之便做起買賣，因此商人的務實精神自古便鑲嵌在荷蘭人的性格中。從過去的歷史中常可看到，只要利益不受到侵犯，荷蘭人對於政治統治者或宗教信念不會太過計較。也就是說，務實的經濟態度，帶來了政治上和宗教上的寬容價值。

我們可以從十七世紀荷蘭人跟中國貿易的往來得到最佳印證。當時西方許多海上霸權國家爭相進入中國做生意，卻因為不願意對中國皇帝行三跪九叩之禮，皆無功而返。唯一的例外是荷蘭人。1656年，荷蘭使團抵達北京時，毫不猶豫便跟清朝皇帝磕起頭來，而此舉也為他們打開了通商的大門。他們輕描淡寫地說道：「我們只是不想為了所謂的尊嚴，而喪失重大利益。」

然而這種「彼此互不干涉」的寬容內涵，也致使各路宗教或族群匯聚於荷蘭，以尋求經濟或宗教上的自由，而阿姆斯特丹也是為了容納大量湧進的人口，九年內陸續開鑿三條運河，替阿姆斯特丹的都市規劃打下歷史性的基礎。

到了1960年代，全球性的解放思潮再加上世俗性政黨在國家體系中的運作，讓寬容產生了新的意義。此時寬容不只是消極地互不干涉，還得積極地遵守並捍衛某些普遍性準則，並認可彼此的存在。荷蘭對「同志」存在的高接受度，就是這種「寬容」積極意義的體現。

事實上，這種寬容精神，也讓荷蘭同志運動迸發出一種與眾不同的氣質，就是不以同志的異質性為訴求，而從同志作為「人」的事實和基本權利著手。

一個都不能少：不只是酷兒

荷蘭身為福利國家，「社會整合」一直都是荷蘭同志運動的主要訴求，亦即沒有人可以因為性傾向等理由而被社會排除，社會上每個分子都很重要，「一個都不能少」，而這跟臺灣的酷兒運動有些許差異。

臺灣的「酷兒」運動取自英文「queer」，以異類、怪胎之姿，試圖與異性戀

的主流論述霸權抗爭，形成一種以自我認同為主要形象跟表現的文化運動。反觀，荷蘭的同志運動比較側重以人的觀點來切入，強調「女、男、雙性和變性者的權利」（LGBT Rights），並緊貼著法律，主張各種性傾向都必須得到社會成員的接納。換句話說，從社會運動的光譜來看，臺灣酷兒運動的戰鬥路線是向邊緣挺進，而荷蘭同志運動則是挺著胸往社會中心邁去。

另一方面，荷蘭跟美國同志運動的氣質也有很大差異。相較於荷蘭，美國的同志權益在社會和法律層面上落後很多，但是美國同志文化的狂放程度比起荷蘭卻有過之而無不及。在荷蘭，同性跟異性戀者可以和諧共處、彼此寬容尊重，也不會刻意去挑明誰是同性或異性戀。這或許間接說明了「同不同志」在荷蘭社會，根本不是關注重點。他們追求的是作為「人」應該享有的權利和尊重，而不是凸顯作為「同志」的特殊性。

或許荷蘭同志運動正是以寬容文化為基礎來追求「社會融合」，才和美國的同志文化表現大相逕庭。臺灣的同運路線要走美式的酷兒文化運動，還是荷式「一個都不能少」的社會融合路線，倒是值得細細思索和體會。

當伊斯蘭遇上同性戀

荷蘭社會的移民比例之高，1600多萬總人口中，移民比例接近10%，這有歷史上的緣由，也有文化上的因素。荷蘭在二戰之後為了經濟重建並彌補戰後勞動力的欠缺，於是推出「客工計畫」（guest worker project），積極引進外籍勞工。此外，他們對於自身的寬容文化亦相當自傲，對種族、性別和性傾向議題更是敏感。因此，當摩洛哥和土耳其等伊斯蘭新移民在戰後不斷湧入荷蘭，荷蘭人也就接納了他們。不過，在景氣低迷的時刻，新移民的社會融入便成了大問題。2006年，荷蘭政府在甚至開始針對意欲取得荷蘭公民身分者進行「社會融合」考試。

然而，「社會融合」雖是正面訴求，有時卻又成為箝制手段。荷蘭移民局為了考核新移民是否能夠接受荷蘭社會開放的思想，曾祭出諸如此類的題目：是否可以打女人？女性割禮（切除陰蒂）是否允許？女性是否可以上空游泳？若

在咖啡廳撞見鄰座男子互吻，該如何反應？這類試題有針對荷蘭的伊斯蘭團體之嫌，因而遭受抗議。

荷蘭社會於是出現了「當少數遇上少數」的有趣現象。也就是說，當同志或變性者遇到外來移民，會發生怎樣的文化和社會衝突？

2005年，美國同志雜誌《華盛頓美男子》（*The Washington Blade*）的主編克瑞恩（Chris Crain）與他的男友牽著手在阿姆斯特丹漫步之時，遭一名青年男子吐口水，隨即湧上七名男子對他們拳打腳踢。由於阿姆斯特丹自詡為「同志首都」，寬容和自由的氣氛更為阿姆斯特丹帶來莫大的觀光效益，因此，阿姆斯特丹政府跟警方隨即增設戶外監視器，擴大宣傳同志權益和生活保護，並嚴格懲治對同性戀的暴力行為。

事件發生之後，新聞報導指稱治安惡化與同性戀暴力事件的增加，乃肇因於高比例的摩洛哥人口，以及他們的伊斯蘭信仰。甚至荷蘭同性戀協會COC主席布特肯（Dennis Boutkan）也指出：「少數族裔對同性戀的態度並不怎麼正面。我們正努力開展有關同性議題的對話，並爭取更多尊重。」雖然他隨即又補充道：「我所指的並不僅僅是少數族裔，荷蘭人本身對同性戀的社會接納程度也是相當有限。」然而，少數族裔及其宗教文化的議題，在「性傾向少數vs. 族裔少數」的問題上依舊十分敏感。

事實上，同樣的爆點差點就在2002年的荷蘭社會擦槍走火。2002年3月，荷蘭頗負魅力、且從極左轉變成極右立場的政客佛圖恩（Pim Fortuyn），在鹿特丹市議會選舉中一鳴驚人，得到35%的支持率。身為同性戀的佛圖恩，時常大膽挑明伊斯蘭移民和宗教對同性戀者的迫害，並抨擊鹿特丹和阿姆斯特丹的伊斯蘭社群不願意融入開放自由的荷蘭社會，甚而據此指摘伊斯蘭文化的落後性。沒多久，在2002年5月6日國會大選前一週，佛圖恩在電臺外遭槍殺身亡。還好刺殺佛圖恩的人是一名激進的動物保護人士，主要針對佛圖恩政見中「解除荷蘭毛皮工廠管制」的條款而行兇；倘若兇手是激進的伊斯蘭分子，那麼兩造少數群體所造成的社會對立，將不知如何收拾。

類似議題沒處理好，還可能演變成更棘手的「種族主義」歧視與文化衝突。

八・一個都不能少

2008上半年，荷蘭就發生了一百五十多件嚴重侵犯同性戀的暴力事件。荷蘭警察學院研究員塔斯（Florens Tas）針對該類型的事件進行系統性調查，發現荷蘭同性戀者實際面對的歧視和暴力程度和形式不一，且有高達七成五左右的歧視案件根本就沒有跟警方報案。雖然調查發現，新移民的肇事案件只占15%，然而該調查並沒有把移民第二代納入統計。不過無論如何，少數族裔對同性戀者的歧視和攻擊行為，在媒體報導中常遭刻意放大，也是不爭的事實。

當「舊柱」遇上「新柱」

從2005年克萊恩遭受攻擊之後，阿姆斯特丹市及荷蘭社會便開始關注同性戀者的遭暴事件，並投入大筆資金進行同志權益相關的教育和宣傳。

例如荷蘭政府便投入了250萬歐元，要在2008~2011年期間針對學校中的年輕穆斯林、運動俱樂部和鄰里社團，宣導同性相戀乃社會中的常態，希冀一般民眾能在心靈和思想上接納認可同性戀者。同時，荷蘭大部分的地方議會議員，也嘗試提高學校性教育課程中關於同性戀議題的比重，並要求學校研議有關同志教師的政策等等。

然而，當「同志課程」進入學校，荷蘭社會的「柱式化」傳統，卻或隱或顯地成為阻力。

由於荷蘭在走向現代民族國家的過程中，是從天主教徒和新教徒之間的深層社會裂痕中建置起來，因此這種壁壘分明的社群分化紋理，便鑲嵌在荷蘭人的社會性格之中。

歷史上，這些「柱子」的主要分界是來自宗教派別和意識型態。儘管在世俗化衝擊下，柱式化現象已逐漸鬆動，而現代社會中社經議題背後的階級意識，更早已超越了宗教與文化區隔；然而柱式化的社會傳統依舊保存了下來。這些圍繞著某些特定宗教或意識型態的群體亦創設了「特殊學校」（bijzonder onderwijs），其中包括了新教學校、荷蘭改革宗學校、羅馬天主教學校、伊斯蘭和猶太教學校等等。

對於「同志課程」進駐校園大為感冒的，正是這些傳統柱式化學校。2009年12月底，荷蘭《忠誠報》（Trouw）訪問了這些特殊學校對於「同志課程」的看法。「新教學校協會」（Protestant Schools Association）的莫恩（Pieter Moens）就表示：「我們在同性戀教育上從未保持沉默，但把同性戀說成是常態也太超過了。新教學校中有同性戀教師，但是他們並不想要過著有伴侶關係的生活，因為他們選擇了一種『基督徒』的生活方式。」

阿姆斯特丹的伊斯蘭學校則認為，沒有設置「同志課程」的必要，因為校方根本不會面臨這類問題。其中一所學校的副校長卡斯里（Mustafa Kasri）甚至表示，寬容本來就是荷蘭的共識，無需特別針對同志議題做文章，以此否決了設置同志課程的要求。由此可見，荷蘭社會中「舊柱」遇上世俗化社會中「新柱」時，依舊是驚懼不已。

事實上，荷蘭政府對於「舊柱式化」傳統與「新柱式化」權益的拿捏也非常小心，因此即使〈平權法〉保障了同性戀者免於歧視，卻在但書中規定了相關豁免情形[1]。另外，當今歷史已開始反省由西方觀點所書寫的世界，並嘗試貼近他者的觀點來看待世界。此時「新柱」與「舊柱」之間的攻防，也就遠非進步與保守的二元對立可以概括了。

來去荷蘭 "Gay" 一下

荷蘭在2001年承認同志婚姻之後，當年便有2414對荷蘭同志共結連理走入婚姻殿堂。之後荷蘭同志結婚的數目大都維持在每年約1200對。2007年，阿姆斯特丹市結婚的同志則有1500對左右，約占結婚總數的7%。

事實上，按照荷蘭法律，除了結婚，同性戀伴侶也可以經由「註冊伴侶」、「同居協定」和「非契約同居」取得幾乎無異於異性戀婚姻的法律權利。2006年，在荷蘭居住的同志伴侶差不多就有5萬3000對，其中男性占了五成五左右。

當然，同性戀婚姻與異性戀婚姻最大的差異，乃在於「子女生育」上的問題

EVERYBODY'S
"GAY"

3 _{PHOTO} 《阿文和她的兩個爸爸》是全世界第一本給男同志婚姻家庭的
童書，它傳達了一個重要訊息：幸福家庭可以有很多模樣。

與權益。為了讓同志婚姻家庭能跟異性戀婚姻家庭一樣享有天倫之樂，在同性戀婚姻合法化的當日，荷蘭的領養法也作了相應修正，讓同志也可領養孩子。此外，女同性戀者則可以藉由「人工授孕」來擁有小孩，荷蘭「平權委員會」也曾對那些拒絕為未婚女性或女同志提供人工授孕的醫院，作出違規的裁示。

2009年11月底，世界上第一本給男同志婚姻家庭的童書終於問世。這本《阿文和她的兩個爸爸》（*Arwen and Her Daddies*）描寫的是同性戀伉儷及其領養的黑人小孩。作者雅克（Jarko De Witte van Leeuwen）與伴侶約斯（Jos）結婚之後，分別於2005年與2008年收養了兩名非裔美國孩童：女兒阿文（Arwen）與兒子沃爾夫（Wolf）。此書即是以這個這個家庭為藍本寫成的溫馨兒童讀物。雅克教給小孩的世界是，所謂「幸福家庭」的模樣可以很多元，父親與母親組成的家庭亦並非放諸四海皆準的模型。

2006年，一個在同志家庭長大的12歲男孩特倫斯（Terrence）在荷蘭的兒童節目《兒童一家親》（Kinderen voor Kinderen），公開演唱了這首〈兩個爸爸〉（Twee Vaders），Youtube上可以找到：

We live in a terrace house（我們住在連棟屋）

We have nice stuff at home（我們家裡有不少好東西）

We live there quite ok with three of us together（我們三人一起過得還不賴）

Bas works for the newspaper（Bas在報社工作）

And Diederik is a laboratorian（Diederik是研究員）

They adopted me when I was one year old（他們在我一歲時領養了我）

I'm still the only child（現在還是只有我一個小孩）

But that's ok with me（但這也挺不賴）

That way I get all the attention and love from those two（因為他們把所有的愛與關注都給我）

Bas brings me to school（Bas帶我去學校）

With Diederik I play violin（Diederik教我拉小提琴）

And with three of us we watch soaps on TV（然後三人一起看肥皂劇）

I have two fathers（我有兩個爸爸）

two real fathers（兩個真正的爸爸）

Sometimes cool and sometimes strict（有時候很酷，有時候很嚴格）

But it's going great with us（但我們三人在一起很快樂）

Who, if they have to（必要的時候）

Both can be my mother（他們都可以當我媽媽）

When I have to go to bed（當我得上床睡覺時）

Diederik checks my homework（Diederik檢查我的功課）

And Bas does the dishes or is doing laundry（Bas洗碗和洗衣）

And if I'm ill or have a fever（當我生病或發燒）

Then there's nobody I know（沒有一個人）

Who can be so caring as Diederik or Bas（可以像Diederik或Bas這麼看顧我）

Sometimes I get bullied at school（有時我在學校受到霸凌）

Of course it's not nice（這種滋味當然不好受）

Your parents, they are homo!（「你爸爸，他們是同性戀！」）

They find it strange（同學覺得我們家很怪）

Then I just shrug my shoulders（我也只能聳聳肩）

So what! I'm their son（那又怎樣，我是他們兒子）

It's not ordinary（這情形也許不常見）

But for me, it's quite ok（但對我來說，這還不賴啊）

當「兩個爸爸」或「兩個媽媽」所組成的家庭也有「幸福」的可能時，我們才發現，「幸福」是可以有多重想像的。

人人皆歡愉的同志大遊行

Gay一字在英文同時有歡愉和同志的雙重涵義。1996年起，阿姆斯特丹便於每年8月第一個週末舉辦同志大遊行「Gay Pride」（我同志，我自豪），該遊行已經與美國舊金山、澳洲雪梨共列世界上三大同志遊行盛會，而阿姆斯特丹也因此成為「同志首都」，市政府更因同志觀光賺進不少鈔票。

4 | 作為同志首都的阿姆斯特丹，每年一度的同志大遊行吸引了不
PHOTO | 少觀光客。

5 | 廣場中的同志點Pink Point，可購得同志旅行導覽地圖。
PHOTO |

隨著荷蘭同志人權的主流化與常態化，在2008年的同志大遊行中，大批荷蘭政要也首次「出櫃」：首先出場的是阿姆斯特丹市長科罕（Job Cohen），之後教育文化部長普拉斯特克（Ronald Plasterk）、內政部長特霍斯特（Guusje ter Horst），以及眾多工黨議員，也都大方參與遊行活動。以政客精於計算的性格而言，這麼多政界人士現身參與遊行，同志人權在荷蘭成為社會主流已是不言而喻。

果然，2009年的同志大遊行中，相對保守的基督教民主聯盟議員雍克（Corien Jonker）與四十名左右基督徒同志亦登船慶祝，希冀此舉能促進基督徒同志與教會之間的對話。基進的政治黨派如民主66（D66）和左翼綠色聯盟（Groeklinks），更高舉「同性戀權益入憲」的政黨理念呢。

除了從保守政界反映出社會民意風向球，荷蘭眾多的知名跨國公司也提出「個人的驕傲＝公司的驕傲」（Personal pride = Company pride）的口號，在在說明了荷蘭的職場也都有意識地去營造一個對同志友善的環境。

此外，遊行場合中時常會有令人感動的標語與畫面，說明著荷蘭同志人權一點一滴往社會各角落與各階層滲透深根的努力。例如在2008年的遊行中，未成年同性戀者組織首次參加遊行，船上的少年舉著橫幅標語驕傲地宣告：「Lisanne，13歲，不再欺騙，做回真我」、「Mo，14歲，我的父母也在這裡遊行」。更感人的是，這艘遊船後頭，這些小小同志的父母親也宣告：「我們也和孩子一起參加遊行。」

這是荷蘭各界攜手讓同志人權主流化的努力，使得荷蘭同志的處境能遠超越世界各地的同志，更使得阿姆斯特丹成為歐洲同志運動的首善之都。儘管克瑞恩遭受攻擊的陰影猶在，但在市政府和各界人士的努力下，阿姆斯特丹仍一步步營造出讓同性跟異性戀者一樣自在的環境。

享受吧！荷蘭同志幸福的旅行

2009年夏天，阿姆斯特丹開設了全世界第一間「同性戀旅遊服務中心」（Gay

6 PHOTO | 阿姆斯特丹的同志紀念碑，由一個特大三角形所構成。三角形的其中一個角落入水面，象徵著同志過去所受到的苦難。

Tourist Information Centre）。這間遊客中心位於阿姆斯特丹市中心Spui街44號，不僅提供同志相關的旅遊景點、消費訊息與娛樂場所，更提供非同性戀者以及一般旅遊訊息。

如果你心動了，想到荷蘭阿姆斯特丹走一遭，建議先到阿姆斯特丹火車站附近的西教堂（Westerkerk）。教堂所在的廣場有一座阿姆斯特丹同志紀念碑（Homomonument），是由三個三角形共組成一個大三角形。大三角形是粉紅色的底，紀念納粹占領期間，同性戀者被關押在集中營並於衣褲上配戴著粉紅色倒三角標誌。三個小三角形分別象徵著同性戀者的過去、現在與未來：落入水面的小三角形，代表著同志過去的受難；平鋪鑲嵌於廣場地板的小三角形，代表著同志的現狀；凸出地面的小三角形，則展望著同志未來能驕傲現身。

就讓你的心情，隨著三角紀念碑在時空想像中時而低盪、時而開懷，然後走向廣場中的「Pink Point」索取或購買同志旅行導覽地圖，自在地徜徉在這同志幸福的國度。

1.「宗教組織、信仰組織、政治組織或私營教育機構可以基於組織的創立目的，對一個人作出不同待遇。然而該組織必須證明其限制或要求對於承擔該項職務的必要性，而不會使得一個人僅僅因為性傾向而得到不同待遇。」

STAMPPOT, ASPARAGUS, AND EXOTIC FOOD

dutch cuisine fresh from the farm

薯泥、白蘆筍、異國風 | 農場裡的荷蘭美食

STAMPPOT, ASPARAGUS, AND EXOTIC FOOD : dutch cuisine fresh from the farm

荷蘭人並不在乎「荷蘭菜」這個名號，他們更在意的，是
烹調用的食材是否來自這塊他們珍視的土地。

陳玉箴・文
荷蘭萊登大學文化研究博士
高雄餐旅大學臺灣飲食文化產業研究所助理教授

　　荷蘭食物聲名不遠播，跟一海之隔的英國菜同被認為樸實、不講究、沒什
麼可看性。在部分法國朋友眼裡，荷蘭不過是鄉下地方，而荷蘭菜也就是農村
菜色罷了。歐洲名廚或美食評論家談到荷蘭菜，多認為荷蘭菜的特色就是兩個
字：「簡單」。

　　的確，正統荷蘭菜是沒多大看頭，如果能吃到什麼讓人眼睛為之一亮的佳
餚，通常也是「外國輸入」。而要說有什麼食物能代表荷蘭美食，除了乳酪，
大概就是薯泥、鬆餅、鯡魚和濃湯了。然而，荷蘭在數百年前就是個世界強
權，當代荷蘭也仍相當富裕，現今荷蘭人卻只端得出這種「農家菜」，未免也
太啟人疑竇了。

荷蘭的本土菜或許樣式不多，但荷蘭餐館裡卻多的是難以界定國籍的創意「歐洲菜」，而市場中各國食材調料種類之多，更讓人歎為觀止。就像我的荷蘭好友羅傑總得意地說，他做的是「羅傑菜」。美食的源頭對荷蘭人並不重要，務實、包容與創意，才是荷蘭菜最大的特色。

鄉村荷蘭風

薯泥與豌豆濃湯

蔬菜薯泥（stamppot）應該是最具荷蘭風的主食了。每回荷蘭朋友請我品嚐荷蘭菜，通常最先端上桌的就是它，一來簡單又不容易失敗，二來蔬菜薯泥真的很「荷蘭」，正適合用來說明一道荷蘭晚餐的標準組合：馬鈴薯+青菜+肉類。

所謂蔬菜薯泥，就是把搗碎的蔬菜加入馬鈴薯泥。不同種類的蔬菜，就會製作出不同口味的薯泥，例如醃酸菜薯泥、甘藍薯泥、萵苣薯泥等等。蔬菜薯泥往往搭配肉類一同食用，常搭配的肉類除了燻腸，也常加入碎培根或肉丸。如此，一個盤子中主食、菜、肉都有了，相當符合荷蘭人講究經濟實用的原則。

除了蔬菜薯泥，傳統荷蘭菜也很常使用醃漬蔬菜，這是因為氣候寒冷、冬天較缺乏新鮮蔬菜。直到今日，醃漬蔬菜仍然是荷蘭超市裡的一大主力，例如醃豆子、醃紅蘿蔔、各種口味的醃紅球甘藍等。以這些醃漬蔬菜製作的荷蘭傳統菜餚也很多，例如培根燉鷹嘴豆、醃紅球甘藍燉肉桂等，雖然這些菜餚貌不驚人，味道卻十分可口。若仔細觀察還會發現，荷蘭菜餚中，搭配主食與肉類的食材，有許多是甜味水果，例如以蘋果泥當做醬汁搭配肉類，或以莓果佐餐，而荷蘭常見的洋梨、杏桃等也都很受歡迎。

蔬菜薯泥在製作時通常加入奶油，若以此作為主食，在臺灣也許會覺得膩了些，但在嚴寒的荷蘭卻很能暖胃且覺得飽足。與更北的芬蘭、瑞典等國家類似，在寒冷的天氣下，荷蘭人為了獲得足夠熱量並讓食物保溫，烹飪時常採用大量奶油、肉類，例如豌豆燻腸濃湯（erwtensoep）就是如此。濃濃一碗豆綠色湯汁，與其說是湯，實際上已經接近粥的稠度了，稍微冷掉便凝結成塊，有時甚至插上湯匙都不會倒下。湯裡除了厚重的豆泥，還摻雜了許多紅蘿蔔、培

STAMPPOT,
ASPARAGUS,
AND
EXOTIC FOOD

1 PHOTO 超市販售的蔬菜薯泥，以及荷蘭家庭中常見的自製薯泥。有肉、有菜、有主食，十分典型的荷蘭食物，亦符合荷蘭經濟實用的思考原則。

2 PHOTO 常被拿來作為配菜的洋梨

根、燻腸，一碗喝下去就已經飽了，足以抵上一餐。

荷蘭的湯向以濃湯居多，除了豌豆燻腸濃湯，還有加了細麵與多種蔬菜的雞湯、將花菜燉煮至無形的花菜奶油湯、白蘆筍湯、北方葛羅寧根傳統的蝦湯（garnalensoep），也都是又濃稠又有料。

在眾多蔬菜薯泥中，必須特別介紹一下歷史悠久的傳統菜餚：紅蘿蔔洋蔥碎肉薯泥Hutspot。這是每年10月2日，荷蘭北部萊登市民晚餐的必備菜餚。

公元1574年，荷蘭為反抗西班牙、爭取獨立而展開的八十年戰爭正如火如荼進行。當時萊登在西班牙軍隊圍城下頑強抵抗了六個月，直到荷軍挖開海堤淹沒萊登郊區，才迫使西班牙軍隊撤退。飢餓疲憊的萊登市民在10月2日晚上靠著西班牙軍隊留下的Hutspot暫時解飢，到了10月3日，威廉王子率領的荷蘭軍隊才帶來鯡魚和新鮮白麵包，一解居民的困頓。

自此10月3日成了萊登的解放日，直到現在，市政廳在這天早上都還會發放魚和麵包，Hutspot也成了具有象徵意義的傳統菜餚。因此每逢9月下旬，荷蘭市場就會開始供應切好的紅蘿蔔與洋蔥絲組合包，回去直接下鍋與馬鈴薯同煮即可，在節慶期間，也有不少餐廳會特別供應這道菜。雖然在外人看來，這道菜真是再普通不過了，但市場裡買的媽媽還真不少呢！每年此時，萊登市民又可以在餐桌上重溫幾百年前祖先的這個故事。

講完薯泥，差不多就已經講完荷蘭人一半的主食。馬鈴薯對荷蘭人來說就相當於臺灣人的米，不吃馬鈴薯就彷彿沒吃飽，若住在荷蘭人家裡，會深深感到梵谷名畫〈食薯者〉的確是真實反映了荷蘭的農家生活。荷蘭媽媽指點我，馬鈴薯種類繁多，薯泥、薯條、濃湯都有專用的馬鈴薯品種，如果搞錯就會很難吃。至於煮法也有講究，得先選個厚重的鍋子，待奶油在鍋中融化後放入馬鈴薯以小火燜熟，開鍋前再大力搖晃數下，才能增加馬鈴薯鬆軟口感。不過現代人這麼忙，簡便的速食薯泥作法也應運而生，只要在超市中購買薯泥粉，加入熱水就會膨脹出一大碗帶奶油香的薯泥，完全不需開火，跟泡麵差不多。

九
．
薯
泥
、
白
蘆
筍
、
異
國
風

3 PHOTO | 豌豆燻腸濃湯料多湯稠，熱量也高，常出現在荷蘭人冬季的餐桌上。

4 PHOTO | 10月3日萊登解放日當天免費鯡魚，以紀念四百多年前荷蘭為爭取獨立時所經歷的困頓生活。

炸餅（法文：croquettes，荷文：kroket）

炸餅是十七世紀法國人的發明，後來傳入荷蘭，成為深具荷蘭特色的點心。（之後又傳到日本，才以「可樂餅」之姿輾轉出現在臺灣）。這道菜是將食物與奶油裹上麵包粉後油炸製成，如今荷蘭炸餅裡頭的餡料五花八門，從馬鈴薯餡、肉餡到乳酪餡，連炒麵都可以包進去（稱為bamischijf）。另一種在荷蘭酒吧裡常見的小點心是炸肉球（bitterballen），以麵粉裹入調味的碎牛肉泥、奶油後油炸，呈現褐黃的球形，外酥內香軟，食用時再沾點芥末醬，是典型的荷蘭下酒菜。

要吃炸餅，不但可以在大街小巷的點心吧買到，還可以在火車站發現一整面牆的「自動販賣機」，裡面就擺著熱騰騰的炸物供人投幣取食。在天寒地凍、店家打烊的陰暗時刻，這可是挨寒受凍的旅人一大慰藉。熱食販賣機看似新潮，其實早在1930年代就已出現在荷蘭大城市的商業街及車站，1960年代更是相當普遍，到了1970年代，已經可以在超市裡買到冷凍炸餅回家自己炸來吃。

除了炸餅，另一種荷蘭人更常吃的點心就是薯條。雖然薯條的英文名稱是French fries，但一般認為薯條其實是在比利時發明，而荷蘭的薯條（patat）也與比利時薯條同樣出名。在大街上、市集裡到處都有薯條店或薯條攤，薯條專賣店還會提供十幾種搭配醬料，例如美乃滋、非洲pili pili醬和芥末醬等，至於在臺灣常搭配的番茄醬反倒乏人問津。

即使薯條今日已經如此普及，薯條進入荷蘭卻也不過是這一百年來的事。一直要到1920、1930年代，薯條才隨著市場中的流動攤販以及節慶市集裡的薯條攤，從比利時輾轉流傳到荷蘭南部，接著在1950年代晚期慢慢進入北方城市。至於薯條成為荷蘭年輕人的流行點心，已經是1950、1960年代的事了。

海中生物

除了馬鈴薯製品，魚與肉類食物也在荷蘭人的餐桌上扮演重要角色。荷蘭瀕臨北海，海鮮種類相當多，常見的有鯡魚、貽貝（mussel，又稱淡菜）和鮭魚。著名的「荷蘭新鯡魚」（Hollandse Nieuwe Haring）在每年春末夏初上市，是該年的新鮮鯡魚，以鹽巴醃漬後搭配洋蔥丁生吃，有時也會做成沙拉。手高舉一尾沾滿洋蔥丁的鯡魚垂直入口，是荷蘭市場裡屢見不鮮的畫面。

5 PHOTO | 炸肉球配啤酒是典型的荷蘭酒吧小點心，是荷蘭炸餅的另一種型態。

6 PHOTO | 鑲嵌在牆上的「自動販賣機」，販賣著各式各樣熱騰騰的炸餅或漢堡，只要投幣便可打開窗口取用。

STAMPPOT, ASPARAGUS, AND EXOTIC FOOD

7 | PHOTO | 露天市場中極富盛名的醃漬鯡魚、煙燻鰻魚以及鹽漬鯖魚，都是荷蘭傳統漁家食物。

8 | PHOTO | 荷蘭餐廳當然也會供應美食甜點，但一般而言，並不被認為是標準荷蘭菜。

除了鯡魚，鮮美的貽貝也是常見佳餚，常用白酒蒸煮成一大鍋或是煮成湯；鮭魚更是普遍，醃漬生食、乾煎淋醬都是常用做法。另外，細細長長的煙燻鰻魚、肥肥壯壯的鹽漬鯖魚，也是魚攤上受歡迎的食物。肉類方面，牛肉捲、羊肉捲其實也很常食用。但有趣的是，這類稍微精緻費工的菜餚就往往就不被認為是道地的「荷蘭菜」。

然而，是什麼緣故，使得荷蘭傳統食物難與精緻食物畫上等號？荷蘭人真的天生不擅做菜嗎？

實而不華的荷蘭菜

荷蘭菜之所以如此「簡單樸實」，一般認為宗教是一項重要因素。荷蘭北部主要省分信奉的喀爾文教派，對各種享樂活動均抱持負面態度，「享用美食」也是不被贊許的活動。荷蘭飲食作家雅尼‧德‧莫（Janny de Moor）以詩人雅各柏‧卡茲（Jakob Cats, 1577~1660）的詩為例，指出他作為虔誠的喀爾文教信徒，就常在詩作中大力讚揚一種簡單、不講究美味的用餐模式。根據他在詩中的描寫，他想要的食物不外是易於消化、簡約、人人都有能力購買的「好食物」，並且絕不浪費。食物是上帝的禮物，在食用時更必須感謝上帝。由於卡茲的詩在荷蘭十分受歡迎，他在詩作中歌頌的簡單食物，也影響了許多荷蘭人的烹調概念。許多較年長的荷蘭婦女同意，她們花很多的時間在清潔房子，但花很少時間在烹調食物。

除了宗教，另一個因素是社會階級。十七、十八世紀的荷蘭已經是個以共和國形式存在的獨立國家，他們沒有法國、英國般強大的上層階級，而是由廣大的布爾喬亞中產階級構成社會主流。「上流社會」不發達，許多奢豪、精緻的菜餚也就跟著缺席。

換言之，荷蘭不是沒有好吃的食物，但沒有發展出所謂的「高級料理」（haute cuisine）。十八世紀，隨著法國宮廷在歐洲的龐大勢力，法語成為歐洲外交的第一語言，法國菜也儼然成為歐洲高級料理的盟主。歐洲其他國家的王室貴族幾乎是以說法語、品嚐法國菜為貴，甚至遠在美洲的墨西哥於西班牙殖民期間，其上層階級也相當崇尚法國菜。法國菜在貴族之間流行開來，再加上後來文化人士的推波助瀾，於是造就出法國菜的崇高地位，而英國、荷蘭等國

家的菜色則得不到上層階級的關愛，也就無從成為「高級料理」了。

不過，荷蘭美食評論家約翰・范丹（Johannes van Dam）提醒我們，即使如此，十七世紀處於黃金時代的荷蘭，仍然發展出若干講究的菜餚。至少就十九世紀的食譜來看，當時的荷蘭菜與比利時菜根本沒有差別。然而今日荷蘭菜普遍而言風評不佳，比利時菜卻自稱傳承自法國佳餚，兩者的烹調風格似已天差地遠。依照約翰・范丹的看法，如今荷蘭沒有美食，大抵要歸罪於1890年代的家政教育，這個錯誤政策使得荷蘭曾有的美妙佳餚都只能存留在歷史裡。

勞動階級的家政教育

荷蘭家政教育始於1890年代，在中產階級婦女的努力下，許多地方建立起烹飪學校，一開始只是為了教導勞動階級烹調出簡單又經濟的菜餚，進而增進勞工的健康。基於這樣的目的，烹飪學校設計的課程著重於教導簡單、便宜又營養的烹調方式，強調經濟與衛生，而且不使用風味豐富的醬料和香料。

出人意料的是，這個計畫原本鎖定勞動階級，但因勞動階級忙於工作謀生，根本無暇到烹飪學校上課，因此真正接受烹飪教育的反而是中產階級家庭的女性。這些女性畢業之後，便成了只會烹飪簡單菜餚的荷蘭主婦。這種家政教育對於當今荷蘭菜產生很大的影響，在課程的推動下，不但許多便宜簡單的食物被推廣為家庭日常食物，荷蘭食物的地區差異也消失大半，再加上學校教科書和雜誌中提供的許多簡單、經濟的食譜，亦在荷蘭各地廣受採用。今日許多被視為荷蘭傳統菜餚的食譜，都是在這個時期形成，而十七、十八世紀曾出現的許多精緻、講究荷蘭菜，則由於未受到鼓勵而逐漸消失了。

節慶點心

儘管荷蘭沒有高級料理，但在特殊節慶還是會有特殊的點心來助陣。

過年時荷蘭人一定會吃「油炸麵球」（oliebollen），特別是新年除夕，廚房裡有許多麵糊、油，隨時可將麵糊下鍋油炸成麵球，還可加入葡萄乾、巧克力等變化出不同口味。

此外還有辣味甜餅（speculaas），是12月5日聖尼可拉斯節前夕一定要吃的點心。聖尼可拉斯節相當於荷蘭的耶誕節，也是闔家團圓的大日子，有不少荷蘭傳統甜點只在這段時間上市，例如杏仁填餡、並加入果乾的耶誕麵包Kerststol，以及多種特殊造型的杏仁軟餅，均是以杏仁泥製成。其中一種「豬公含蘋果」的造型，讓人不禁想起臺灣廟會中含著鳳梨或橘子的大豬公！

這種特殊造型的來源還不明確，許多荷蘭人也說不出原因，大概只能說豬肉與蘋果一起煮很好吃吧！

殖民異地風

印尼菜

除了本地食物，荷蘭的大城市裡也有相當多的印尼餐廳。這與荷蘭曾經殖民印尼密切相關，而如今印尼菜已經是荷蘭美食裡不可或缺的一部分了。

荷蘭在1602年於在印尼建立東印度公司，1800年東印度公司解散，印尼被荷蘭政府納為殖民地，一直要到二次世界大戰後才正式獨立。在這麼漫長的統治期間內，有許多荷蘭官員、商人及其眷屬居住在印尼，自然也就有隨身的荷蘭廚師烹煮家鄉菜而一解思鄉之苦，但在印尼取得歐洲食材是既昂貴又困難，因此留居印尼的荷蘭人還是以當地菜餚為主要食物。等到這些習慣印尼口味的荷蘭人回到家鄉，反而開始想念口味重、風味繁複的印尼菜，便從印尼進口香料，在家製作出道地口味的印尼菜。於是，印尼在1866年就已經有荷文的印尼菜食譜《東印度食譜》（Oost-Indisch Kookboek），接著是1872年大受歡迎的《印尼菜食譜》（Indisch Kookboek）。如今在荷蘭大小城市裡，依舊可以見到許多印尼餐廳。

除了餐廳之外，印尼的烹調方式、調味料和食材，對荷蘭一般家庭的料理也產生莫大影響，其中最常見的就是「沙爹」。這是在肉串或其他食材上塗抹沙爹醬之後炭烤而成的菜餚，印尼的沙爹有很濃的花生味，甜中帶辣，在荷蘭超市、餐廳隨處可見。另外還有許多印尼辣椒醬（sambal），這些辣醬會添加不

9 PHOTO | 荷蘭的耶誕節會食用到的「豬公蘋果」造型甜點

10 PHOTO | 印尼的米飯全席，攝於爪哇的荷蘭家庭，1936年。
（影像來源：Tropenmuseum of the Royal Tropical Institute，拍攝：Christoffel H. Japing）

同香料，製作出變化豐富的辣味口感。在印尼本地吃到的辣椒醬均十分辛辣，在荷蘭吃到的「印尼辣醬」則都帶著些許甜味。此外，咖哩湯以及以辣椒調味，也都是透過印尼食譜的引介才躍上荷蘭餐桌。

即使荷蘭有許多印尼餐廳、印尼菜，但這些菜色顯然仍是荷蘭人口味喜好下篩選的結果，而且還有荷蘭人自己的發明。例如菜單上最貴的「米飯全席」（Rijsttafel），可說是殖民時期殖民者將印尼菜「高級化」的結果。

米飯全席是以米飯為主食，配上一桌由小盤盛裝的精美菜餚。由於一套米飯全席多達十幾道菜，因此可以看到小盤碟子擺滿了一桌，乍看之下倒有點日本料理的韻味。這種設計是為了讓荷蘭官員在私人或官方宴席時，可同時享用多種印尼菜色。如今米飯全席中常見的菜餚，會有以花生醬調味的印尼GadoGado沙拉、沙爹雞肉／牛／羊／蝦、以牛肉與蔬菜為餡料的炸春捲、椰奶燉雞、竹筒紅椒蝦，以及由蘑菇及多種香料調味的煎魚等。

作為「高級印尼菜」，一套米飯全席價格不菲。以人數計費，就算是最簡易的套餐一人也要25歐元。1930年代，荷蘭高級百貨公司貝恩果夫在海牙與鹿特丹分店的餐廳中就有供應，而如今在荷蘭各大城市的印尼餐廳裡，也常常可以看到食客在布置著木雕、布簾與其他東南亞風的餐席間，享用著沿襲自殖民時代的米飯全席。

印尼菜是在殖民的歷史背景下，由返回荷蘭的殖民官員家庭所引進，再加上食譜、進口香料的推波助瀾而在荷蘭家庭中流傳開來。由於印尼食物的地域性差異大，早期在荷蘭的印尼食譜也大不相同，殖民官員的家庭甚至還可能保有獨門的私房菜呢！

中國菜

同樣是亞洲菜，中國菜在荷蘭卻有著截然不同的發展脈絡。相較於走官方路線的印尼菜，中國菜的起點則是中國移民開設的廉價外賣店或餐廳，而且時間也晚了很多，要到1950年之後才逐漸出現。不過到了1960年代，同時販賣中國菜與印尼菜的中印餐廳則有了快速成長。

STAMPPOT, ASPARAGUS, AND EXOTIC FOOD

11
PHOTO

超市裡的包子和春捲，其閩南語發音透露出華人移民的痕跡。

dutch cuisine fresh from the farm

在中式料理中，有些接受度較高的食物例如包子、炒米粉、芙蓉蛋和春捲等，目前已被納入荷蘭人的日常食物，而且有趣的是，其中有些食物的荷蘭文還是由閩南語轉化而來，例如包子的荷文為bapao（肉包），米粉為mihoen，春捲則是loempia（潤餅），唸起來十分親切。或許因為最初這些食物是由中國閩南地區的僑民所引入，所以荷蘭人對這些食物的稱呼，也就沿襲了原來的閩南語發音。

蘇利南菜

除了印尼食物，荷蘭另一個殖民地蘇利南的食物，也出現在他們殖民主人的土地上。蘇利南位於南美洲北部，曾經是荷蘭的海外省，獨立時間比印尼更晚，要到1975年才正式成為共和國。蘇利南菜本身的風格就已相當混雜，除了許多印度移民引入的印度菜之外，也受到中式料理的影響。在多重混雜下，蘇利南菜受印尼菜影響最顯著的部分，是各種味道強烈、顏色鮮豔的醬料。如今在荷蘭除了少數幾家專門的蘇利南餐廳會供應較複雜多樣的菜餚，一般小店或超市中最常見的，就是這些搭配橘黃、紫紅、濃黑等各式醬料的蘇利南食物，不論是燉雞、炒麵或是燉菜，通通都用得上這些制式醬料。另外還有包裹咖哩雞肉的捲餅（roti），也是常見的蘇利南小吃。這些食物在荷蘭人的餐桌上，扮演了「熱帶異國風」的角色，如果吃膩了奶油味、番茄味或其他歐洲香草的味道，不妨換換口味，來點嗆人的熱帶風。

正統歐洲風

殖民地食物對荷蘭的影響，說明了如今看到的荷蘭菜實在不能單純歸因於氣候、地理環境的限制，還有很多是荷蘭歷史留下的痕跡。荷蘭十九世紀末的烹飪教育創造了今日樸實簡單的飲食文化，而他們自十七世紀以來的殖民活動和二十世紀的移民浪潮，則讓荷蘭的飲食地景上冒出了許多熱帶異國風味。

除此之外，荷蘭所處的地理位置也對荷蘭的飲食文化產生影響，在荷蘭飲食中，可以找到不少與鄰近國家的相近之處。畢竟荷蘭在十七世紀獨立建國之前，與日耳曼同屬西班牙轄下，地理位置相近難免連帶著飲食上的雷同。例如荷蘭與德國同樣食用大量醃酸菜與燻腸；荷蘭與一海之隔的英國，同樣喜愛享

用炸魚，露天市場上現炸的魚塊或魚排都大受歡迎；貽貝與薯條，或許是荷蘭與比利時最接近的食物；至於荷蘭最南部的馬斯垂克，則是最像法國的荷蘭城市，這裡可以吃到豐富的法國料理，路上還可以看到賣蝸牛湯的小販。

乳酪

荷蘭飲食深受外國影響，而他們對歐洲美食板塊也帶來不少變化。其中，「乳酪」不僅是荷蘭重要的食物，更是重要的貿易品項，甚至進而影響了荷蘭的城市發展。

荷蘭出名的乳酪均以產地命名，如艾登（Edam）、豪達（Gouda）等。而乳酪配麵包則可說是荷蘭人最普遍的餐食，早餐這麼吃，午餐也這麼吃。既然常吃，三明治的內餡也有數種變化，例如莫札瑞拉乳酪搭配核桃與蜂蜜、燻牛肉搭配豪達乳酪、蟹肉沙拉搭配艾登乳酪與洋蔥，或是單純放上一片熟成時間長、硬脆又風味十足的老阿姆斯特丹乳酪。無論如何，只要麵包烤得好，不管怎麼搭配，荷蘭人是很容易滿足的。

相較於法國乳酪的軟質和氣味濃烈，荷蘭乳酪的特色在於質地堅硬、便於運送、易於保存，也因此方便越洋渡海，與醃鯡魚一樣成為十七世紀荷蘭海上貿易的要角，而這些優良的硬質乳酪與鯡魚也可說是把荷蘭推上世界舞臺、推進黃金時代的幕後功臣。如今，荷蘭乳酪獲得歐盟「受保護原產地名」認證（Protected Designation of Origin, PDO）的有四種：康特乳酪（Kanterkaas）、豪達乳酪、艾登乳酪以及加了茴香的萊登農夫乳酪（Boeren-Leidse met sleutels），至於農家自製的農家乳酪（Boerenkaas）則獲得「傳統特產」（Traditional Specialty Guaranteed, TSG）認證，這些認證也說明了乳酪在荷蘭農產品中的重要地位。

除了乳酪，荷蘭還有幾種本地特產的正統食物：

白蘆筍

5月是白蘆筍的季節，一接近產期，荷蘭超市就會開始推出白蘆筍專用鍋、白蘆筍專用沾醬、白蘆筍專用食譜。荷蘭的白蘆筍產區主要在南方，越往南便越碩大肥美，價格也越便宜，而且滋味香甜。荷蘭人常見的吃法是將白蘆筍燙

12 PHOTO

阿克瑪（Alkmaar）市有荷蘭著名的乳酪交易市場，以乳酪專賣店中販售的各式乳酪。乳酪皆製作成圓球形或圓扁形，外層封蠟以隔絕空氣，利於存放。

STAMPPOT,
ASPARAGUS,
AND
EXOTIC FOOD

13 PHOTO | 阿克瑪乳酪交易市場中的各式乳酪中，會在各個城市中的乳酪專賣店中鋪貨販售。乳酪皆製作成圓球形或圓扁形，外層封蠟以隔絕空氣，利於存放。

14 PHOTO | 荷蘭午餐常見的三明治，通常只要有麵包有乳酪，荷蘭人就很滿足了。

熟之後裹上火腿或燻鮭魚食用，另外也有乾烤、沾油醋，或是煮熟後淋上奶油白醬。

乳製品

荷蘭的乳製品眾多，除了一般熟悉的牛奶、優酪乳、優格之外，極受歡迎的乳製甜點還有vla與kwark，這些乳製點心不但在臺灣吃不到，甚至在歐洲其他國家也不容易找到。Vla是牛奶製成的半流質態卡士達，有多種口味，可以單吃、搭配堅果，也可灑上酸酸的藍莓以中和甜味，常被當作飯後甜點。Kwark則是一種凝乳狀乳酪，比vla更為凝固，口感接近慕思，可以直接食用，也常被拿來當做製作甜點或蛋糕夾層的材料。還有一種氣味古怪的「酸奶」（karnemelk），是牛奶製作奶油之後的副產品，味道就像是酸掉的牛奶，不過營養價值倒是頗高。許多荷蘭人的午餐就是一瓶酸奶加一個三明治。也許這正是荷蘭人身高越來越高的祕密。

荷蘭蘋果派

雖說蘋果派到處都有，但是不同地方還是發展出了不同風格。蘋果派是荷蘭非常普遍的甜點，派皮中夾有大量厚實的新鮮蘋果塊與少許卡士達醬、肉桂，有時再加點葡萄乾，食用時再搭配一些鮮奶油，口感十足、果香撲鼻，又不會太甜。

重視產地勝於料理品味

今日的荷蘭菜早已融合多種地方風格，他們不堅持哪種作法最道地、哪種食譜最經典，也不在意是否有個具強烈風格、易於辨識的「荷蘭菜」。很多荷蘭人常吃的荷蘭菜，或許會被認為源自法國、義大利或歐洲其他地方，但我想他們並不在乎「荷蘭菜」這個名號，他們更強調的，是烹調用的食材是否來自這塊他們珍視的土地。

在介紹荷蘭美食的書籍上，比餐廳介紹占更多版面的，往往是莓果、豆子、牛、羊、豬、雞、魚、葡萄、洋梨、香料等等正在生長的美味食材，還有田野、農場、海洋等食材生長的環境，以及各地乳酪、酒品、燻肉等加工過程。

15 PHOTO 荷蘭南部肥碩的白蘆筍，似乎在比賽誰長得肥大。

16 PHOTO 荷蘭蘋果派的特色：果肉厚實、大塊

食物消費不僅涉及烹調技法、菜餚外觀與味道，也涉及了食物背後的歷史、文化意涵與象徵，甚至更與我們所處的自然環境與生態變化息息相關。在「進口」食品早已充斥著超市櫃子與家中廚房的今日，還有哪些美好的食物來自我們居住、生存的這片土地，恐怕更值得我們深思。荷蘭人對食材的重視，與荷蘭農業的蓬勃興盛也有極密切的關連。

荷蘭面積只比臺灣稍大，根本無法與美國、加拿大、澳洲相比，就連在歐洲，都只是個小國家。然而讓人驚異的是，荷蘭的農產品出口淨值卻是全球前三名，與拉丁美洲的巴西與阿根廷不相上下，而這還不包括荷蘭極重要的花卉業。舉例來說，荷蘭馬鈴薯苗的出口量，占全球市場六成以上，而蛋、番茄與乳酪的淨出口值甚至高居世界第一。另一個驚人的數字是，荷蘭的溫室面積超過一萬一千公頃，占全球溫室的四分之一。（請參考〈海平面下的花花世界〉和〈小國大業：荷蘭農業的超現實成就〉）

這麼高的農產品出口值，並不是因為農地面積大或務農人口多。事實上，荷蘭農業人口只占全國的3％，在全球農業人口比例僅有0.02％，荷蘭人依賴的是高度專業化與企業化的方式來經營農業。例如，從作物的種子、肥料到農業機械，都有強大的農業供應鏈在支撐，是荷蘭農業發展的堅強後盾。因此即使沒有「荷蘭美食」的名聲撐腰，荷蘭農業卻沉默而扎實地為荷蘭賺取了豐厚的外匯。這樣的成果，或許可以扭轉我們對於農業國的一般印象，農業國不再意味著落後、產值低，只要有良好的經營方式，農業本身也可以是金礦！

多數人對於荷蘭的印象，都停留在阿姆斯特丹、海牙、鹿特丹等大都市，但是許多荷蘭朋友告訴我，阿姆斯特丹大多是屬於觀光客的，在他們看來很不「荷蘭」。事實上，只要離開大城的市區，就可以在近郊看到農田與大型的農業超市。

例如荷蘭西南方的小鎮尊德爾特（Zundert），人口約兩萬，是荷蘭名畫家梵谷的出生地。小鎮中不但有梵谷故居改建的紀念館與雕塑，而且還有超大型的農會超市。宛如大型量販店的明亮寬敞空間，整齊陳列著各種農業器械。式樣簡單的荷蘭傳統木鞋，不是要賣給觀光客，而是荷蘭農人目前依舊常用、適

合農務的工作鞋。至於牲畜的飼料和植株肥料等亦一應俱全。原來這個小鎮正是荷蘭重要的苗圃業中心，而類似的農業超市在荷蘭也絕不少見。

如此說來，如果法國人認為荷蘭是個大農場，我想荷蘭人會欣然接受。已經有太多食物可以從國外直接進口，而對他們來說，享用本國土地種植、培育出的食物，可能更讓人珍惜吧！

如今的荷蘭菜，便是在這些本地的優質食材上盡情發揮。與此同時，融合世界各地烹調法的新菜單也不斷推陳出新。現在荷蘭各大超市都有提供精美的彩色食譜單張或是定期出版的免費刊物，這些食譜一方面是廣告，建議消費者可以選購的產品，另一方面也透過超市流傳到荷蘭家庭中，翻新了荷蘭廚房裡的菜色。

隨著新食品、新料理的推出與引進，「荷蘭菜」正不斷演化出新的面貌。

17 PHOTO | 小鎮中的超大型農會超市，證實了荷蘭農業背後強大的供應鏈，以及荷蘭對當地食材的重視。

BIG
AIRPORT
IN A SMALL
COUNTRY

dutch airport, the first aerotropolis of the world

小國機場大氣魄 | 荷蘭機場，世界第一座航空城

BIG AIRPORT IN A SMALL COUNTRY : dutch airport, the first aerotropolis of the world

史基浦一舉將機場提升為航空城，讓機場不只是機場，而是
以飛機為交通載具的購物商場、辦公商業中心和婚禮禮堂。

黃至正・文
荷蘭萊登大學航空與航太法律博士候選人

歐洲有這麼多大國，低地小國的機場有什麼好介紹的？

　　荷蘭國家雖小，機場的氣魄卻很大。這座位於阿姆斯特丹郊區的史基浦機場
（Amsterdam Schiphol Airport），不但是歐洲最佳機場，更是全球最佳機場。此
外，史基浦機場還是最受旅客喜愛的國際機場，對於商務旅客而言，它是辦公
室的延伸，對於觀光客而言，它是巨大的購物商場，對於過境的旅客而言，它
是便利的轉運站。它吞吐量大、動線明確、機能健全，甚至還可在這裡舉行婚
禮呢！

這座機場能顛覆一般人對機場的既定印象，它不僅僅是一棟硬梆梆的建築，裡面勉強入駐著幾間餐廳和書店和一堆的飛機。它把自己定位成一座航空城，滿足的不僅僅是航運的需求，更企圖結合周邊城市的機能，成為一個全方位的現代化都市網絡的一環。

旅客隨著飛機滑入機場、提領完行李入境之後，首先映入眼簾的就是滿滿一排商店的購物街，除了一般常見的書店、禮品店和餐廳，還有服飾店、超市、酒吧、咖啡館、巧克力店、生活用品店、電子用品店等，甚至還有設計師理髮沙龍、按摩解壓服務站，以及具體而微的荷航飛機博物館。這條浩浩蕩蕩的商店街，光是快步從頭走到尾，就要花費將近十分鐘。

經過長途的飛行，如果沒被商店街燃起熊熊的購物慾，而想儘速前往目的地好好洗個澡休息，只要直接切過商店街進入機場大廳，馬上就看到六條手扶梯，直達火車月臺。不論是要前往荷蘭境內的城市，或是鄰近歐洲國家，入境後就可搭火車直接前往，完全不需巴士或電車接駁。

對於商務型旅客，史基浦機場還提供了方便的開會地點。只要從機場大廳右側的手扶梯直接上一層樓，順著迴廊向前走，就有喜來登飯店和世界貿易中心的會議廳。各國商務人士無需耗費車資和時間進入市區，直接就可入住機場旁的旅館，就地開會、辦展和交易。如此看來，「史基浦機場」並不只是一座「機場」。

史基浦機場的歷史

史基浦機場雖然有這麼多方便又現代化的設施，卻已經有九十年以上的歷史。它最初建於1916年，一次大戰期間只是供戰機起降的小型軍用機場。一戰結束後，於1920年5月17日由荷蘭皇家航空（KLM）從倫敦飛往阿姆斯特丹的包機，開啟了史基浦成為民用機場的歷史。而史基浦（Schiphol）這個名字的由來有許多說法，其中之一是這個地點在十九世紀中葉時，還只是個內陸湖泊，強風一來裡面的船隻都葬身湖底，因此成為埋葬船隻的坑洞（Ships' Hole），亦即Schiphol。

BIG
AIRPORT
IN A SMALL
COUNTRY

dutch airport, the first aerotropolis of the world

史基浦機場因戰爭而興建，也因戰爭而毀滅。二次世界大戰爆發後，德國空軍於1940年5月10日猛烈轟炸史基浦機場，占領之後成為進攻英國的基地。1943年，美軍炸毀了史基浦機場。1944年，德軍在臨走前再把美軍沒炸光的通通炸個精光。

1956年，阿姆斯特丹市政府決定就地重建新機場，並於1958年與荷蘭政府和鹿特丹市政府合組「史基浦機場股份有限公司」，以籌措興建機場的資金。經過了四年的興建，史基浦新航站大樓於1967年啟用，隨後並持續擴建。時至今日，史基浦機場已經成為占地2787公頃，擁有三個出境大廳、四個入境大廳、五條跑道、旅客流量全歐第五的大機場。

是機場？是購物商場！

在荷蘭，大部分商店都是早上九至十點開始營業，下午五至六點就打烊，超市最晚也只開到晚上十點，遑論臺灣隨處可見的24小時便利商店了。然而機場的「史基浦廣場」（Schiphol Plaza）中，所有商店都是早上七點營業，晚上十點關門，而且全年無休。機場內一共有十七臺收銀機的漢堡王更是24小時營業。管理這座機場的史基浦集團認為，「機場」應該是要能提供所有機場旅客或觀光客一個完美且獨特體驗的地方，因此從店家數量的浩大氣魄、服務類型的多樣性，以及超時營業的熱忱，史基浦機場打造出了所謂的「航空城」的概念。雖然現在在亞洲各重要機場已經可以看到以「航空城」概念設計的機場，例如新加坡樟宜機場、香港赤鱲角機場、上海浦東機場等，但這樣的概念可是在90年代初期就已經由史基浦集團率先提出。

如此一來，機場不再只是傳統思維中給搭飛機的人的地方。航空城的概念之一，就是把機場當作一個大家都可前來的「購物商場」在經營。

1995年，史基浦廣場開幕，至今規模已有42間商店、24間餐飲店，占地面積1770坪，大約有四分之三個足球場那麼大。旅客絕對可以史基浦廣場中逛街、休閒，消磨一整個下午。當你坐在這個購物商場的咖啡廳稍作休息，放眼望去，實在無法想像這裡是個機場。

BIG
AIRPORT
IN A SMALL
COUNTRY

2 PHOTO | 史基浦機場血拼中心

3 PHOTO | 無止盡的購物大街「荷蘭大道」

dutch airport, the first aerotropolis of the world

然而在出境之後，還有另一片免稅天地。「See Buy Fly Shops」總共有79間商店，以及52間餐廳、咖啡館和酒吧。從首班飛機起飛前的一個小時開始營業，直到末班飛機起飛前半小時打烊，而且還有四間24小時營業的餐館與咖啡館。琳瑯滿目的選擇讓你只要稍一不留神，就得狂奔才趕得上飛機了。

等飛機的時間肯定逛不完這些免稅商店，而且可能也不知從何選擇起。沒關係！在往各個登機門的主通道起點皆設有「Last minute shop」，裡面收集了「See Buy Fly」各間商店最暢銷的的產品，包括香水、酒類、特價商品、紀念品、零食和一些最新的旅行必備物品，讓你不用逛所有的商店也能買到想要的東西。

「See Buy Fly Shops」還有一項「回程取貨」的服務。只要你在「See Buy Fly Shops」裡購買了20歐元以上的商品，且在歐盟境內旅行，你就可以把東西寄放在機場30天而不收任何費用。有了這個貼心的服務，就不需要拎著這些免稅商品四處旅行了。

在史基浦免稅商店購物還有一項優惠。1999年，歐盟國家廢止了在歐盟境內旅行的旅客可以購買免稅商品的優惠，然而史基浦機場的免稅商店不在其列，因此在歐盟旅行的旅客仍然可以在此購買免稅商品（菸酒除外）。

在史基浦機場有了「史基浦廣場」和「See Buy Fly Shops」以後，不僅為旅客和一般民眾提供了購物的好所在，也為史基浦集團賺進大筆收入。根據史基浦集團2008年的年報調查，光是這些商家繳交給史基浦集團的年度「營業權利金」，就占了史基浦機場全年總營收將近十分之一。誰說機場只可以是機場！

小國機場也可以贏很大

1988年，史基浦集團為自己訂下了這樣一個目標：「史基浦機場要成為歐洲前五名的機場，以及歐洲運輸樞紐與經濟的驅動者！」這個目標並沒有流於口號，史基浦機場自從1980年以來，得過的獎項林林總總超過160座，其中包括「歐洲最佳機場」和「全球最佳機場」。光是2009年就贏得了六座獎項，其

中包括：《商旅雜誌》（*Business Traveller*）評選為「歐洲最佳機場」、《行旅雜誌》（*Executive Travel*）評選為「最先進獎」、《加拿大旅行社》（*Canadian Travel Agents*）評選為「最喜愛之國際機場」，以及經《亞洲貨運新聞雜誌》（*Cargonews Asia*）評選為「歐洲最佳貨運機場」。

與歐洲前四大機場比起來（亦即英國倫敦希斯洛機場、法國巴黎戴高樂機場、德國法蘭克福國際機場和西班牙馬德里巴拉哈斯機場），荷蘭只是個蕞爾小國，憑什麼可以發下這樣的豪語而且竟然還真的實現？

根據《2010年史基浦機場年報》，史基浦機場總共擁有92家航班固定的航空公司在此起降，飛航至93個國家、301個城市。但是在2009年四千三百多萬旅客數裡，荷蘭公民只占了三分之一，而且43%是轉機的旅客。這意味著，有不少航空公司是以史基浦機場為基地，例如荷航（KLM），利用較小型的飛機接送其他歐洲鄰近城市的旅客，以支撐使基浦機場以及以該機場為基地的航空公司的營運。

當然，要消化每年近四千五百萬的旅客流量，機場肚量必須夠大。史基浦機場共擁有202個停機坪、6條跑道、7個入出境大廳（相較於此，臺灣有112個停機坪，2條跑道，4個入出境大廳）。2009年飛機起落接近39萬次（臺灣約14萬次）；尖峰時刻（早上七點至下午七點）平均每小時起落約71次，這麼頻繁的起降次數還得仰賴機場各個環節緊密合作，例如飛機的維護、加油、塔臺的控管，以及對於誤點航班的反應、處理能力。

方向導引有玄機

在史基浦這麼廣大又繁忙的空間中，方向導引設施的設計就很重要，這會大幅影響旅客對機場的滿意度。1967年史基浦機場落成時，機場內方向導引牌的設計就是經過用心思考的，由設計師柯良勒（Koh Liang Le）與班諾·威辛（Benno Wissing）以「顏色」來分類方向導引牌。到了1990~1992年，設計師保羅·麥克斯納（Paul Mijksenaar）重新設計機場的方向導引牌，他把顏色重新分類，例如黃色代表飛航相關資訊、藍色代表飲食購物休閒娛樂相關資訊，而

黑色則代表其他資訊諸如洗手間、急救處、旅客服務臺等。此外，麥克斯納還加入了大量的小圖示來代替文字敘述，不僅導引資訊簡潔清楚，圖示也跨越了語言的障礙，讓各國旅客可以迅速掌握訊息。事實上，史基浦機場非常關注方向導引牌的實用性，因此也持續不斷加入新的元素，例如以綠色專用於逃生指示、增加導引牌底色與字體之間的對比度、捨棄荷蘭文全部採用英文、加入某些目的地的步行時間等。

史基浦機場方向導引牌的制度化設計，由於清晰、有層次又實用，已成為許多機場的通用標準而被稱為「史基浦標準」。如今，這樣的方向導引牌設計已經獲得許多國際機場採用，例如美國紐約甘迺迪機場、華盛頓特區機場、德國法蘭克福機場、阿拉伯聯合大公國阿布達比機場，以及希臘雅典機場等。

史基浦機場的特殊服務

許多人都有特地前往機場看飛機的經驗，史基浦機場便進而規劃出特別服務，提供給遊客觀賞飛機之用。史基浦機場特別規劃出一片免費大型戶外平臺，提供給遊客觀看飛機起降、與親朋好友道別。平臺雖有開放時間的限制（冬天早上九點到下午五點，夏天早上七點到晚上八點），但在平臺後方還設有許多餐廳，一樣可以觀看飛機起降。

除了戶外平臺，機場還在跑道旁邊設置了兩個觀景點，能近距離觀看飛機從頭上飛過。許多遊客常在假日帶著家人朋友到這裡來野餐，享受別具風情的悠閒時光。

當然，在這個自行車總量高達1800萬輛、自行車道長達一萬公里以上的國度，史基浦機場自然會好好把握機會展現荷蘭自行車道。在史基浦機場外圍，特別規劃了環繞機場的自行車道，東南西北共有六處可以進入該車道，標榜著騎鐵馬也可以到機場玩。史基浦機場網站還提供自行車道的地圖讓民眾下載。

史基浦機場最特別的莫過於「史基浦婚禮」了。機場精心設計了四種婚禮：「真愛啟程」（Say yes and go）、「幸福起飛」（Ready for take-off）、「回到過

BIG
AIRPORT
IN A SMALL
COUNTRY

4 PHOTO | 「史基浦標準」的方向導引牌

5 PHOTO | 「廣場式」戶外觀景平臺

去」（Fly away to yesterday）以及「飛向天堂」（Ticket to paradise），提供各種航空迷與眾不同的婚禮。這些婚禮的賣點在於，可以使用機場中某些禁止一般人進入的區域，例如航管控制塔的最高層。而婚禮規劃師則依照這四種婚禮形式，細緻地設計出符合個人要求的流程，將機場的功能發揮到過去無法想像的地步。

史基浦機場為了節省旅客的時間與增加便利性，特別設置了130臺「自助報到櫃臺」（self-service check-in）。旅客只要輸入機票訂位編號，即可依指示在觸控螢幕中點選操作，掃描過旅客的護照之後，即可領取到登機證。目前這種櫃檯只設在機場內，但史基浦機場正準備將這項便利的服務推行至火車站以及機場旅館內。

另外，機場還設有「行李包裝」（Seal & Go）的特別服務。他們以透明堅固的包裝塑料纏緊旅客的行李，再經加熱處理後可以緊緊貼附，避免行李內部東西遭竊、在運送過程中撐破或遭不肖份子塞入違法物品走私。

在通過了證照查驗關卡之後，你會看到的除了機場的常見設施如貴賓休息室、祈禱室等之外，機場還提供了為數眾多的特別設施。

只要年滿十八歲，帶著你的登機證和ID卡或是護照，就可以免費進入機場內的賭場「Holland Casino」試一下手氣，說不定可以贏回你這次的旅費（但也有可能讓你的旅費加倍）。

最特別的應屬全球第一個將博物館分館設在機場的構想。2002年12月9日，阿姆斯特丹博物館史基浦分館開幕，固定展出十件由荷蘭黃金時代大師創作的作品。而非固定展出的作品，每年也會更換好幾次，讓進出史基浦機場的旅客可以感受到一些文化氣息。重點是，錙銖必較的荷蘭人這次竟然不收費。

除了心靈層面的服務，史基浦機場更提供了生理層面的服務。在等待下一班飛機的漫長時間裡，使用機場下列設施的旅客，幾乎占了史基浦旅客年總量的一半，這些設施有：「回神」（Back to life）按摩區，提供按摩椅及水療按摩；健康美容設施「XpresSpa」，可以享受專人修剪手指甲和腳趾甲、面部美容，

BIG
AIRPORT
IN A SMALL
COUNTRY

6 | PHOTO | 自助式報到櫃臺

7 | PHOTO | 行李包裝服務

以及人工按摩。史基浦機場可是歐洲第一個引進這類設施的機場。

除此之外,這裡還有轉機旅客喜愛的過境旅館「Hotel Mercure Schiphol Terminal」,位置就設在過了護照查驗處之後的航站大樓內,過境旅客不需要另外辦理短期入境手續即可入住。此外,旅館也提供淋浴服務。裡面有好幾間獨立的淋浴間,旅客無需入住也可快速沖個熱水澡,整裝後輕鬆地往下一個目的地再出發。

此外,機場也提供了更簡易的「Yotel」,讓只是希望享有個獨立休息空間的旅客,可以在裡面得到寧靜、充分休息。「Yotel」提供的設備與普通旅館無異,只是空間更小,價格也更便宜。此外,得搭早班飛機的旅客,也不用趕凌晨起床,因為「Yotel」提供了前夜通關出境的服務。你可以在前一晚從家裡出發,通關後直接入住「Yotel」,等待隔天的早班飛機。

史基浦也是第一個將生物科技應用在通關查驗上的機場。2001年起,機場開始使用「虹膜掃描」來辨識特定通關旅客的身分。以虹膜掃描會大大增加通關速度,無需跟著大多數旅客大排長龍檢查護照。不過使用者必須先加入機場設立的「高級俱樂部」(Privium Club),年繳一定的規費。第一次申請後在約定的時間至史基浦機場花個15~20分鐘拍下你的虹膜資料,就可以馬上享有專屬禮遇。不過「高級俱樂部」目前只開放給瑞士以及歐洲經濟區(EEA)內的公民申請。

條條道路通史基浦

史基浦機場之所以會成為歐洲最佳機場,除了占了通往內陸機場樞紐位置的地利之便,更有陸上各類交通硬體建設的加持。

如果自行開車,史基浦機場不但提供兩萬多個停車位給進出機場的旅客、觀光客以及購物民眾,更規劃了不同的停車方式。停車場有區分出長、短期停車的費率,機場更提供了獨特的「代客泊車」服務。只要將車子開進出境大廳前的專屬車道,把鑰匙交給櫃臺人員,員工馬上就幫旅客把車開到專屬停車場

停放，而旅客就直接前往報到櫃臺，省下找車位和走路的時間。結束旅程回來後，直接到專屬櫃臺前取車，服務人員就會幫旅客把車子駛回原本交車的地方，十分方便安全。

不過最方便的莫過於史基浦機場的鐵路建設。就在史基浦機場啟用的11年後，荷蘭國鐵「史基浦機場站」於1978年正式通車。機場的火車站就位於機場大廳正下方，只要通過一個手扶梯或電梯即可到達，不用再轉換任何形式的交通工具。此外，來往機場站的火車班次密集，而且前往荷蘭各主要城市幾乎不用轉車，頂多轉一次。荷蘭國鐵將車種分為「Intercity」、「Snel Trein」以及「Stop Trein」，相當於臺灣的「自強號」、「莒光號」與「普通車」。搭乘由史基浦機場出發的「自強號」，前往荷蘭最北的大城荷洛寧根以及最南的大城馬斯垂克，各僅需兩個小時半左右。而前往西部各大主要城市更是快速，如阿姆斯特丹15分鐘、海牙30分鐘以及鹿特丹46分鐘。

除了通往荷蘭國內的城市，國鐵機場站亦是通往荷蘭鄰近國家的重要車站。搭乘各國際線列車前往鄰近國家，四個小時內即可到達，例如比利時布魯塞爾僅需一小時四十五分鐘、法國巴黎三小時以及德國法蘭克福四小時。所以史基浦機場不僅可以轉機，更可以轉車。

我的辦公室有機場

延續著「航空城」的概念，史基浦集團認為一個「航空城」不僅僅是個集航空、公路與鐵路的轉運樞紐，更必須是個機能性樞紐，可以24小時提供進出機場的人士以及當地國際企業，整合人流與商業、物流與商場、資訊與娛樂。在這樣的構想下，史基浦集團在機場外設立了一個占地廣大的「史基浦機場世界貿易中心」（World Trade Center Schiphol Airport）。這片世貿大樓區提供大量且大面積的辦公室讓企業租用，許多國際企業也把總部設在此處。現在世貿大樓區內已經有540家以上的國際企業進駐，提供了5萬7000個以上的工作機會。

將國際企業總部設在此，機場就在旁邊，因此各企業開國際會議、訓練人員，下了飛機走路十分鐘就可以抵達。除了便利的交通，周邊的設施更是完

BIG
AIRPORT
IN A SMALL
COUNTRY

善，飯店、商場、銀行、餐廳、酒吧甚至高爾夫球場皆近在咫尺，機能健全，在此工作或開會的員工不需擔心任何問題，只要專心將工作完成即可。

史基浦機場的安檢措施

史基浦機場的安檢措施是在層層法律架構下執行後的產物，它必須同時符合歐盟的法令以及荷蘭國內法，至於機場的保安則委外由保全公司執行。在1960年代以前，機場保安的工作通常不外乎是查緝走私、竊盜等事件。但在1968年後劫機事件頻仍，911事件之後各國更是加強其安檢措施，因此史基浦機場也開始引進先進嚴密的儀器，努力將安檢做至方便快速又滴水不漏。

2007年，史基浦機場引進新式安檢儀器：「毫米波技術」。有別於舊式的X光以及金屬探測檢查，該技術採用對人體無害的毫米波反射，以探知受檢者是否攜帶會威脅飛安的物品。受檢者只需在通過儀器時雙臂舉高站立三秒鐘即可完成，不需要再脫外衣、掏口袋、解皮帶，不但大大縮減過去耗時的安檢程序，成效也更高。該項安檢儀器目前只安設在固定的通關口，不過在2009年底的劫機事件後，史基浦機場決定增加設置此項安檢儀器，特別是飛往美國的航班均實行嚴格的安全檢查。

史基浦機場的安檢措施不僅僅在通過護照查驗口後嚴厲實行，在護照查驗口前的低風險區域，機場保安人員也是眼觀四面、耳聽八方，不放過任何可能的威脅。例如筆者在史基浦機場取材拍攝的過程中，就遇到兩位機場保安人員前來盤查。保安人員一開始即詢問到機場的目的、身份，要求筆者出示身份證明文件，並檢視相機裡所有的照片，確認沒有拍攝機場內的任何安全措施。雖然在這過程中保安人員都是使用輕鬆的語氣與筆者「閒聊」，不過還是可以感覺出他們面對「機場安全」時的嚴肅態度。

雖然現在全球許多國家皆大興土木以整頓或是興建機場，但是老牌的史基浦機場在史基浦集團的領導下，不僅毫不落後於其他新興機場，甚至在許多層面更提出深具啟發性的創新概念，引領其他機場。國家雖小，機場雖老，但是史基浦卻始終能帶給其他國家機場經營管理當局新的想法，歷久彌新。

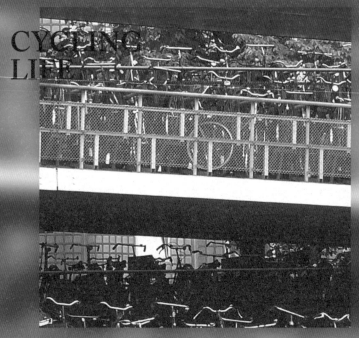

CYCLING
LIFE

biking in holland

11

輪轉・生活 | 腳踏車在荷蘭

CYCLING LIFE : biking in holland

> 腳踏車之所以能成為荷蘭生活的一部分，是細微體察與理
> 性規劃而來的。政府追求的不是亮麗龐大的建案讓人民自我
> 感覺良好，而是在人性最需要之處著力。

何澄輝・文
荷蘭來登大學政治經濟博士候選人

　　過去，在我們的認知裡，以腳踏車代步是經濟相對落後社會的印象，而近年來，在臺灣吹起的腳踏車運動風，似乎又把腳踏車推上一個時髦而昂貴的休閒活動。然而，在荷蘭這個國民平均所得超過三萬美金的先進國家，最常見的代步工具卻就是腳踏車。這不僅一舉推翻了人們對於腳踏車等同於落後的刻板印象，也讓它從絢爛昂貴的生活品味，回歸樸實的身分。

　　這是一個對腳踏車狂熱的民族，全荷蘭1600萬的人口，卻擁有1800萬輛腳踏車，甚至占了全荷蘭交通總運輸輛的四分之一。他們每年的人均腳踏車交易量占歐洲第一，是德國的1.25倍、法國的1.9倍。

這意味著，只要一踏出戶外，就隨處可見滾動的銀輪。事實上，荷蘭的腳踏車之所以能進入常民生活，靠的不是英雄式的人物登高一呼（雖然他們的上任女王茱麗安娜的確時常騎著腳踏車逛市場），而是在道路設施、路線規劃、建物設計上，都為腳踏車營造出安全且便利的騎乘環境。我們將會發現，腳踏車在荷蘭人生活中可謂無孔不入，人們騎著它去休閒、購物、上下學、接送，甚至上下班。而我們也將發現，荷蘭人不但發揮了極大的創意，讓腳踏車改裝成各式各樣得以符合上述需求的樣式，他們也傾注了集大的心力，認真嚴肅地去思考公共建設和政策，要如何服務腳踏車族的生活型態。

荷蘭腳踏車使用情形速寫

近來臺灣流行腳踏車運動，原因很多，但不論是節能減碳的環保理由，或是個人強健體魄的健康目的，乃至於生活休閒娛樂或刻意營造的生活品味等等，都不是荷蘭人騎腳踏車的理由。對荷蘭人而言，使用腳踏車即是生活形態的一部分，而即便與眾多風行腳踏車的國家相較，荷蘭人腳踏車的使用頻率仍依舊非常顯眼凸出。雖然目前仍欠缺系統性與更加廣泛嚴謹的科學性調查研究，但荷蘭人對於腳踏車的熱愛絕對是無與倫比的！我們可從以下一些數字看到那令人驚奇的「腳踏車熱」。

荷蘭大概是全世界唯一腳踏車數量超過全國人口數量的國家，平均每人擁有1.1輛腳踏車。此外，腳踏車的交易量也是不遑多讓。雖然一年120萬輛的交易量並非全歐洲之首，事實上還遠低於德國的490萬輛、法國的320萬輛與英國的250萬輛。但倘若考慮到這些國家的人口數（德國8200萬人，法、英兩國各6000萬人，而荷蘭只有1600萬人），就可發現這個數字非常驚人。此處平均一輛新腳踏車的平均交易價格是579歐元，而龐大的二手市場更是交易興盛。

在某些國家，腳踏車往往給人較低社會階層的印象：較低的收入，以及沒有能力購車代步。然而，這種印象在荷蘭完全不適用。不管教育狀況或社經地位如何，各個階層的荷蘭人都使用腳踏車，即使也有人是為了運動與環保，但更多則是基於生活態度。腳踏車或許可做為荷蘭「行」的部分詮解吧！

CYCLING
LIFE

荷蘭的腳踏車使用密度達全球之冠，有時整座城市就像個大型停車場，因此公共設施也必須將腳踏車納入考量。

不過，腳踏車的普及也有令人尷尬的一面：荷蘭腳踏車的擁有率奇高，同時，失竊率也奇高。根據統計，每年荷蘭大約有75萬輛腳踏車失竊！這個腳踏車的國度，同時也是腳踏車竊賊的天堂。荷蘭政府雖已努力改善這種情況，但成效顯然不彰。據稱，大約只有約45%的失竊受害人會報警處理，而其中尋獲而歸還失主的腳踏車也只有少數。

腳踏車與交通安全

　　若說公共生活就是共同生活於此的交流與關注，那麼在荷蘭，腳踏車自然就得納入公共生活，並且認真思索在公共空間中當如何理解與容納腳踏車的角色。觀察荷蘭人對腳踏車的思考，並不帶有太多前導概念或宣導色彩。事實上，荷蘭人雖然在很多領域的創新都非常大膽前衛，但他們在實際上的規劃，則完全是謹慎計畫後的產物。因此，如果能探究荷蘭腳踏車的政策及其效應，我想會是個頗具啟發的觀察。

　　腳踏車最受疑慮的，就是安全問題了，相較於汽車和機車，腳踏車騎士所受到的保護最少。不過在這幾十年來，荷蘭腳踏車使用者的安全問題確實有持續改善。從年度交通道路災害的數字來觀察，自1980年至今，腳踏車騎乘者的受傷數字已然減半，而且不論是腳踏車或是汽車使用者皆然。同期間，腳踏車與汽車的使用量都大幅成長了32%以上，因此相形之下，這樣的降幅別具意義。此外，使用腳踏車率高的城市，比使用率低的城市，其交通安全的風險平均低了約35%。

　　這樣的數字說明了一件事：腳踏車使用率越高，腳踏車使用者的安全性則越高。原因有四：

　　首先，使用腳踏車的人數增多，交通政策的制定者便會更為腳踏車考慮道路使用權，甚至以腳踏車為主要使用者的角度來規劃道路，其優先性更甚於汽、機車。

　　其次，腳踏車使用率高，相對便會降低汽車的使用率，從而兩者肇事的風險也會降低。

2 PHOTO | 要維護腳踏車行車安全，就要給腳踏車一個堂堂正正的車道，
還有清清楚楚的路標指示

第三，大多汽車駕駛人同時也是腳踏車使用者（在荷蘭，60%的人每週至少騎腳踏車三次，而每週至少騎一次的則高達80%），這意味著駕駛人很清楚腳踏車使用者的行為和感受。在路上遇到腳踏車時，便能較準確掌握腳踏車的行為模式。

最後，從政策上而言，這迫使政府提供更多資源來提升腳踏車使用環境，並擬定更完善的交通政策和規則，例如規劃完整的腳踏車路線、更清楚的交通號誌，並投資更多公共基礎建設，以維護腳踏車的行路安全和舒適。

的確，荷蘭政府會以腳踏車為主體來思考相關的公共建設，因此市政建設中，有大量與汽車分離、專供腳踏車使用的行車道路、號誌和指示牌，並以顏色清楚區隔出車道。此外，腳踏車道更是連續而非破碎隔離的。騎乘者不會被迫在某些路段與行人或是汽車爭道。而即使路面施工，工程單位在設置臨時車道時也會為腳踏車留道。反觀臺灣，腳踏車道常常只是「做小的」，在大台北地區，除了河濱有幾條堂堂正正的「專供」休閒用腳踏車道，其他一般道路根本沒有腳踏車道，或頂多在汽車道路旁畫出一條又細又窄妾身不明的白線。臺灣在交通道路上，顯然還是以四輪汽車為主體來思考和規劃。

荷蘭車道上以腳踏車為大宗，背後還有一個不可忽略的態度。在某些國家，騎腳踏車被視為交通上的危險因素，因此也就發展出一些不利甚至阻止腳踏車上路的政策。然而，荷蘭的行車哲學卻是：腳踏車並不會製造危險，危險的是汽車。因此，荷蘭交通法中，汽車駕駛有義務去避免碰撞。這意味著，一旦汽車與腳踏車發生碰撞，汽車駕駛要負起責任。倘若在汽車與腳踏車共享的道路上，汽車駕駛人則必須配合腳踏車的速度與使用習慣。這些都是「馬路如虎口，行人靠右走，而腳踏車不知如何走」的臺灣所難想像的。

騎車購物去

腳踏車之所以能在荷蘭普及，一定是跟生活緊密相連。而從最簡單的日常生活購物，便能體現腳踏車如何融入常民生活。

一般美式經濟思維是，以汽車來購物最方便，因為一次可以承載最多貨品、

跑較遠距離。那麼，在荷蘭，無法攜帶大量物品的腳踏車，卻仍能提供購物的便利性，道理何在？

　　誠然，單趟腳踏車的貢獻度也許很小，但若能多走幾趟，在消費上其實甚至可以創造更高的貢獻。亦即，當騎腳踏車購物是如此的方便，量少多次的購物模式，在消費上的貢獻其實遠勝量多少次的模式。捨棄大賣場大量採買而以小型商販進行區域性經營，並非來自「資本主義的反動」或「回歸田園」的浪漫幻想，而是務實計算下最大的經濟利益選擇。

　　實際上，他們經過長期的觀察與研究發現，雖然外來旅客確實可以帶來一定程度的經濟貢獻，但對多數的市鎮來說，地方經濟的真正主力還是來自於當地居民。而這個「腳踏車距離」正是腳踏車車程內居民的經濟貢獻，其貢獻度正是當地經濟利益的主要成分。

　　當然，倘若交通設施對汽車更便利，汽車所創造的的貢獻一定就會大於腳踏車，然而，這必然要付出更大成本，亦即更寬的基礎道路設施，更多停車場，更多大量的交通管理資源以及環境成本等，而這與城鄉均衡發展的目的更是背道而馳。此外，連帶影響到的生活品質劣化，更不是金錢可以衡量的。從這個角度來看，或許荷蘭人遠比我們更精於計算，也更懂得權衡得失。

　　基於這樣的思維，為了使「腳踏車消費」得以運行並廣為接受，對城市中心的消費者來說，腳踏車的停放設施也成為整個城市規劃中非常重要的一部分。因此，在荷蘭城市中心隨處可見的腳踏車停放設施，也成了極有特色的城市景貌之一。

　　例如在烏特列支省的城市豪頓（Houten），居民絕大多數的食物採購與半數以上的物品採購，都是在自己市區內完成。而其市區的交易流量，也比荷蘭平均水準高。還有被稱為真正腳踏車城市的維納道爾（Veenendaal），則被評價為烏特列支省最佳購物城市，並成為零售商的天堂。它所依靠的也正是完善而考慮周詳的腳踏車政策。這些都是行之有效而非常值得參考的例子。

3 PHOTO | 為了讓人們安心騎車購物，腳踏車要有夠大的載貨量、行車道路要順暢，而且商場周圍也要有足夠且安全的停車位。

雙輪鐵馬工作去

腳踏車也是荷蘭常見的通勤工具。雖然汽車的使用數量逐漸升高，但多半仍用於較長距離。據研究，一般而言，半小時至一小時的通勤時間是可接受的時間範圍，而這時間剛好就在腳踏車7.5公里的行程內。有趣的是，這也正是荷蘭腳踏車使用率最高的範圍，而且半數以上的人都居住在離工作地點7.5公里的範圍之內。

因此，若想提升腳踏車使用率，公部門的責任是以腳踏車使用者的一般需求為考量，規劃一條好的腳踏車路線。而私人公司也可進行相關配合，例如由雇主提供腳踏車給住在車程範圍內的員工、提供良好的腳踏車停車地點、設置淋浴設施或是公用腳踏車等。透過諸如此類的鼓勵與努力，可進一步提升腳踏車的通勤比率。而這都正是荷蘭公、民營部門對此所做的努力。

更進一步地，即使腳踏車的常見通勤距離為7.5公里，荷蘭卻更近一步規劃出跨區域通勤路線，其中有些還發展成真正的腳踏車公路。這種規模的行車系統目前已經有五組，而全國荷蘭人也開始對較長距離的路線產生了興趣。最後的結果是，通勤路程可延長到15公里以上，而腳踏車在上面的行車速度可以達到平均每小時25～30公里左右。這意味著，利用腳踏車通勤並不會比利用其他交通工具慢多少。甚至在某些雍塞路段，速度還比汽車快！這也是這個國度的腳踏車通勤族如此龐大的理由。

另外，從雇主的角度而言，大力支持腳踏車的使用可以照顧到員工健康，還能達成環境管理法中對企業降低運輸及公司本身排放物（污染與碳等環境負擔物質）的要求。也就是說，公司當然要鼓勵員工使用腳踏車通勤，因為其污染及碳排放量等於0！2008年秋，荷蘭政府便提出了「機動管理任務」，目的在鼓勵以其他交通方式替代汽車之使用，而主要的方案就是透過優惠稅率等方式來鼓勵雇主與雇員使用腳踏車來通勤。因此，無論是出於健康因素還是財務考量，腳踏車無疑都有相當多優勢。

騎車上學去

騎車上學也是荷蘭常見的行為。多數學子選擇騎腳踏車上學，而且比例將近一半之高。另有37%的學童則以步行上學。臺灣常見的以汽機車等交通工具來接送學童的情形，反而僅占了約14%。市政當局在考量這類問題時，顯然是鼓勵學童以汽機車以外的方式上下學。根本原因倒並非環保、健康，而是汽機車所衍生的成本與交通問題，其複雜度會增加許多。即便以現行14%的比例，上下學尖峰時間便已造成局部地區（學校及其周邊區域）的交通瞬間變得擁塞難行，而要解決這種情況，就得增設停車空間，但這還得耗費相對高昂的公共成本。又倘若這個學校位於市區中心或交通要道附近，以汽車接送學童上下學則會讓整個交通問題更加複雜。

對此，市政當局的主要責任，就是建設安全和舒適環境，以利學童騎腳踏車上下學。除了道路規劃、校園停車設備、執行交通安全等顧及學童需求的交通硬體之外，還有更多各樣軟體措施，例如透過教育與訓練，以及充分與校方、家長與民間團體的合作，努力提升校園周邊環境、校外活動及市區活動的便捷與安全等。政府部門願意透過廣泛的作為與投資，與校方、家長和民間團體（如腳踏車協會等）共同制訂、規劃並執行所有廣泛而周詳的計畫，目的在於讓家長可以放心讓孩童用這種方式代步、貼近所居住的環境，進而安全無憂地成長。

這些務實而細緻的作為，更讓我們了解到腳踏車之所以能成為荷蘭生活的一部分、成為一種特色，是細微體察與理性規劃而來的。政府追求的不是亮麗龐大的建案讓人民自我感覺良好，而是在人性最需要之處著力。荷蘭腳踏車政策的縝密與體貼告訴我們，那裡有可親的腳踏車騎乘環境，並非倖致，而是人性關懷的具體落實。

騎腳踏車休閒娛樂

騎腳踏車休閒娛樂，在臺灣已風行好幾年，也有越來越多人開始喜歡上這種有趣的休閒娛樂方式。而對於把腳踏車當作自己的腳的荷蘭人來說，這當然也是非常重要的休閒娛樂。70%以上的荷蘭人偶爾會進行腳踏車旅遊，這意味著

4 | 荷蘭流行以腳踏車載送孩子上下學，腳踏車的改造也到了無所
PHOTO | 不用的地步。

騎腳踏車確實是荷蘭人最重要的休閒娛樂之一，而與腳踏車的相關活動，每年更高達2億3200萬車次以上。因此，荷蘭自然也規劃了多種路線供腳踏車騎乘者使用。

第一種是所謂的「國家腳踏車路線」。這是網狀的腳踏車路線，總距離高達6500公里，而最常見的則是區域性環狀旅程路線。這種環狀路線有各種距離與形式，長短程都有。

另外還有「長程腳踏車旅行繞行路線」。所謂環狀繞行路線，主要特徵就是「頭尾相接」。只要依照路標指示沿著規劃路線騎行，最後將繞回起點。這種環狀繞行通常是一日遊的規模，且多是由市、區域或省政府部門規劃而成，當然也會有民間單位通力合作。另外還有所謂區域連結網路，它連結了許多其他該區域的其他騎乘路線，整個網絡規模已約達3700公里，上面有完整的路標系統，而且雙向皆可通行。

而值得注意的是，實際上，我們很難去區別哪些路線是休閒娛樂用、哪些是上學通勤用。畢竟兩者的用途並不衝突，因此，腳踏車政策其實具有多面性，它可同時服務實用與休閒目的。

荷蘭對於休閒娛樂所做出的路線規劃與設備，成效十分驚人。道路網不但遍布全國各地區鄉鎮，這些路線甚至可往南延伸至鄰國比利時。而荷蘭各地為了推廣腳踏車旅遊也確實不遺餘力，例如，熱蘭省便十分用心於做出良好與安全的腳踏車設施、設置清楚的腳踏車路程標示，並適度設置休息區等支援設施。至於腳踏車路線規劃，也很留心於腳踏車路線是否能連結到旅遊設施以及住宿設施，如此便將遊客需求與當地居民的經濟活動彈性結合起來。此外，路標上也清楚標明各項系統，讓人一目了然。不論是路線、重要設施還是里程數等資訊，皆以統一的編碼系統標示出來；而遊客從遊客中心或地圖網站上取得的地圖資訊，也跟沿路上看到的編碼系統一致，如此不但便於事先規劃，也便於旅遊當下辨認方向。這種編碼系統讓腳踏車休閒旅遊更便捷、更讓人放心。

更值得注意的，則是「綠色轉運」這個連結點，方便旅客在此轉換不同的交通工具。遊客可從此處前往其他休閒區域，在那裡從事騎腳踏車、散步、騎

5 │ 「綠色轉運」是運輸連結點，方便旅客在此轉換不
PHOTO │ 同的交通工具。

6 │ 要有輕鬆寫意的腳踏車生活，理性規劃和細部累積
PHOTO │ 乃是先決條件。

馬、泛舟等娛樂。「綠色轉運」就像個網絡節點，有通暢的聯外道路，還有充足的停車場、腳踏車出租等服務，方便遊客從這裡前往其他休閒區域。在「綠色轉運」也會有餐飲服務，並提供該區域的相關旅遊資訊。

在荷蘭騎車旅遊，是件輕鬆愉快的事情，如此美好的整體感受則是從小細節累積起來的。想讓腳踏車寫意地融入日常生活和休閒生活當中，必得來自設身處地、細心周全的安排。這些用心雖不顯眼，給使用者感受卻非常地真實。

臺灣人的腳踏車人生

人們習慣以某些特定器物來代表自身的生活與文明。然而，並不是這些器物憑空出現，我們所處的生活與文明就會隨之而來。人們必須對於當下與未來懷抱想法，然後以予實踐。那輪轉悠遊的腳踏車，不過是荷式生活的體現；人們是先有對荷蘭生活的想像與企盼，並腳踏實地去具體擘畫，才會造就出屬於荷蘭的腳踏車生活與文化。

臺灣是腳踏車的製造王國，卻仍不是腳踏車生活的王國。腳踏車迄今仍只是臺灣經濟發展的一種途徑而已！換言之，腳踏車不過是我們的產品、是我們拿來賺錢的工具。隨著我們的經濟發展成就，是否也該將這項傲人的經濟表現力與創意，用來打造屬於我們的幸福生活？它不只是出口供他人消費，也該是為了臺灣的幸福而打造，以自己的力量創造出那種我們特有、與土地親近、舒心自在的腳踏車生活。

7 PHOTO | 腳踏車生活可不是一種生活品味，而是荷式生活的體現。

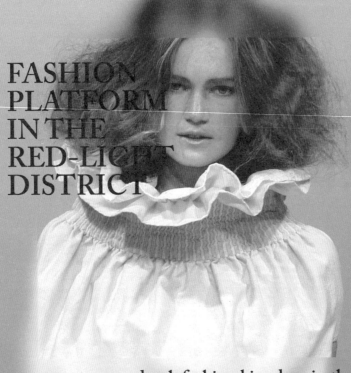

FASHION
PLATFORM
IN THE
RED-LIGHT
DISTRICT

a dutch fashion kingdom in the making

紅燈區的時尚舞臺│荷蘭時尚國度的現在進行式

FASHION PLATFORM IN THE RED-LIGHT DISTRICT : a dutch fashion kingdom in the making

荷蘭並非沒有時尚，反而他們正企圖以時尚文化認同，
為荷蘭創造時尚內涵。

林詩吟・文
荷蘭萊登大學流行文化研究博士候選人

提到歐洲流行時尚之都，非巴黎、米蘭、倫敦莫屬，而荷蘭並不在此列。不僅如此，在荷蘭街上甚至常見人們俗又有力的穿著打扮、比例懸殊的搭配、大膽怪異的配色，乍看之下彷彿此處正是歐洲經濟強國中對時尚最冷感的國家。

然而，事實上，荷蘭有的是講究設計又深具實用價值的跨國知名服飾品牌Mexx、具強烈個性風格的牛仔品牌G-Star Raw，以及以平價和設計感橫掃西歐各國的服飾連鎖店WE。此外，荷蘭也有能躍上國際舞臺的時尚設計師：Victor & Rolf是兩位荷蘭設計師共同創出的品牌，2000年以美國國旗圖案推出系列服飾之後，一舉轟動時裝界。他們擅以「新超現實路線」對古典元素進行顛覆、反轉，用意在於播下顛覆的種子，讓人們反思每件事物背後的其他可能性。

除此之外，荷蘭也戮力以時尚重塑阿姆斯特丹紅燈區，裡面進駐著許多新銳和知名設計師，與隔壁的阻街女子，一起在櫥窗中盡情展示、埋頭工作。

因此，荷蘭並非沒有時尚，而是他們正企圖以另一種方式，為荷蘭書寫時尚的內涵。

打造荷蘭時尚風格

長年以來，人們總認為流行時尚是一門難登大雅之堂的學問，是膚淺、不具恆久價值的美學；然而，這樣的看法忽略了流行時尚對國民美感文化的塑造，以及對國家生產力的影響。以跟荷蘭只有一步之遙的比利時安特衛普為例，對於一般民眾而言，安特衛普可能只是個繁榮的海港工業城市，然而在1980年代，「安特衛普六君子」在倫敦主動出擊[1]，一舉讓安特衛普聲名大噪，並順勢成為時尚之都，至今還可看到許多來此朝聖的日本觀光客。除了實質的觀光或消費效益，安特衛普的時尚設計也成功塑造出「法蘭德斯認同」（Flemish Identity），讓人認識到比利時的在地文化不只有啤酒、丁丁（Tintin），還有法蘭德斯風格的時尚。

塑造出這樣成功的時尚文化認同，也成為荷蘭時尚界的企圖。其實早在1990年代末期，荷蘭時尚界就開始策畫時尚舞臺，期望可以藉此打造出荷蘭時尚風格，進而形塑出明確的在地文化特徵。這個時尚計畫已經陸續培育出多位荷蘭服裝設計師，而執行這個荷蘭時尚建構計畫的，有兩個值得注意的推手機構：「HTNK流行時尚招募暨顧問公司」（HTNK Fashion Recruitment & Consultancy Agency）以及「荷蘭流行時尚基金會」（Dutch Fashion Foundation）。荷蘭雖然缺乏時尚的先天優勢，在後天卻很努力，以國家力量來培育時尚人才。

推手一：HTNK流行時尚招募暨顧問公司

HTNK流行時尚招募暨顧問公司創立於1997年，專門協助專業服裝設計師尋找具挑戰性的工作機會，也協助服飾公司尋找適合的設計師，因此成為荷蘭流

FASHION
PLATFORM
IN THE
RED-LIGHT
DISTRICT

1 | PHOTO | 往後尋歡客樂於造訪的紅燈區，可觀賞的櫥窗女郎將更多樣、更具設計品味。

行時尚界裡不可或缺的媒合站，它在荷蘭時尚界的成功也是有目共睹的。

然而，創辦人莫希特‧荷丁克（Mariette Hoitink）並不滿足於只從事利益盈收的商業活動，她一直希望透過專業來回饋社會。2007年，她舉辦了「化才氣為財氣」（Turning Talent into Business）的計畫，挑選了十六位具有天份的荷蘭服裝設計師，希望幫助他們創業。荷丁克知道，很多有才氣的設計師其實並不了解怎麼創業，何況服裝產業的經營又十分不易，而荷丁克也深深了解，人脈及創業的專業知識便是HTNK所擁有的保貴資源，正足以媒合兩者。

要經營服飾生意，空間非常重要。擁有一個完善的創作及展示空間，才有辦法讓設計師專心做設計，並成功地將作品展示給大眾。於是荷丁克開始為設計師尋找據點。當時適逢市府和房地產業者以2500萬歐元，向紅燈區妓院戶買下55棟房子，打算改造地區形象。荷丁克於是建議市府「乾脆找服裝設計師進來，讓他們到這裡工作，在櫥窗裡擺放模特兒，並展示作品」。這個建議獲得了認同，2008年，荷丁克便以低價向政府承租了十八棟建築物，讓她資助的幾位設計師開始入駐。

這十八棟建築物的地點就阿姆斯特丹市中心觀光客攜來攘往的紅燈區。於是，這個尋歡客勤於造訪、越夜越瘋狂之地，不但增添了不少「設計感」，也一掃白日的荒蕪氣息。而這個大膽的計畫，更是吸引了各大媒體的目光。

時尚紅燈區

將流行服裝設計與紅燈區結合，確實是有史以來第一遭。試想兩片緊鄰的櫥窗，一邊是穿著性感、姿態撩人的櫥窗女郎，另一邊則是穿著時尚、搔首弄姿的假人模特兒，這的確能讓紅燈區的氣氛充滿生氣、想像力，並更具創意，帶給觀賞櫥窗的觀光客更多預期不到的驚喜。

這樣的結合不僅有助於提升紅燈區形象，還能協助服裝設計師將他們的創意轉化為商業銷售能力。HTNK旗下的十六位服裝設計師，在正式進駐前兩年就開始接受訓練，從設計概念發展到商業指導，再到服裝生產，教育內容包羅萬象，訓練內容相當豐富。

2 PHOTO | 理著大光頭頭戴著罩式大耳機的戴瑞・范霍爾

3 PHOTO | 范霍爾的街頭高級訂製服風格

4 PHOTO | 范霍爾2009年的作品：以中國京劇臉譜為創作靈感的一系列服裝設計

阿姆斯特丹市也為這個時尚紅燈區立下一個目標，就是建構出荷蘭的時尚認同（Dutch fashion identity），讓服裝設計師藉由作品盡情訴說在地故事，並創造出荷蘭時尚的多樣風貌。在這些多元風格裡，有的是典雅的訂製服飾，有的則是以大走街頭風格聞名的成衣。希望藉由多元的設計風格，順利吸引全世界的注目，最後將阿姆斯特丹推展成國際的流行首都。

這些進駐紅燈區的新銳設計師有明確的自我定位，共同摸索著荷蘭時尚和文化認同的新方向。以下介紹其中幾位風格鮮明的設計師：

高級街頭風──戴瑞‧范霍爾（Daryl van Wouw）

探看設計師之所以成為設計師的原因，通常相當有趣，因為從中可以看出該設計師未來可能形塑出的風格。范霍爾之所以跟流行結下不解之緣，是因為在他小時候，媽媽總是拿別人穿過的二手衣給他穿。戴瑞並不喜歡這些衣物，於是開始動手改造這些服裝，試圖賦予它們新生命和新風格。這樣的成長過程可以說充分影響了他未來的志業選擇。范霍爾於是走向服裝設計這條道路，2003年從阿納姆藝術學院畢業，同年便以畢業服裝展得到頗富盛名的羅賓時尚獎（Robijn Fashion Award）的提名。

可能是兒時改造二手衣的訓練，戴瑞的服裝設計風格非常獨特，結合了街頭風跟高級訂製服的格調，也因此被冠上「街頭高級訂製服設計師」（the street-couture designer）的封號。街頭風與高級訂製服是二種截然不同的風格，街頭風強調隨性、自在；高級訂製服則是高雅、貴氣的代名詞，將這兩種風格迥異的特質收編於一種設計中，必定會造成衝突，迸發出獨特的視覺美感經驗。就如兒時賦予舊二手衣新生命一般，戴瑞讓街頭風格服飾平易中沾染了雅緻的風采、隨性中增添了一分貴氣；而高級訂製風格的呈現則不再那麼拘謹，反而略帶趣味。這樣的風格精彩地調和出范霍爾揚名荷蘭時尚界的招牌。

戴瑞目前最為人所知的設計作品，即是他在2009年推出的以中國京劇臉譜為創作靈感的一系列服裝設計。從荷蘭人的角度出發，將一連串的中式（京劇臉譜、紅色春字等字樣）或日式（招財貓圖案）元素加入服裝創作，設計出中西合璧的荷蘭風。服裝剪裁大多延續西方裁法，但圖騰與花樣的應用則是將東方元素加以「西」釋，堪稱一場精彩絕倫的服裝展演。

5 PHOTO | EnD的設計主調：
街頭型女風格

6 PHOTO | EnD是由兩位女性設計師
組合而成的設計品牌

為了找尋更寬廣的發展空間，戴瑞在2010年搬遷到中國上海，開設個人工作室。這般大費周章的搬遷，只為了實踐一個簡單的信念：希望世界各地的人都可以穿我設計的衣服，不論他們身在何處。

下次在荷蘭或上海街頭看到理著大光頭、戴著罩式大耳機的男子，別忘了多看幾眼，或許他就是才華洋溢的「街頭高級訂製服設計師」戴瑞·范霍爾。

街頭型女──EnD

荷蘭已有一組聞名世界的雙男設計師組合Victor & Rolf，其實還有一組也小有名氣，正要冒出頭的女性設計師組合EnD。EnD是街頭型女風格的品牌，以有個性的女孩為設計對象，並由艾娃·范歐兒芭克（Eva van Overbeeke）和戴立亞·蝶兒（Delia Drel）這兩位女性荷蘭設計師共組而成。

她們於2003年畢業於烏特列支藝術學院，接著又一起在阿納姆流行學院（FIA）攻讀碩士課程。她們各自在不同的服裝設計工作室工作之後，於2006年11月開始一起合作，2007年1月在阿姆斯特丹流行服裝週展出她們的第一個設計系列。從那個時候起，她們每半年就會有新作品在阿姆斯特丹流行服裝週發表。

艾娃和戴立亞的風格不甚相同，因此總是可以碰撞出十分奇特的火花，而這也成了EnD品牌的設計主調：街頭（street）與型女（chic）風格。EnD的作品總是充滿對比，有一點前衛，但同時又相當低調；有一點中性，但又很性感；可以是可愛的，卻又那麼時尚；看起來很特別，但又很實穿；線條簡潔，卻不失設計感。這樣的反差，著實為作品帶來無比張力。

除了這樣的設計主調，她們家的服裝有個很重要的特點，就是「實穿性」非常高。一般在服裝秀場上可以觀賞到的服裝，總是顯得過度藝術、過度包裝或過度前衛，因此不太可能穿上街。但EnD的服裝可以，臺上模特兒彷彿能直接穿著秀服走下舞臺，從容地走在街頭；這樣的服飾或許會吸引無數眼光注目，但這並不是由於設計上過度怪異，而是因為服裝有型又美麗，展現了型女的自信。她們設計的服裝強調，年輕女性穿在身上得以穿梭於生活中各個場合，實穿性相當高。

FASHION
PLATFORM
IN THE
RED-LIGHT
DISTRICT

7 PHOTO | Ignoor的
身體曲線包

此外，她們的設計還有另一個重點，就是每個設計概念都會與社會處境息息相關，並以此一再展現她們要傳達的訊息。她們的設計中，總是納入了豐富的想法、概念、感覺以及對下一個季節的想望與期待。她們相信，概念會一直改變，因此永遠都要尋找創新的概念跟新穎的技術，期望用來豐富她們的設計。

服從身體的包包──Ignoor

Ignoor的創辦人諾爾・宛霍（Noor Wentholt）來自一個擁有皮革製造歷史的家族。家族事業的創辦人阿諾爾斯・宛霍（Arnoldus Wilhelmus Wentholt）出生於1850年，早年在阿納姆學習製造馬鞍，20歲時到阿姆斯特丹，在馬鞍公司Limps工作，最後甚至接下工作室自己當起老闆，開始經營家族事業。

諾爾繼承了家族悠久的皮革製造經驗，一手創辦了Ignoor。她的包包除了順應皮革特性來設計，也會依照人體的外形和使用習慣，以最符合人體工學的概念來創作，因此每一只包包提起來都讓人感到格外舒適、服貼。此外，諾爾特別喜歡以女性身體曲線為創作靈感，她就此設計出許多女性化線條的包包。最後，諾爾還非常強調「永恆」（timeless）這個設計理念，希望作品經得起時間考驗，不會一過季就失去了美感，所以包包的時拿性相當高，也因此創造出沉穩的品牌基調。

基於以上的設計概念，「身體曲線包」（body shaped bags）自然而然成為Ignoor的招牌設計。小至細節，可看到皮革做工之精緻；大至包型，可看到皮革線條之流暢，難怪這個設計系列可以如此成功。

當代有許多時尚流行品牌，都喜歡以精品包包為設計走向。但環顧國際精品市場，可以發現多數精品包常會強調皮革本身的高品質，卻鮮少專注於包包提拿起來的舒適性，而這正是Ignoor的價值之所在了。想像一只兼具上等材質、經典設計美感又能順應身體曲線的皮包，我想多數人都逃離不了它的誘惑吧。

獨特又實穿──LEW

LEW是由金・雷曼斯（Kim Leemans）和米羅・維克（Merel Wicker）兩位荷蘭設計師所組成的設計品牌。兩人畢業於阿姆斯特丹荷立特維德藝術學院（Gerrit Rietveld Art Academy），2001年開始合作設計案，然後合創LEW這個品牌。

FASHION
PLATFORM
IN THE
RED-LIGHT
DISTRICT

8 PHOTO | LEW展出的服裝秀，擅長以色塊拼貼出獨特的前衛感，並模糊男女穿著界限

FASHION
PLATFORM
IN THE
RED-LIGHT
DISTRICT

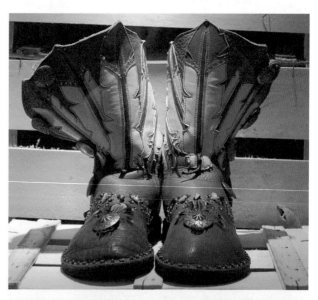

9 PHOTO | 蘿絲維塔的設計
作品：狼靴

10 PHOTO

蘿絲維塔在形
式、功能及材質
各元素間，玩出
她美麗的作品。

從LEW三次在阿姆斯特流行週所展出的聯合設計LEWishere、LEWishere2和獨立服裝秀Nachbarin中，可以非常清楚看出LEW那種顯眼又一貫的設計風格。他們擅長利用色塊拼貼，拼湊出獨特的前衛感，而服裝風格也呈現出非常強烈的中性基調，男男女女的穿著打扮彷彿沒有了界線。

強烈隱含在LEW作品中的設計特色是「概念呈現」跟「實穿性」。他們的設計不但經常映射出街頭穿著的寫照，因此服飾的剪裁總是既醒目又實穿。此外，他們所設計的衣服多是針織材質，並且喜愛使用條狀編織以及手做拼布等特異技術來製作衣服。這類製衣技術搭配飽和的顏色及生動的剪裁，創造出非常新穎並令人印象深刻的設計。

對服裝設計師來說，要能擁有招牌設計（Signature Look）並不是一件容易的事，但LEW做到了。從他們的處女作一路仔細瀏覽到最新一季的創作，可以發現他們創作的初衷並未改變，那股創作的情熱仍然隱然存在於他們的設計裡。色塊的拼貼、剪裁的交錯、圖像式的交織，形塑出他們的招牌設計，並因此成為荷蘭年輕人喜愛的時尚設計品牌。若想體驗一下什麼是獨特又實穿的荷蘭街頭時尚風格，到紅燈區時，別忘了帶一件LEW回家。

保留世界美好的鞋子——蘿絲維塔・范萊茵（Roswitha van Rijn）

蘿絲維塔於1973年出生於荷蘭，曾在阿姆斯特丹大學學習義大利文跟藝術史，並在阿納姆藝術學院學過流行設計。另外，她也在荷蘭及美國奧勒岡學習過製鞋技術。她的創作靈感全來自於這個有趣的世界，自然界以及人類社會的元素，都可以成為蘿絲維塔的靈感來源。基於消費者保護主義，蘿絲維塔認為獨特、精美又不退流行的產品，是非常重要的設計哲學，而這也是該品牌獨特的經營哲學。

蘿絲維塔對於鞋子的生產製造，有她非常堅持的原則。她慎選每雙鞋子生產製造的產地跟製造者（鞋匠），認為鞋子使用的材料在哪裡生產，鞋子就應該在哪裡製造，因為生產材料者，不但最熟悉該材料的特性，也最了解如何掌握材料，因此才能做出最完美的產品。

除了材質的考量，她的設計風格也受到世界各個不同國家的影響。而針

FASHION PLATFORM IN THE RED-LIGHT DISTRICT

11 PHOTO

紅燈區設計師小鋪所在地的地圖指南

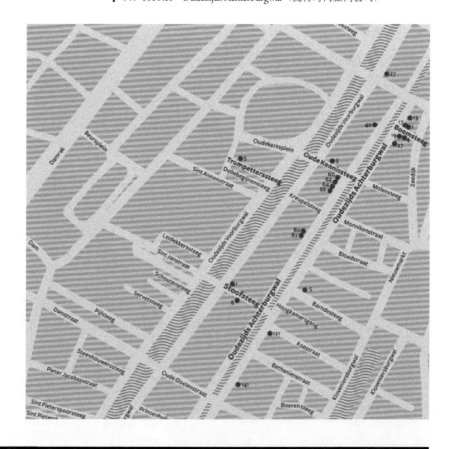

對不同風格文化的設計，她也為鞋子選擇不同的產地及生產者，因為倘若某雙鞋子的設計靈感來自某個特定文化，當地的鞋匠一定特別清楚這種文化的特殊性，也才能完美製作出這樣的設計產品。例如她設計的印第安鹿皮軟鞋（Moccassins），就是找美國原住民來製作；她設計的牛仔靴，就找美國中部的鞋匠來製作；較具流行感的鞋子，找的就是義大利鞋匠。她非常積極與鞋匠進行合作，而這樣的生產文化，也是她刻意保存的。

蘿絲維塔設計的鞋子既高檔又時尚，她擁有自己的品牌，同時也跟其他服裝設計師及大型公司合作，另外也提供為客人量身訂製鞋子的服務。蘿絲維塔可說是全荷蘭最傑出的鞋匠。然而，她店裡的鞋子價格都相當高，因為製作鞋子的時間成本都很高，例如一雙以硬豬腿骨做為鞋跟的鞋子就得耗費三個月，因此定價1500歐元（約臺幣六萬元），至於值不值得就看個人價值觀囉。

蘿絲維塔很專注於依照特定主題來設計鞋子，並認真選擇適合的材質。她希望可以喚起大家對這個美好世界的注意，並知道什麼是該被保存和尊重的。

除了以上五位，另外還有十一位設計師也在阿姆斯特丹時尚紅燈區設點。每位設計師都有特出的創作意念和風格表現，作品背後也都有其精采故事。他們的作品可在Code gallery store買到（地址：Oudezijds Achterburgwal 121），如果無法親臨現場，也可以上網瀏覽：www.codegallerystore.com

推手二：荷蘭流行時尚基金會

荷蘭流行時尚基金會以阿姆斯特丹為基地，基金會最主要的工作，是幫助有才華的荷蘭服裝設計師、攝影師、平面設計師以及藝術家，組織他們的事業人際網絡。由於該基金會觸角既深且廣，從荷蘭國內延伸到國際，活動性質從商業領域擴及非商業領域，因此與該基金會合作的設計師及藝術家，很容易就可以接觸到需要的資源和事業網絡。

荷蘭流行時尚基金會是非營利機構，所有收入都會回歸到該機構本身，繼續投資經營。基金會主要服務項目有兩類：第一類是文化層面的服務，籌劃國內

及國際大型流行文化活動，如策展或舉辦服裝秀等。第二類為商業層面服務，積極促進設計師與各大品牌公司之間的合作。因此，荷蘭流行時尚基金會會提供創意概念、協助舉辦服裝秀，並策劃公關活動，甚至協助各設計師或公司進行品牌包裝經營，幫助他們尋找更具創意的經營模式。

針對服裝秀，荷蘭流行時尚基金會設立了「流行沙龍」（Fashion Salons）這個展秀部門，專門舉辦高級服裝表演。「如此荷蘭時尚」（So Dutch Fashion）則是荷蘭流行時尚基金會的公關部門，目的在於協助基金會中的服裝設計師打造品牌形象並銷售作品。最後，荷蘭流行時尚基金會與在阿姆斯特丹的世界流行中心共同組織了一個「平臺」（The Floor），精挑細選了一些公司成為該基金會的合作夥伴，並在該平臺進行展示。平臺活動中不僅注入大量創意，更帶來了許多商機。

接下來將進一步介紹與荷蘭流行時尚基金會合作的幾位服裝設計師，而這些設計師也都有參與HTNK的計畫，進駐紅燈時尚區：

創意鬼才——巴斯·寇斯特（Bas Kosters）

巴斯於1977年出生於荷蘭，他的教育背景相當豐富，1997年畢業於阿納姆萊茵河學院（Rijn IJssel College Arnhem）流行與服裝設計系，2001年畢業於恩斯赫德藝術設計學院（AKI Academy of Fine Arts in Enschede）流行設計系，2003年拿到阿納姆流行學院碩士。畢業作品「兩個茶杯與一個炒鍋」充分結合音樂及表演藝術，這場非常新奇又前衛的服裝秀，讓他順利贏得羅賓時尚獎，並因此得到國際媒體的注意。

巴斯在2005年創辦了自己的工作室，除了設計服裝，他還畫圖、畫插畫、製作娃娃、進行裝置藝術創作、創作音樂，以及進行表演藝術活動，簡直是通才藝術家。他習於結合各樣藝術創作，例如他製作的娃娃，就不時出現在他的畫作、插畫及服裝設計作品裡，或是他創作的音樂也時常在他個人的服裝秀上播放。如此多元媒材的創意結合，讓他的才華大受激賞。

他的作品為荷蘭服裝設計界帶來許多嶄新創意，其娃娃設計贏得了荷蘭全國的矚目，許多知名媒體爭相採訪，他的作品也因而入駐了巴黎的著名精品複合

12 PHOTO | 巴斯·寇斯特
色彩繽紛的創作

13 PHOTO | 巴斯與荷蘭鞋子品牌 Rehab
Footwear合作的作品

14 PHOTO | 巴斯與荷蘭設計
公司Bugaboo合
作的作品

店colette販賣。荷蘭設計公司Bugaboo還曾邀請巴斯在嬰兒車上繪製他的概念創作，足見他在設計界擁有一定的地位。他也與荷蘭鞋子品牌Rehab Footwear合作，在鞋子上進行塗鴉創作。此外，他在各個活動場合也常成為焦點，他會在現場進行即興音樂表演，並總是讓現場觀眾為之瘋狂。

巴斯的設計用色相當大膽、裝飾多元，招牌圖騰也一直不斷出現在服裝設計上，形成辨視度相當高的品牌。他不喜歡隨波逐流，每一次工作都像是藝術家在為美術館展覽進行創作般用心，也非常在意作品的寓意跟精緻度，因此期望自己每件創作都必須是名留歷史的作品。另外，他也非常在意作品與作品之間的延續性，因此常可以在他當季的作品中，看到前一季創作的影子。他認為這樣的連貫性，有助於他將創作寓意傳達得更為精確並傳神。

時尚逃犯—G+N

G+N 是由傑瑞‧奧他柏卡（Gerrit Uittenbogaard）和娜塔雅‧馬唐（Natasja Martens）兩位荷蘭設計師在1999年組成。他們在馬斯垂克的藝術學院相識，當時娜塔雅還是電影與攝影的學生，但沒多久她就轉到服裝設計系了。傑瑞在大學畢業後，進入阿納姆流行學院攻讀碩士，而這批學生也是第一批名揚國際的荷蘭流行設計師。娜塔雅一開始只是幫傑瑞設計畢業展的飾品，後來才發展為共同進行服裝設計的合作關係。

他們兩人在1998年結為夫妻，對自己的形象定義就是，他們是居住在一個小小的國家、每天自己做早餐的夫妻。他們喜歡一起做設計，並不在乎流行趨勢，也不會固定每年得推出兩季的設計作品。

G+N的服裝就像他們的招牌，時尚且富代表性，雖然他們的服裝看起來有那麼一點不符合人體工學，又有那麼一點不符合自然剪裁，但看起來並不怪異。斷裂線條的運用跟刻意的摺痕讓人聯想到日式摺紙，可能也是因為如此，G+N在日本特別受歡迎。傑瑞從在學期間就決定要創造新的服裝剪裁手法，於是產生了G+N現在獨特的風格。他們的創作過程非常新穎，背離正統學院路線，例如他們習慣在設計過程中為服裝做印模，可以說是相當特殊。G+N的網站「時尚逃犯」（Fashionfugitive）在2000年架構完成後，亦成為相當熱門的流行設計網站，網站名稱意味著要把時尚世界瞬息萬變的創意痕跡，當成逃犯來追蹤。

FASHION PLATFORM IN THE RED-LIGHT DISTRICT

15 PHOTO | G+N夫婦

16 PHOTO | G+N的招牌設計品：漿糊牛仔褲

他們近期的代表設計是「漿糊牛仔褲」（Gluejeans）。這種牛仔褲的製作方式非常特殊，它們並非縫製而成，而是以特殊漿糊膠黏而成。這種特殊的漿糊有紅、黑兩色，在牛仔褲黏縫處可以稍微看到漿糊的顏色，別具風味。此外，這種牛仔褲是純手工製作，只能在G+N於紅燈區的工作室訂購喔，一條要價420歐元（約臺幣17000元），相較於歐美精品牛仔褲品牌，價位還算合理，有機會到紅燈區帶上一條吧。

舊衣新穿──揚・塔米尼奧（Jan Taminiau）

揚在1975年出生於荷蘭，父親是骨董收藏家，母親是室內設計師，這鑄造出他對傳統製造技術、骨董材質及積極尋求美感的嗜好及熱情。揚的母親為了提倡珍惜傳統手工藝的概念，在揚就學期間便對學校提議男孩子也要學習織毛衣。這個意見竟然得到學校採納，而這也影響了日後揚對傳統手工技術的鑽研及熱愛。

揚在阿納姆流行學院拿到碩士學位。這期間曾與許多畫家一同上課，有許多機會進行思想交流，而學校也給予學生足夠的自由空間去學習、思考及創作，至於老師更是鼓勵學生詮釋並發展自己的想法，藉以展示自己的個性及獨特性。或許因為這樣的學校教育，再加上特殊的家庭背景影響，揚成功地將自己對傳統手工藝的興趣融合入他的服裝設計裡。他在學校曾設計過一條裙子，當時他運用了很多荷蘭傳統手工繡花技術，因而得到海牙博物館人員的注意。海牙博物館高級女裝部的人員甚至主動打電話給揚，表示願意收藏他的作品。

揚現在每年固定在巴黎高級成衣展舉辦服裝秀，但他的工作室和展覽櫥窗仍設在阿姆斯特丹的紅燈區。揚表示，當初HTNK打電話來，問他有個房子在紅燈區，不需要房租，願不願來的時候，當時的他對整個情況根本一無所知，但他想或許可以試試看，說不定能得到一些靈感，於是就這樣種下了跟紅燈區的不解之緣。他說雖然常在工作室熬夜很多天，就只為了縫製一條裙子，並常常戲稱隔壁的櫥窗女郎賺得比自己多，但他對服裝的熱情卻不曾熄滅，即使縫製一件衣服需要花上100個小時，都是件愉快的事情，因為他對服裝設計就是如此熱愛。

揚是個浪漫的設計師，他對材質跟製衣技術擁有相當強烈的熱情。他的作品

FASHION
PLATFORM
IN THE
RED-LIGHT
DISTRICT

17 PHOTO | 立體感追求

18 PHOTO | 典雅的女性
特質

19 PHOTO | 將二手郵差包化身為高級禮服

精緻、概念豐富，同時又不失典雅的女性氣質及實穿性。對於設計，他帶有高度的實驗精神，他曾在某個設計系列裡，嘗試將所有二維產品轉化為三維，讓所有衣服放置在地板上時都會形成立體的圓型或長方形。此外，大部分的人認為東西舊了就不美，但他把舊東西的美感發揮得淋漓盡致，最具代表性的作品是以郵差背包來進行創作，把二手的郵差背包重新改造成高級禮服。揚現在除了設計高級訂製服系列，還經營另一條「量身訂做」的系列。他的服裝在巴黎的著名精品店Colette有販售。另外，他的服裝秀也長期在阿姆斯特丹時尚週舉行，可以說是一位經營相當成功的服裝設計師。

時尚國度打造中

正如同HTNK公關經理卡萊‧柏森（Karlijn Bozon）所言：「荷蘭時尚風格或許還未能歸納出一個明確主調，但也正因如此，才會發展出更多的可能性、也包容更多可能性。」

回過頭來看臺灣，現階段臺灣的服裝品牌還未能成功在國內或國際市場上立足，而政府及各產學機構對於本土設計師的培育似乎仍有待努力。想在現實競爭激烈的時尚市場打出一片天，擁有顯著的在地／國家文化特色或許不失為一條路徑，是否該積極孕育所謂的臺灣時尚認同，也許是個可以討論的議題。

---

1. 1980年代，一群安特衛普皇家藝術學院服裝設計系畢業的學生，跑到倫敦時裝週正式的秀場外，辦起了她們自己的服裝秀。

FASHION
PLATFORM
IN THE
RED-LIGHT
DISTRICT

ALL DUTCH
PEOPLE
SPEAK
ENGLISH

language education in the netherlands

13

荷蘭沒有菜英文 | 荷蘭人的語言教育

13 CHAPTER

ALL DUTCH PEOPLE SPEAK ENGLISH : language education in the netherlands

> 荷蘭人能操著流利英語，不管是因為他們務實的基因、還是開
> 放的態度，又或者只是因為他們排外，這些說法都可能代表了
> 一部分的荷蘭。

李佳穗・文
荷蘭萊登大學文學博士候選人

　　歐洲是許多人嚮往的旅遊勝地：優美的風景、保存完整的古蹟，以及典雅的
情調。於是許多人會在清朗的夏日，跳上飛機前往心目中的聖地。第一站通常
是花都巴黎，走在氣氛浪漫的香榭大道上，坐在戶外優雅啜飲著咖啡，欣賞時
尚性感的帥哥美女——這是我們在臺灣的美好想像。

　　然而，這一切在你走進遊客如織的咖啡館之後，開始變了樣。你突然發
現，男服務生帥氣的臉龐搭配的是一張不耐煩的臭表情，而且怎麼我點了瑪奇
朵，他卻送來康寶藍？杯子一樣大，但是喝起來絕對不一樣。不管怎樣用英語
抗議，他就是兩手一攤，以高傲的表情回敬一連串流利的法語。英語跟法語在
空中擦撞出許多火花，但絕非愛的火花就是了。只要身在巴黎，這情形就會不

時出現，讓你的美好旅程變得坑坑疤疤。

　　然後你坐著火車一路往南，前進熱情如火的西班牙，那裡有跳著佛朗明哥舞的美女、有人聲鼎沸的小酒館，相信絕對可以擺脫高傲巴黎帶來的不快。你發現西班牙的確是名不虛傳，餐廳與酒館都傳出歡樂的談笑聲，服務生亦笑容可掬，愉快地等你點菜。就在一切似乎都進行得很順利時，你突然發現桌邊圍了好幾個人：原來的服務生、第二個前來幫忙的服務生、送菜時路過被拉來的第三號服務生，以及看不下去也跳進來幫忙的店經理。跟充滿西班牙風格的英語又在空中擦撞出新的火花，大家都在說英語，怎麼就是他不懂你、你也不懂他。舌戰群雄了十多分鐘之後，你決定棄械投降，無奈地指著隔壁桌那一盤稀哩呼嚕也不知道是什麼鬼玩意的菜餚：「Yes，I just want that……」（是的，就給我那個吧……）只要人身在西班牙，就還會不斷撞見這種場景，而你也得一再指著隔壁桌，然後祈禱他們吃的東西是你認識的。

　　是的，臺灣人的英文不怎麼好，是全亞洲的後段班。但會想去歐洲旅遊的人，英文也不至於差到哪裡去吧。怎麼一來了歐洲就讓你感覺過去十多年的英語學習生涯真是毫無意義，慚愧得想要馬上回家跪在父母親面前懺悔。

　　還好，在你邁著疲憊的步伐、帶著過度運動的臉頰肌肉到了荷蘭之後，一切開始改觀。雖然荷蘭的餐廳菜色不怎麼好吃，但至少端上來的是你原先想要的；路人的臉色雖不是那麼和藹可親，不過你跟他問路，至少不會走到反方向。難不成，這趟英語鍛鍊之旅果真修成了正果？

在荷蘭學不了荷文

　　其實是荷蘭人的英語真的比較好。不管是用語、腔調、聽力甚至普及率，都比歐洲其他國家優異。所以不論是旅遊或求學，只要待過荷蘭的人，對於荷蘭人的英文能力都是讚譽有加的，縱使一點荷文都不會，所到之處仍能通行無阻。倘若你又去過德國、法國、西班牙或其他歐洲國家，你絕對會更加體會到英文在荷蘭真好用，就算是隨口用英語發洩幾句，保證路上的阿嬤都會回頭瞪著你。也因為荷蘭的英文普及率如此高，我跟幾位在荷蘭讀書的友人都覺得自

己被荷蘭人的好英文寵壞了。畢竟只要一踏出荷蘭，如果不學些歐洲當地語言，難免都會碰一鼻子灰，而交流起來也不那麼順暢。

荷蘭人英文好，讓你生活或旅遊都很方便，但更好的是他們連碩士課程都可用英語教學，不像德國或法國，得先花費一年的時間跟金錢去上德語或法語，而荷蘭的大學部也廣開英語課程，提供國際學生研習。由此可知，荷蘭老師和學生的英語能力都有一定水準，以應付全面的英文教科書與英文課程。更有趣的是，他們除了英語好，還不太建議外國人學習荷語。如果你想學，可能會像我一樣，連續被好幾個荷蘭朋友質疑：「這世界上講荷語的人這麼少，妳有必要學嗎？」

是的，如果不是學術上的需求，真的沒有學習的必要。因為就算是上街買菜，連市場中的老嫗都可以跟你說英語。於是當我花了高昂學費上完三週荷語課之後，因為缺乏練習，忘得比學得還快。嘿，我人還在荷蘭呢！那跑去參加荷蘭人聚會總可以練習得到吧！錯了，他們一旦發現有外國人在場，便集體切換到英語模式，然後流利地交談起來。因此，即使我在荷蘭學生宿舍住了一年半，目前的荷語程度依舊停留在早安（Goed morgen）和謝謝（Dank je wel）的程度。以我投入的兩百歐元學費來說，這兩句話真是值錢。

好英文與務實天性

於是我不禁納悶，為何荷蘭人除了身高過人[1]，連英語能力也過人？臺灣也很重視英文教育，許多「贏在起跑點」的人小小年紀就背著書包到美語補習班報到，其他「沒有贏在起跑點」的人至少到國中一年級也開始背KK音標（現在的國民英語教育則下修到小學三年級了），從此開始人生中最枯燥無趣、最冗長的背單字活動。然而，即使學得這般如火如荼，一遇到老外，舌頭依舊打了十八個結。如果根據2009年公布的全球托福排名，臺灣的成績是亞洲第十八名[2]。究竟癥結為何？在我待在荷蘭就學超過三年與荷蘭人交涉討論的經驗中，發現荷蘭人的好英文的確是其來有自。

荷蘭語與英語原本就有深厚淵源，荷蘭語為日耳曼語系下西日耳曼語的一

支，與它師出同門的還包括德語和英語。就書寫文字而言，荷蘭文源自拉丁文，跟法文和西班牙文同源。由於語言的相似性，荷蘭人學習英語的過程就比遠在臺灣、先天操著河洛語的我們贏在起跑點啦。奇怪的是，法國、德國、西班牙跟義大利人其實也跟荷蘭人具備相同語源，怎麼他們的英語就不像荷蘭人這麼靈光？我想，荷蘭人學習語言的態度，與他們的歷史和地緣也大有關係。

對於荷蘭人來說，語言是他們吃飯的傢伙。荷蘭土地小，而且多半還在海平面之下，所以幾百年前即為航海大國，四處經商。對於自己的渺小以及經商的技巧，荷蘭人的體會比誰都深，也因此練就了一身能屈能伸的本領。荷蘭夾在德法兩個歐陸強權之間，為了生存，大多數荷蘭人都會說德語和法語。到了海權時代以後，經商成為他們謀生的主要途徑，而當荷蘭商人積極在世界各地從事商業活動，賺錢則是他們的最高指導原則，因此學習海外經商的的語言或接受當地的風土民情，對他們來說都是再自然不過的。當各國大使，說什麼也不肯跪在清皇帝面前時，荷蘭人倒是沒什麼猶豫就跪了下去，可見他們骨子裡的的確確流著商人務實的血液。

然而，如果把荷蘭人對外來語言與文化的開放態度，完全歸結於他們的商人性格，也未必正確。與善於經商的猶太人相較，荷蘭人對其他國家語言與文化的親近態度，似乎又更勝一籌。究其原因，或許與兩者對宗教信仰的態度有關。猶太人的信仰實踐與生活內涵密不可分，生活習作便深受宗教教條的規範，並得保留許多傳統穿著與飲食習慣，因此不易融入當地風俗民情，「我者」與「他者」界線分明。再加上他們的財富連通到政治和學術上的影響力，容易引起他人眼紅，因此經商之路似乎無法如荷蘭人順遂。

以荷蘭人這樣務實的基因，再加上英語為目前世界最通用的語言，英語當然就成為荷蘭人最重視的語言。荷蘭不僅認真落實英語教育，在日常生活中也企圖讓荷語與英語取得平衡。最明顯的就是電視節目。有別於法國、德國或西班牙等歐陸國家，他們每年花大筆經費為所有外語節目換上法語、德語或西班牙語配音。我在法國旅遊期間，看見電視牆播放著琳賽蘿涵操著法語主演的電影，可真是大為咋舌。而荷蘭無線電視臺不僅經常撥放英美電影、卡通、影集、新聞及音樂節目（主要是因為荷蘭人自己製作的節目有夠難看），其播放的英語／外語節目，也一律保留原音，只是斟酌加上荷語字幕。從小直接聆聽

ALL DUTCH
PEOPLE
SPEAK
ENGLISH

1 | PHOTO 阿姆斯特丹的同志大遊行，其象徵著自由
與開放的現象，透露寬容與接納的態度。

英語，絕對有助於學習與吸收，而也不知道是幸或不幸，與萬分無趣的荷語節目相比，荷蘭人多半會選擇精采萬分的英美節目，長期耳濡目染之下，英語也因此精進許多。跟這個相比，臺灣的「贏在起跑點」就輸了點，因為荷蘭人根本沒有起跑點，他們直接讓外來語言全面入侵生活，盡可能地與這些不同的語言和文化共舞。

開放荷蘭人、豪邁荷蘭魂

但最重要的還是荷蘭人對事物的開放態度！對新事物的好奇心強、接納度高，以上的作為才有實質成效。當我們想到荷蘭，很容易聯想到阿姆斯特丹的紅燈區、每年8月的同志大遊行、滿街的大麻店。這些象徵自由與開放的現象，似乎都透露出荷蘭人對許多事情寬容與接納的態度，而這樣的態度也自然呈現在他們的學習風氣上。

這種開放態度不只表現在英文學習，也表現在對其他語言和文化學習上。如果你有機會拜訪荷蘭第一所大學城萊登，一定會對城內的詩牆印象深刻。信步漫遊街道上，往往一個轉角就可瞥見建築物牆上寫著不同語言的詩句，有英文、日文、西班牙文、阿拉伯文等等。這些詩句與氛圍已成為該城的一部分，漫步在萊登的街道上，仰望著偶爾在轉角出現的詩牆，不同的文字書寫著不同的情懷，這情景毫不突兀，反而有適得其所的感受。

這場景讓我想起某位荷蘭朋友提及他們對外來語的接納方式，荷蘭人喜歡直接保留外來語的發音或拼音，例如超市賣的包子，他們叫Babao，發音類似閩南語的「肉包」；印尼菜的沙嗲也直接稱為Sate，很多時候荷蘭人只是完全將法文、英文、德文直接移植到荷蘭文中，而這點就跟同樣說荷語的比利時人很不一樣。比利時人或其他歐洲國家的人喜歡將外來字意譯之後再創造成另一個字彙，而在這個「再創建」的過程中，往往就遺失了該字彙原來的模樣。以英文「直升機」（helicopter）這個單字來說，荷蘭人幾乎沒有什麼轉化，直接使用helikopter，而比利時人則依照「上升－螺旋－飛機」（lift-screw-airplane）這樣的涵義建立了「hefschroefvliegtuig」這個字。又例如「電子郵件」（e-mail）跟「電腦」（computer）這兩個英文單字，荷蘭人就原封不動直接使用，而法

ALL DUTCH
PEOPLE
SPEAK
ENGLISH

2 | PHOTO | 萊登城中隨處可見的詩牆（英文詩）

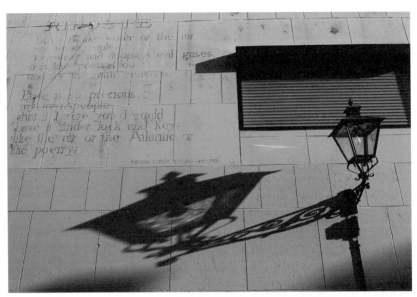

3 | PHOTO | 萊登詩牆（日文詩）

國人則依照「電子式信件」以及「電子計算機」的字詞涵義，創建出「poste électronique」與「ordinateur」這兩個單字。因此，不論是萊登的詩牆或他們對外來語的保留程度，都展現了荷蘭人對不同文化欣然接受的態度。

這樣的態度也反應在飲食上（荷蘭傳統食物大概只比英國食物好下嚥一點點，所以接受外國料理，尤其是殖民地食物的影響與薰陶，似乎是必要的），除了薯條三明治，印尼料理、中式料理、義大利料理跟日本料理的影響亦隨處可見。這現象在流行文化上也十分明顯，例如阿姆斯特丹和海牙都有大型的美國書店，裡面專賣英文出版品，架上陳列的不只有呈現英美文化的書籍，也有翻譯成英文的歐洲小說和日文小說等。有趣的是，你還可以見到整櫃的日本漫畫，裡面有火影忍者、名偵探柯南、死神等漫畫系列，讓我這個在異地求學的臺灣人覺得好不親切。

如果想看演唱會或表演，選擇又更多樣，阿姆斯特丹或鹿特丹似乎是英美搖滾團體或知名歌手歐洲巡演的必到之處，若想看異國的音樂舞蹈表演，還有不計其數的非洲音樂、拉美音樂、Salsa表演跟黑人爵士樂等。我們就曾經在海牙觀賞到雲門的表演，那感覺真是既疏離又熟悉。

如果喜歡逛博物館，除了可以逛逛保留荷蘭文化的歷史博物館、代表荷蘭特色的風車博物館，以及展示荷蘭藝術的皇家美術館、莫里斯美術館、梵谷美術館和海牙市立美術館，你也可以在萊登的民族學博物館裡看到豐富的非洲、美洲、亞洲、大洋洲等不同文化的文物與文獻，或是像保留了豐富的日本古文物跟日本古地圖，甚至定期展出日本當代攝影作品、動漫作品以及裝置藝術作品的西博德之家（SieboldHuis）。若想看看活著的中華文化，就去阿姆斯特丹或海牙的中國城，不但農曆新年有精彩的舞龍舞獅，有時甚至還有華裔小姐的選拔活動呢！

荷蘭教育特色

多重文化的影響與荷蘭人開放的態度也表現在教育上。就萊登大學人文學院而言，除了有世界聞名的漢學院，裡面的教授可是用純正的中文在授課，其他

4 PHOTO │ 荷蘭超市裡賣的肉包

5 PHOTO │ 阿姆斯特丹專賣英文書的書店

6 PHOTO 西博德之家京都展海報：萊登與日本的交流一向很密切，有日本研究科系，還有全荷唯一一間日本文物展示館西博德之家，展出日本古地圖文物，且不定期展出當代日本藝文特展，甚至還有茶道體驗活動、壽司清酒品嘗會或是日本週活動。

7 PHOTO 西博德之家的日本當代展

舉凡歐洲各國文化研究、美國研究、日本研究、非洲研究、拉丁美洲研究等，各個領域皆一樣強勢，萊登大學甚至設立個別的研究中心。我的荷蘭朋友中，精通三國語言似乎只是基本配備，有人精通荷、英、法語；有人精通荷、英、西班牙語，有人還多學了德文、日文或中文。根據統計，荷蘭境內人口有75%會說兩種外語。2008年荷蘭要求中學生研習第二外語的學校有上百所，大學以上也提供各種交換計畫，讓學生到不同國家學習當地語言及文化。此外，他們還與國際學者有頻繁的學術交流，廣收國際學生，這都在在讓荷蘭學子與學者有更多機會接觸不同文化背景。根據萊登大學網站的數據，在2008年，國際交換生占了大學入學人數的6%，碩士與博士課程更是占了15%以上，而且有逐年升高的趨勢。在我看來，這些政策都使荷蘭人有更多機會了解其他國家的文化，並在學習語言上事半功倍。也是由於這樣的教育體制與氛圍，荷蘭人更樂意接受他國文化，外語的學習能力也因而倍增。

如果想出國留學或進修，你可以選擇到美國，那裡與臺灣相似的教育體制以及足夠的訓練，一定能在學術上收穫良多；然而除非你有全額獎學金，否則請別忘了準備好大筆學費，而且要有心理準備，美國很多地區華人之多，不久你可能驚覺自己的中文比英文進步得更神速。如果你荷包豐厚，也可以考慮到英國，負擔比本地學生多兩倍的昂貴學費，吃吃炸魚和薯條，努力適應高緯度的寒冷與高物價。倘若你的時間比別人多，或對於某些國家的文化和語言特別著迷，你也可以選擇法國、德國、西班牙或義大利，但即使想進修的領域是設計、藝術或工程，一年的語言學習課程依舊是免不了的。最後，若你願意感受自由的學風，又想節省荷包（荷蘭的博士課程不需要學費，如果實力夠又運氣好，還可以申請到每個月2000歐元的研究薪資），而且跟我一樣無暇再學另一種語言，荷蘭真的是很好的選擇。

除了英語課程的普及，荷蘭更令我印象深刻的是他們對於各種文化的濃厚興趣與尊重，從而將「inter」這個概念發揚到極致，使跨學科（inter-disciplinary）、跨文化（inter-culture）與跨媒體（inter-media）研究成為當今荷蘭學術的主要方向。在我進入萊登大學文學研究所就讀博士幾年來的觀察，發現荷蘭人廣納百川的研究與學習態度，實在和臺灣高等教育嚴格分門別類的制度相差甚遠。以萊登人文學科為例，除了與英美體系相近的文學理論（literary theory）與比較文學（comparative literature）之外，還有「跨文化研究

ALL DUTCH PEOPLE SPEAK ENGLISH

261

ALL DUTCH
PEOPLE
SPEAK
ENGLISH

8 PHOTO | 萊登人類學博物館

9 PHOTO | 萊登植物園日本館區，有許多日本植物

方法」（interculturality，亦即cross-cultural approach）以及「跨媒體研究方法」（intermediality，亦即cross-mediatic approach）。前者主要聯結到後殖民研究、區域研究、文化理論、政治學或社會學（如女性、族裔、馬克斯研究）；而後者則是因為科技的進步，人類不再以文字作為再現或生產文化的唯一媒介，因此諸如繪畫攝影、動畫、電影等平面藝術，都是現代社會的文化產業，所以跨媒體研究成為當今文學與文化研究領域必然的趨勢。此外，英美文學研究多以某時期作家或文學為主體，但在荷蘭，則會加入有著類似概念的其他媒體作品，例如展覽、電影或藝術等。

在萊登攻讀文學，除了要修習文學的基本課程或研讀傳統文本，還會碰觸到電影、藝術、政治、文化和心理分析等等。此外，荷蘭博士學習採師徒制，沒有硬性規定的必修課程，而是在長期和老師不斷討論、閱讀下完成博士論文。以我的教授而言，他的專長在於文學與影像，但接受的博士生可說是五花八門，大家來自於不同的文化背景，研究主題看似天差地遠卻又能相互激盪，例如有做墨西哥電影研究的，也有做法國文學與法文劇場的，有些探討巴基斯坦的平面藝術與身分認同，有些則著重華語電影和文學，也有探討翻譯、多媒體、多文化等議題的。系上每年也都會針對不同主題舉行研討會，提供各研究領域的博士生交流以及對話空間。

此外，讓我最印象深刻的是荷蘭各大學之間的頻繁交流，例如我們系上的研討會，往往可以看到阿姆斯特丹大學、烏特勒支大學，或是某些非文學文化研究領域的學者和學生來參與。同時，我們也常見到不同學校教授共同指導一個博士生。例如我最初在與指導教授討論我的研究主題之後，他就表示阿姆斯特丹有另一位老師在做相關研究，建議我和她聯絡請教。於是我半信半疑地寫信過去求教，想不到老師竟然很開心地跟我約面談時間，不但對我的研究表現濃厚興趣，還提供不少相關的研究資料和研討會訊息，甚至主動提議幫忙修改我寫的文章。這一切實在是令人受寵若驚，也讓我對於荷蘭研究者開放的態度印象深刻。

荷蘭人的內心話

看到這裡，似乎荷蘭的語言教育環境和體系完美之至。不過，荷蘭人的語言能力真的有像我說的那麼好，不但精通多國語言、態度又那麼開放嗎？某個荷蘭朋友對我描述的完美景象提出了質疑，她認為這種印象有一大部分來自於刻板印象，就像大家覺得法國人高傲、德國人冷酷一樣。事實上，歐洲國家目前會講最多語言的是盧森堡人，他們境內有92%的人口通曉兩種外語，荷蘭則是以75%排名第二。此外，荷蘭人也並非全都操著一口流利的英語，但有趣的是，因為大家都覺得荷蘭人英語講得好，所以他們乾脆將錯就錯，毫無顧忌地跟外國人說英語。另一個論點是，荷蘭人愛跟外國人說英語其實是在區隔你我，當外來者沒機會練習荷文，會說荷文的就是自己人，而外國人也永遠別想打入荷蘭人的圈子。

這個朋友說的也不無道理，但法國人區別你我，是拒絕學習英語，荷蘭人區別你我，卻是大講英語。能隨時優遊於英語與荷語之間，這是他們的優異之處，況且不論愛說英語是出於什麼動機，至少在雙方溝通無虞的情況下，才有可能進一步搏感情。

所以，荷蘭沒有菜英文，不管是因為荷蘭人務實的基因、還是開放的態度，又或者只是因為他們排外，這些說法都可能代表了一部分的荷蘭。至少荷蘭人的英文程度是方便外國人前來旅遊、念書與生活的。而他們在操著一口流利英語的同時，對事物也懷抱著開放的態度，讓你深刻體會到多元與自由學風。我們未必要有那般流利的語言程度，荷蘭也不一定要是我們的標竿或學習榜樣，但是透過語言的連結，我們的確可以更容易也更深入感受到荷蘭的特色和風情，久而久之，我們更能建立起自己觀看荷蘭的角度，而非茫然追隨著眾人的意見。這或許是我來到荷蘭的最大收穫。

---

1. 經研究報導，荷蘭人平均身高世界第一，我的荷蘭室友許多都高我兩個頭，看起來相對嬌小的女生竟然也有170公分，害得155公分的我在這裡坐馬桶常常腳踩不著地，即使是共用浴室裡的鏡子也只能看到自己的額頭，在荷蘭根本就是哈比人一隻。

2. 在雅思測驗的評比中，臺灣依舊不太前面，相關的調查其實有很多，排名或許略有不同，但不變的是臺灣總會落在中後段。

十三・荷蘭沒有菜英文

ALL DUTCH
PEOPLE
SPEAK
ENGLISH

10 PHOTO | 阿姆斯特丹街上隨處可見的藝文活動海報

11 PHOTO | 阿姆斯特丹街上的壁畫

IF THE DOG
IS NOT HOME,
IT'S ON THE WAY
TO THE
COFFEEHOUSE

the welfare system for the companion animals in the netherlands

14
CHAPTER

狗兒不在家，就是在往咖啡廳的路上

14
CHAPTER

IF THE DOG IS NOT HOME, IT'S ON THE WAY TO THE COFFEEHOUSE :
the welfare system for the companion animals in the netherlands

「一個社會的文明程度，取決於這個社會的成員如何對待其他
的生命以及自然環境。」——荷蘭動物黨

江明親・文
荷蘭萊登大學文化資產研究博士候選人

在荷蘭，狗兒是可以上捷運和公車的；只要買張票，就可以大大方方占個
位置，與主人同進同出。在荷蘭，你還可以看到貓兒自在地翻牆越窗，到鄰居
屋內玩耍、吃點心、交朋友，幾個小時後再回家吃晚餐。牠們從來不會見人就
逃跑，如果不幸進了收容所，也絕對不會因為超過期限沒人領養就被處以安樂
死。要是有急診重症，不但有動物救護車可以接送，還有全歐洲最大的動物醫
院為牠們治療。此外，主人得為狗狗繳稅，以示負責；還可以幫牠們投保，讓
牠們安心享有醫療服務。這裡甚至有全世界第一個進入國會的動物黨，以「改
善動物在荷蘭社會中的地位」為目標而努力。最重要的是，在這裡，動物是不

能隨意買賣的，公私部門合力防止任何無辜的生命在櫥窗裡扮演可愛的小寵物之後，會因為年齡太大無人購買而遭遇生存危機。

從古老的時代開始，荷蘭人和他們的動物朋友就是緊密相依。而在今日的荷蘭，狗兒貓兒更是荷蘭人的重要伴侶，不但相互尊重關心，更一起幸福地生活。在咖啡廳、超市、火車上，在適合奔馳的綠地公園裡，荷蘭的狗兒耐心陪伴家人，家人也不離不棄。而荷蘭的貓咪，常常用懶懶的眼神望著你，安心而悠閒，不必為了生存而流浪，弄得又髒又病。

與臺灣流浪貓狗滿街、虐待事件經常可聞卻無對等法令可管的情況相比，荷蘭的「伴侶動物」（companion animals）在荷蘭社會中顯然活得更有尊嚴。我們不禁要問，動物在人類社會中的問題，究竟是動物的問題、法令的問題，還是人類社會的生命教育出了問題？

我的貓鄰居與荷蘭街貓

剛到荷蘭認識的第一個鄰居，是老在我們院子裡曬太陽的胖貓咪班諾。吃過臺灣來的干貝和蝦米之後，班諾成為每天來訪的常客。聽班諾的媽媽說，班諾固定每天早上出門，在這個住宅區吃過一輪之後，於媽媽下班返家煮晚餐的時刻準時回家。之後，我開始注意到荷蘭的街道上常有許多貓咪悠閒地散步，和臺灣街頭骯髒瘦小、看到人接近就逃竄或抓狂的貓咪相比，真有天壤之別。

這使我想起一位外國友人的話：「如果臺灣的貓咪那麼不親近人，我想是因為牠們沒有得到善待吧？」

荷蘭沒有流浪狗的問題，至於貓兒，由於植入晶片的比例較低，走失後較難以追蹤，因此流浪貓仍是許多動物組織關注的對象。荷蘭每年約有2萬5000隻狗兒走失，同時卻有4萬5000隻貓兒正在流浪。

荷蘭雖有完善的動物庇護所，但是仍有許多貓咪無法適應庇護所或人類家

1 <small>BOX</small> | 一張來自貓鄰居的聖誕卡

親愛的K和W：

我請我的主人幫我寫這封信。我超想念妳們的！妳們怎麼突然搬家了！

我好想念每天下午去妳們家拜訪的時刻，還有那些好吃的點心！

我還是很期待妳們會搬回來，所以每天都會去看一下妳們在不在。只是門都關著，好可惜！

我的主人告訴我，妳們現在住在鹿特丹，而且那裡沒有像我這樣的貓！

但是，既然妳們想住在那裡，我還是祝福妳們過得愉快。

我希望妳們找到很讚的公寓。不過我沒辦法去拜訪，因為實在太遠啦！

祝福妳們聖誕快樂、新年也健康又快樂喔！

Love,

班諾、A和J（妳們的前鄰居）

P.S. 我把我的照片寄給妳們，這樣妳們就會一直記得我。

1 <small>PHOTO</small> | 班諾寄來的卡片

庭，被迫留在街頭生活。一般來說，荷蘭人對於街貓的態度相當友善，他們不贊同捕殺，但是街貓的數量過多仍可能對社區造成影響。因此荷蘭最大的保護動物組織DB正全力推動「誘捕－結紮－放回」（TNR）的方法，讓街貓數量得以在沒有生命威脅的情況下得到控制。

對於那些因為個性或疾病而無法與人類共同生活的貓咪，有的動物庇護所也為之提供永久收容機制。另外，如果流浪貓咪已在一個社區中生養眾多，還可實行「農場貓計畫」（The Farm Cat Program），先將牠們集體誘捕，再移到當地的合作農場或露營車公園，讓牠們在那裡安居樂業，如此農場也相對得到了驅趕老鼠的小幫手。

荷蘭狗兒搭公車

在臺灣，帶狗兒出門常得躲躲閃閃的，如果要上公車或捷運，不但得關進籠子，還可能遭司機或乘客白眼；至於體型稍大的狗，更是別想上車。然而，荷蘭的狗兒是可以大大方方坐在車上的，而且身旁乘客還會不時對著牠們微笑，這畫面真是讓人既感動又羨慕。

在這裡，只要記得為你的狗兒買張票，就可以正大光明一起搭車，不必可憐兮兮地和貨物關在一起。如果想帶著伴侶動物在歐洲旅行也是可能的，記得為他們申請一份「歐洲寵物護照」！

除了交通運輸工具，我們還常常可以在咖啡店、商店、海邊或是公園綠地看到狗兒的身影。當地政府還會在熱門的散步路線放置狗便專用垃圾桶和免費集便袋，但大部分的主人都會自行準備。此外，即使是在大都市，荷蘭的狗兒也不愁沒有地方跑跳，因為城市的公園都會規劃出一塊能讓狗兒放繩奔馳的區域。當我親眼看到陽光下一會兒衝進水塘、一會兒又飛衝到草地和其他夥伴玩鬧的狗兒時，心中感受是既快樂又酸楚，一方面覺得荷蘭的狗兒過得好開心，一方面不禁想起在臺北帶著狗在公園中不斷被管理員驅趕的過往。當時還遇見一個外國人帶著狗，愁眉不展地問我：「在臺北，究竟有沒有可以帶狗散步的地方？」

2 BOX | TNR制度（Trap-Neuter-Return誘捕-結紮-放回）

你知道嗎，家貓的壽命通常是12~17歲，但臺灣的街貓平均壽命僅有4年。街頭生活充滿危險，為了活下去，街貓經常必須打架、躲避其他動物的攻擊，且飽受受傷和疾病的威脅。TNR是一種人道而有效的方法，來讓街貓的數量得到控制：

1. 以引誘設置（例如籠子裡放置食物）將街貓誘入。

2. 為誘捕到的貓咪結紮，並且確認身分，登記之後（可能剪耳作記號）放回原來的生活區域。

3. 如果貓咪無法回到原來的區域居住，其他選擇是：移到其他居住環境（例如農場）、移到永久收容的庇護所、進行「社會化」教育，使牠們能夠適應和人類相處，然後為牠們尋找收養家庭（尤其是幼貓）。

4. 如果貓咪順利回到原來的居住地，也會有人持續餵養，並且追蹤牠們的狀況。

5. 在荷蘭，為街貓剪掉耳朵一小角做記號是合法的（但其他侵犯動物身體的行為是不合法的，例如為了造型幫小狗剪耳剪尾巴），主要是用來避免同樣的貓咪被捉到兩次。

2 PHOTO | 將貓咪誘捕後，結紮再放回，以此控制街貓的數量。

荷蘭人的動物觀

　　荷蘭人和狗兒的親密關係，可以追溯到史前時代。踏進荷蘭的考古博物館，經常能夠發現史前生活的圖像裡已經有著狗兒與人類相伴的身影。而這樣親密的形象，在鎖國時代的日本人眼裡，感覺更是奇異。他們畫下這些頭一次見到的古怪外國人，除了頭戴誇張的大帽子、腳蹬詭異的高根尖頭鞋之外，畫中人物還經常有隻狗兒相伴——跟在男主人旁邊，或是被抱在女士手上。荷蘭人為什麼老是把狗當朋友、像小孩一樣帶來帶去，大概是當時日本人心中一個很大的疑問。

世界第一個進入國會的動物黨

　　荷蘭擁有全世界第一個以動物福利為訴求、並在國會中占有席次的政黨。荷蘭的「動物黨」（Partij voor de Dieren）成立於2002年，主要理念是「改善動物在荷蘭社會中的地位」，希望能夠激起大眾關心動物受到的待遇，並改變人類對動物的態度：我們不能再以人類自身利益為出發點來思考動物，而應該以動物自身利益出發；而如此改變也會對人類和環境有所助益。

　　動物黨在2003年荷蘭國內的大選中獲得0.5%（亦即五萬票左右）的支持；而2004年歐盟議會的選舉中，得票率為3.2%（約15萬3000票），兩次都以些微差距落敗。然而以一個年輕政黨而言，動物黨的支持者成長率卻是荷蘭所有政黨中最高的。2006年，動物黨贏得兩個國會席次；2007年，在省級政府的選舉中一共取得九席。到了2007年6月，甚至出現了第一位動物黨出身的參議員。這些記錄都是世界第一，並且也激勵了其他許多國家成立動物黨。

　　荷蘭動物黨對於政治參與的認真嚴肅，讓人肅然起敬。我們可以從他們的網站（www.partijvoordedieren.nl）看到其關懷的層面既深且廣，從荷蘭各個市鎮的議會、省議會，到眾議院和參議院的議案，只要跟動物權利相關的內容或新聞，都會即刻更新上網。此外，網站還把該黨在各層級選舉的訴求明確列出，並按時回報各地區所推動的事務進度。黨主席以及該黨議員，也會在個人部落格中討論責任區域中的動物事務。沒有悲情的訴求、沒有煽動性的言語，只有理念、事實，以及對動物和環境深刻的情感。

3 │ PHOTO

為狗兒買火車票：
1. 小狗不必買票，但是要坐在籠子或袋子裡，或是主人腿上。
2. 如果是中、大型犬，那麼就得為牠買張一日票。
3. 如果主人買的是年票，狗兒不論體積享有免票優惠。

4 │ PHOTO

荷蘭的動物黨，這可
是在國會中占有席次
的政黨。

荷蘭的伴侶動物福利制度

1860年代，臺灣還是清國轄下的邊境小島，自己和世界的形象還未成型；然而當時的荷蘭，就已經開始思考其他生命的權利和福祉了。

動物保護組織

早在1864年，荷蘭就有了全國第一個爭取動物福利的民間組織「荷蘭動物保護協會」（De Dierenbescherming；簡稱DB）。二十一世紀的今天，DB已經擁有20萬名會員，是荷蘭最大的動物保護組織。DB關心的範圍，除了伴侶動物，還有農場動物、野生動物以及實驗室動物。經費主要來自於捐款和樂透彩基金，而非政府補助。

DB不僅藉由發動議題來爭取動物權利，還真正涉入實際發生的日常事務，包括動物援救、公眾教育，以及動物機構的動員、訓練和財務支援等。由於牽涉的事項廣泛，因此需要密切合作的機構也不少，例如動物警察（動物稽查保護組織LID）、動物救護車，以及將近五十所的動物庇護所；除了伴侶動物之外，還支持各個小型保護動物組織（例如復育瀕臨絕種鳥類等單位），提供財力和人力幫助。DB也組織兒童會員，並且舉辦動物急救訓練課程、狗和狗主人教育課程等公眾教育。

荷蘭的動物保護如此成功，成熟的民間力量是主因。當動物相關問題發生，各個民間組織層層相扣、密切合作，使得問題能夠細緻地解決。例如，若有民眾發現小狗受虐，首先可以撥打緊急救援專線給動物警察，該機構受理後便由當地區域的辦事處和公部門接手處理，接著可能出動動物救護車，並送往動物醫院或庇護所。倘若家中動物走失，也有專責動物協尋的機構可以求助。各種照護範圍涵蓋寬廣細緻，而且能互相支援，加上荷蘭社會普遍對於動物福利具高度認同，使得動物福利在理念上和實踐上都能有綿密而深入的發展。

動物庇護所

荷蘭第一座動物庇護所成立於1877年。目前全荷蘭每年大約有七萬隻流浪貓狗入住庇護所，而其中90%被順利領養。大部分的庇護所都是由民間經營，有專門收容狗、貓的，也有專門收容特殊動物的機構。1964年，荷蘭政府也頒布

5 PHOTO | 荷蘭史前生活圖像中，就有狗兒與人類相伴的身影。

6 PHOTO | 現今荷蘭生活、工作中，依舊有動物陪伴的身影

了法規，對於動物庇護所中動物居住屋舍的大小和種類、必要的預防接種、身分識別和登記等，制定種種規範。

阿姆斯特丹貓狗庇護所

阿姆斯特丹貓狗庇護所聲譽卓絕，不但經營十分成功，建築設計精良也是聞名的因素之一。新建築完成於2007年，考量到都市對於狗叫聲的管制，於是在設計上將狗的居住空間設置於內緣，貓的在外。因此狗吠聲便得以有效阻絕，而內部也有寬廣開放的空間讓狗兒活動，樓板總面積高達8500平方公尺。

事實上，這間庇護所早在1901年便於阿姆斯特丹成立。它雖然是阿姆斯特丹市內最大的動物庇護所，但並未接受政府的財政資助。一百多年來，他們都堅持以自募款項和自闢財源來維持貓狗的生存環境，該機構的公關主任瑪莉恩（Marion Agema）在受訪時表示，如果依賴政府補助，很容易受到政黨改選或政治生態的影響，反而無法穩定實踐該機構的理想。因此他們寧可維持民間獨立的角色，站在監督政府的立場，而他們也有自信，既然已經如此經營了上百年，未來也可以一直持續下去。

占地廣大的庇護所，目前住著170多隻狗，和460多隻貓。和臺灣動輒數千上萬的數字相比，荷蘭貓狗能享受到如此大的空間實在幸福。然而，收容動物的數量可以壓到這麼低，除了百年來的努力，跟庇護所對於自身存在的認知也有很大關係。庇護所內的動物如果只進不出，就得重新思索經營方向。一個庇護所存在的目的，應該是使庇護的動物能有所終、有所養，因此為牠們找到能夠安心終老的家庭和環境，才是最重要的目標。如此看來，公眾教育以及積極的送養計畫，才是控制所內動物數量的正確方法。沒有成熟的認養群眾，就不會有營運穩定的庇護所，流浪動物問題也只會越來越嚴重。瑪莉恩表示，當務之急，應是為街頭動物結紮和進行公眾教育，而不是花大錢興建許多收容所。

收容原則：絕不殺害

這裡的收容管道主要有三：第一類是流浪動物；第二類是主人送來的；第三類則是警察送來、受到不當對待或是受忽視的貓狗。

荷蘭動物收容所秉持的一貫原則是，除非有醫療上的需求，或是動物具極度

7 PHOTO | 庇護所中的狗兒，依舊有寬廣開放的空間得以活動。

8 PHOTO | 阿姆斯特丹貓狗庇護所的建築設計精良，不但場地寬廣，亦能有效阻絕狗吠聲。

危險性，否則絕對不會因老、病、醜而處死動物。瑪莉恩說，即使狗貓失明、殘障，庇護所都會全力為牠們尋找願意收養的主人。一些合作機構也會協助安排庇護所無力安置的動物。例如有些貓極具野性、完全不社會化甚至討厭人類，牠們無法住進人類家庭，回到街頭又太危險，那麼就會被送到坐落於森林裡的永久性收容所，遠離人群自在生活。又例如有些身患重病的老狗，也可能會被安置在永久性的收容所安享晚年。

　　這些流浪動物在進到庇護所十四天之內，依法屬於地方政府的權責，負責支付寄養經費。十四天之後如果仍然找不到原飼主，貓狗的所有權便移交給庇護所，寄養經費也轉而由庇護所負擔。

有頭腦的積極經營

　　為了自籌經費，庇護所也開辦了寵物旅館Pets and Breakfast，名稱和我們一般民宿B&B（Bed and Breakfast）有異曲同工之妙。庇護所雖然有贊助單位支持和市政府給付的寄養費用，每年仍有五十萬歐元的經費缺口，因此如何增加財源，是庇護所的重要課題。寵物旅館是一個方式，未來也可能開辦寵物美容。

　　此外，庇護所也很積極為寵物尋找曝光的機會，他們會為送養的狗兒貓兒撰寫故事刊登在報紙上，希望打動人們前來認養。庇護所裡每個動物朋友都有自己的檔案資料讓來訪者認識牠，而裡面的專職公關和行銷人員，不僅努力於推廣認養業務，也積極地對一般民眾和政治人物進行教育。瑪莉恩在談話中對於動物的熱愛溢於言表，無時無刻不希望為牠們爭取更好的環境。這種發自內心的情感，或許就是能夠成功經營庇護所的原因。

動物警察：動物稽查保護組織

　　發現動物受虐時，第一件事就是撥打動物稽查保護組織（LID）提供的緊急電話。LID雖然是非官方組織，但是和警察及國家農業主管機關密切合作，擁有遍及全國的服務網絡，角色就像是為動物爭取正義的動物警察。LID在受理不當對待動物的案件時，會依據荷蘭動物福利法訴以罰金，也可以動用公權力強行沒收動物並另行安置。稽查人員有專職也有志工，經費來源只有部分為政府補助，主要還是來自捐款和「荷蘭動物保護協會」提供的預算。

3 | 阿姆斯特丹貓狗庇護所
BOX

名稱：阿姆斯特丹貓狗庇護所（Dierenopvangcentrum Amsterdam）
收容對象：狗和貓
機構人員：三十五名正職人員（含兩位獸醫、一位動物行為學家、一位執行長、一位行銷及公共溝通、一位財務、兩位行政助理，以及動物輔育員），還有一百多位志工協助營運及蹓狗等工作。
監督單位：另聘有顧問團，針對營運及組織方針進行監督和審核。
經費來源：一年約需150萬歐元（約臺幣6000多萬）。收入部分來自阿姆斯特丹市政府依法為流浪動物支付的十四天寄養費用；部分來自寵物旅館收入；其餘大部分來自私人捐款及大眾募款。

動物醫療

　　荷蘭擁有全歐洲最大的動物醫院，以及名列世界前五名的獸醫教育單位。烏特列支大學獸醫學系是荷蘭唯一一間提供獸醫教育的單位，附屬的三所教學醫院（伴侶動物醫院、馬醫院和農場動物醫院）更是美國之外最大的動物醫院。

　　除了動物醫療和研究，動物醫學倫理也是必修學分。四年級學生必須修習「動物醫療與社會」，其中包含三個層面：動物倫理學和獸醫倫理學；動物醫療法律；具爭議的的動物醫療。藉由討論實際案例來訓練學生，希望他們未來執業面對道德兩難的問題時，能夠具備獨立思辨的能力。

動物救護車

　　荷蘭動物救護車聯盟（Federatie Dierenambulances Nederland，縮寫FDN）成立於1993年，但是動物救護車的觀念以及實踐在此之前早已存在。FDN是個聯盟網絡組織，會員則是各地的動物救護車單位。成立之初便有三十一個動物救護車成為會員，之後還有更多單位陸續加入。如今FDN遍及全國，只要點選網站上的地圖，就可以找到所在區域的救護車聯繫方式。動物救護車除了載送受

傷或生病的寵物，也協助載送野生動物。而救護車的工作人員也擁有急救的專業技術，如果動物有緊急狀況，還可進行第一線的醫療救助。救護車機構的經費主要來自於大眾捐款以及政府單位的補助。

關於狗和貓的法規

荷蘭在1870年代即有相關法令，歷經種種演變之後，於1992年正式通過〈動物福利法〉（Animal and Welfare Act）修正案。該法令涵蓋對於動物身體的干涉、殺害、住宿環境、繁殖、將動物作為獎品或者在競賽中使用動物等行為之規範；此外，針對生物科技、具攻擊性的動物、畜牧動物的養殖、動物出口、監督和偵查等方法也訂定了規約。立法精神從對於人類的益處，逐漸轉變為強調動物本身的價值，因此諸如為了人類商業利益考量而對動物進行手術等事宜，都是違法的。2002年時再度修訂部分條文，其中與貓狗有關的重要內容如下：

－造成動物傷殘的行為是違法的，例如去尾和剪耳。
－對於販售、安置伴侶動物有嚴格規定，例如動物收容所、犬舍、繁殖者、交易商，還有販售貓狗的寵物店等，都有強制法令加以管控，並執行年度檢查。
－在街頭或市場販賣動物是違法的。要販售動物都必須領有執照。
－販賣動物的處所對於安置動物有嚴格規定，且動物不能單獨安置。
－寵物店裡的狗每天必須至少在戶外兩個小時。
－所有販售、領養或重新安置的動物都必須植入晶片並注射疫苗。

由於規定嚴格，荷蘭販售狗和貓的寵物店不超過十家。大部分想養貓養狗的人都得從動物庇護所領養或向有執照的飼育動物者購買。

在荷蘭養狗

在荷蘭養狗，得繳「狗稅」（Hondenbelasting），而稅額則依照地區規定以及一個家庭擁有的狗兒數量有所不同。因此在狗狗入住後兩週內，一定要到居住地的市政府登記。貓咪則不需要繳稅及報到。此外，每個城市對於狗兒和飼主也有不同規範，例如海灘開放狗兒進入的區塊和時間，以及牽繩和放繩區域的

規定等，最好事先了解，免得遭罰。海牙市政府就明令宣告，出門散步的狗主人如果沒有隨身攜帶可以撿拾糞便的工具（紙袋、塑膠袋或便鏟），就要開罰60歐元（約2500臺幣）。

另外，想養狗，就得到動物庇護所領養，或者向合法的培育者購買，一般寵物用品店和市場是買不到的。每隻狗都得植入晶片、登記並施打規定的疫苗。在庇護所領養動物還需繳交領養費用，以示為新的家庭成員負責。如果擔心動物醫療所費不貲，還可為狗兒投保，以備不時之需。

社會的文明程度，取決於對待其他生命的態度

表面上的荷蘭，既不方便又沒有效率，例如到了晚上就買不到東西、辦事人員老在度假、下班時間一到立刻回家……，但生活在裡面的人民，卻擁有超高的幸福指數。這是什麼原因？從我在這裡的動物朋友，以及關心這些動物朋友的人類朋友身上，我發現，這是一個能夠安居的社會。

這個社會中，民間機構各司其職、彼此合作；成熟的公民群眾也給予足夠的支持使他們能夠獨立運作、發揮力量監督政府；而公部門開放的態度，以理性面對論辯和質疑，使政策法令理念都能更符合文明的理想性。荷蘭的動物黨這麼說：「一個社會的文明程度，取決於這個社會的成員如何對待其他生命以及自然環境。」能夠尊重無法發聲的弱勢，以同理心對待生命和自然，也就會以同理心看待人類。這或許就是幸福社會的祕訣吧。

※感謝：阿姆斯特丹貓狗庇護所公關主任瑪莉恩（Marion Agema）的熱忱解說，以及對臺灣動物民間組織的鼓勵！
※照片來源：江明親、許維蓉

FLOWERS BELOW SEA LEVEL

innovation and dutch spirit

15

海平面下的花花世界 | 以創意和專注打造出的花卉大國

FLOWERS BELOW SEA LEVEL : innovation and dutch spirit

> 美麗花朵盛開的時間何其短暫，但是荷蘭人團結合作、注重品
> 質、講究效率和開發創新的精神，才是隱藏在驚人銷售數字下
> 的恆常價值。

呂崇真・文
美國北卡州大花卉博士
荷蘭育種者權利基金會，荷蘭自由大學阿茲海默中心

論面積，荷蘭是小國，但一提到花卉，荷蘭便成了大國。

荷蘭緯度高、自然資源又少，對於花卉成長並不是最適宜的環境，但這個五分之二國土面積位於海平面以下的爛泥小國，每年出口的鮮花和溫室蔬菜卻高達數十億歐元。究竟是什麼原因，讓這個地小人稠的荷蘭，稱霸世界的花卉產業？荷蘭過去在花卉的種植和經營上，又做出了哪些努力，才能無中生有創造出如此優異產品、並且行銷到世界各地？

永恆的春天：溫室栽培出的花卉產業

拜洋流之賜，荷蘭緯度雖高（首都阿姆斯特丹位於北緯52度），相較於北緯44度的北海道以及北緯53度的中俄邊界等冰天雪地之處，荷蘭的氣候可謂相對溫和。夏天不需開冷氣，冬天也鮮少低於0℃，對於白天進行光合作用、入夜後進行呼吸作用的植物來說，這種氣候正適合植物生長，因入夜後的和緩低溫適足以儲存白天生產的養分。

以玫瑰為例，這種環境下栽培出的長莖玫瑰，花梗粗、花莖長、花色豔麗，瓶插壽命也長。相較於在南方栽培的同樣品種，夜裡溫度高，消耗比儲存得多，生長品質就不如夜裡低溫環境生產出來的產品。

然而光靠氣溫上的優勢，並不足以支持荷蘭的花卉榮景。要生產出大量且品質穩定的花朵，得有穩定的溫度、濕度和比例適當的日照。溫室在此扮演了關鍵性的角色。

1850年，荷蘭興建第一座玻璃溫室。當時種植的是葡萄，然後逐漸發展到食用蔬果以及觀賞用的切花和植物。當時正值工業革命後期，生產者得在有限的土地上投注高密度的人力和技術以獲得最高收益，於是溫室栽培開始興起，而玻璃溫室所組成的玻璃城也開始聞名於世。

新鮮收成的蔬果花卉利用水路和陸路迅速運送往鄰近城市，漸漸形成物流網，花卉產業也因此迅速發展。同時，荷蘭還發展出獨特的拍賣市場，位置就在後來的史基浦機場附近。透過強大便捷的運輸系統，鮮花能在最短的時間運送到鄰近地區甚至鄰國，採收後六小時就可以在紐約街頭公開販售。

目前玻璃溫室以栽培切花為最大宗，由玫瑰花拔得頭籌，其次是菊花、百合、非洲菊和蘭花等，全年供應超過五千種鮮花、兩千多種盆花。至於荷蘭的代表花卉鬱金香，其球莖是露天栽培，無需溫室設施，但若要全年穩定提供高品質的新鮮鬱金香，還是得依賴溫室栽培了。

FLOWERS
BELOW
SEA LEVEL

1 PHOTO | 整齊壯闊的花田，是荷蘭鄉間的代表性景致。

2 PHOTO | 而溫室裡的春天，在荷蘭也已盛開了150年。過去主要栽培食用蔬果，現今則以觀賞用植物為大宗。

每年春天，會有近百萬名遊客造訪庫肯霍夫鬱金香花園。這是全球最大的鬱金香品種展示中心，園內有450萬株鬱金香、上百個品種，再加上其他球莖植株，總數超過700萬株。

目前荷蘭每年鬱金香產量超過30億個，其中三分之二外銷，以美國和德國為最大宗。從3月起持續到入夏，從空中鳥瞰荷蘭鄉間，一道道花田就好像是小孩用鮮豔的蠟筆在地上塗出紅黃藍白和粉紅各種色塊，主要產區分布在花田區（Bollenstreek）、南荷蘭省、北荷蘭省以及弗萊福蘭省等地。

在北荷蘭的歷史球莖公園（Hortus Bulborum）基金會收藏各種球莖花卉，共有2500種以上的鬱金香和其他1000多種的球莖花卉，乃世界最大基因庫。在那裡，原始種的鬱金香和育成的栽培種放在一起，很容易就可看出數百年來育種家辛勤努力的成果。

鬱金香新品種的育成不易，要先採取合適的父母本花粉和花蕊雜交，而從種子開始培養、選拔、確認新品種，至少要花3~7年的時間。鬱金香無法快速大量無

為避免病害，鬱金香球莖不能一直種在同一塊地裡而要輪作。夏末採收處理，秋天整地後埋入地下，準備過冬。

2 | 暖處理後,在溫室裡發根和催花芽。

性繁殖,新品種只能從母球繁殖小球,而一個母球莖一年只能分生出三個小球莖。鬱金香一般適合生長在冷涼的氣溫中,通常是10~11月種植,4~6月開花,等開花確定花色之後,花農就要把花打掉,以免浪費養分。鬱金香會在田裡繼續生長8~10週,讓新的球莖儲存足夠的養分,提供來年開花所需能量。

3 | 透過暖處理和冷處理的交互調節,控制球莖生長速度和花期。

花農在田裡栽培高品質球莖，收成後清理揀選，然後置於20℃的環境讓球莖內部的花芽發育完全，一般約在8月中下旬就可以販賣球莖，也可以再由田間栽培繼續繁殖，或是經由鬱金香切花溫室促成栽培（tulip forcing）的程序生產切花。

4 | 溫室促成栽培，供應全年和節期所需切花。

促成栽培指的是透過調節生長條件來操縱花卉生長發育以及開花時程，以供給市場所需。每到節日，鬱金香的需求量便暴增。為了供應聖誕節、新年、復活節甚至國慶日等節慶的需求，鬱金香切花的生產也進入工業化生產程序。

首先要揀選對溫度調節敏感的品種，依市場需求和品種安排計畫生產。通常是先將球莖置於23~25℃的環境下進行暖處理以延遲花期，然後再於17℃的環境中維持兩週，接著再以9℃冷處理約10~12週，然後就可以整理放進栽培的容器裡開始催花，如此便可在1月以後開花。

5 | 採收後整理分紮等著送入拍賣場的切花。

若為配合聖誕年假需要在1月前開花，就不進行暖處理，而是施以12~14週9℃的冷處理。若要調節至春天正常開花，就把球莖放置在低於9℃甚至0℃以下的環境裡。花農根據對品種的經驗，透過控制球莖的儲藏環境，便可達到全年都有鬱金香切花供應。

至於鬱金香切花的價格，1~3月由於氣溫低而一般花卉生長不易，此時溫室鬱金香恰可補足市場上的缺口，因此價格大約一支一毛三。4~5月進入花季，市場競爭大，鬱金香價格走低，跌到不到一毛錢。暑假產量非常低，價格甚至攀升至接近一支兩毛錢。進入秋季，產量開始增加，價格也就回跌到約一毛五。

根據拍賣場的統計，紅色鬱金香最受市場歡迎，占交易量三分之一以上，其次是粉紅色和黃色，約各占五分之一，然後是白色，占十分之一。至於價格，平均皆約一支一毛五，倒是比例不到總交易量0.1％的綠色和灰色鬱金香，行情卻很看俏，綠色平均一支兩毛二，灰色的則高達一支五毛錢。

荷蘭鬱金香產業能配合市場需要，年年生產高品質的產品。花農專心生產，育種家則專注培育新品種，讓品種不斷推陳出新；專業律師則為育種家收取權利金；檢疫專家專事農場檢疫，而物流業者則在最短時間內將花卉由農場運到拍賣場。拍賣場在包裝和集貨之後，很快就將花卉運送到市場和消費者手中，並讓貨款在最短時間裡劃進帳戶。結構嚴謹、分工成熟的花卉產業，正是荷蘭人掌握世界花卉產業的主因。

6 鬱金香田間栽培，壯麗的花田是荷蘭春天鄉間特徵景色。

環環相扣的花卉產業

　　單靠溫室栽培，還不足以讓荷蘭成為花卉產業的龍頭。溫室中該種哪些植物？成本該如何控管？通路該如何搭配？相關垂直和平行產業是否能漸趨成熟和專業化？這些都是攸關產業升級的重大因素。

　　荷蘭花卉產業發展的趨勢是分工日益精細，例如藉由調節玻璃溫室內的光線、溫度、濕度與二氧化碳，提供花卉最佳生長環境。如此精密控制下的產品自然會是最佳品質，不但市場反應良好，技術和品質亦臻顛峰。因此一個農場常常只栽培單一品項甚至單一品種，或是集中於生產過程中的一個環節。

　　荷蘭花卉產業的另一項特色是自動化。只要能標準化、以機器取代的重複性工作，就不再以人工處理，如此不但提高產量，也可控制品質。舉例來說，荷蘭母公司裡的生產專家可以透過植物生長記錄器，監控世界各地栽培產品的狀況，舉凡溫度、光線、濕度、水分、空氣品質等，都可以掌握遙控。如此一來，倘若位於臺灣的合作夥伴所在地上空飄過一片雲，荷蘭母公司馬上可以測知栽培區的防曬網是否自動移開，若故障就會提醒當地人員立即修復，以確保植物有最佳生長環境。

　　此外，荷蘭也有優良的生產文化。在嚴酷的競爭下，規模較小的生產者得找到合適的經營策略，它們通常會專精於某項技術，並發展至無可取代的地步。具備專業技術的生產者（如育種、育苗公司）之間，則各自發展專長，避免惡性競爭，甚至分享資源、一起合作。此外，荷蘭農業教育也分成中、高和科學研發三個層級，從理論到實務分層訓練不同專才。再加上協會和產銷班的積極配合，整個產業可謂連結緊密。

　　然而，荷蘭花卉產業還得面對強勁的對手：歐盟其他會員國。地中海沿岸國家如西班牙或義大利等，光是憑著燦爛的陽光、溫暖的空氣加上低廉的勞工，都足以打敗荷蘭的花卉產業。尤其近年來的全球金融危機，更使得整個歐洲花價一路下滑，至於花卉的生產成本卻隨著油價和全球能源價格節節攀升。能否有效開發利用能源，乃決定花卉產業生死存亡的關鍵。

3 PHOTO | 溫室植物上方的能源系統，可以監測溫度和濕度，以灑水、通風或遮蔭來自動調節。

4 PHOTO | 溫室植物下方的土壤監測系統，以調節土壤品質。

荷蘭花卉的能源利用

荷蘭生產天然氣，相對於其他能源，算是價格低又易取得，因此溫室加溫系統60%以上都以天然氣為主。然而近來各類能源價格不斷攀升，溫室生產業者也不斷嘗試以各種方式來節能，例如遮陰、加強隔熱設施、尋求價廉的替代加溫系統以及增加照明效率等。此外，也會利用生長監測設備自動化控制通風及溫度，夏季在溫室屋頂噴漆，甚至嘗試汽電共生這種方興未艾的能源系統。

汽電共生系統： 汽電共生系統是以處理生物性廢棄物時附帶產生的熱能或蒸氣來發電，不但可大幅節省能源，餘量還可賣給電力公司。電力公司負責定期維修，也可再回賣電量。以至有時業者會無奈地表示，玫瑰的價格這麼差，電價節節升高，賣電力比賣玫瑰的收入還好些呢。

目前荷蘭溫室汽電共生系統所生產的電量約占總電量的30%，政府不但立法免除使用汽電共生業者的燃料稅，更獎勵對環境友善的生質發電設備，並對小規模的企業提供較大優惠。汽電共生系統預期在2014年會達到最高峰，然後被太陽能和地下水的調節系統超越。

太陽能板： 太陽能發電一直是替代能源方案中，最受長期關注的發電技術。目前荷蘭使用的新技術，可完全供應四公頃大溫室所需用電，不需天然氣輔助。這些太陽能板的紅外線吸收效率和電能轉換效率都有長足的進步，且可隨太陽方向轉動。目前太陽能發電仍在測試階段，預計五年內可推廣到溫室使用。

生質能源系統： 除了太陽能，廢熱是認為最值得回收的再生能源。在荷蘭，可分解廢物所產生的生物氣體來源，是以糞肥、甜菜、柳樹等樹木和草木，甚至污水和都市生物性廢物為主。這些有機物質經發酵或無氧作用之後，會產生甲烷和二氧化碳等沼氣。甲烷燃燒之後只會產生二氧化碳和水，比燃煤清潔，而二氧化碳排放量也較低，因此這個方法頗為流行。

小型加熱器： 順應節能潮流，有的荷蘭公司會使用新型的小型加熱器，它不需要維持在固定溫度，因此可以降低瓦斯用量，節省約25%的能量。再加上它還可以降低大型幫浦和風扇的使用，產生的二氧化碳也可於密閉的溫室內提供植物碳源，以每台約1萬1000歐元的價格來看，節省的成本在四年內就可以回收。

恆溫地下水：荷蘭人也抽取地下20~60公尺深、常年保持在15~20℃之間的地下水，來維持溫室的溫度，每年用量約300萬立方公尺。缺點是會影響地下水的水位，且需申請許可，手續麻煩。目前荷蘭已有蝴蝶蘭栽培溫室是完全利用地下水來調節溫度，白天用來降溫，晚上用來加溫。

發光二極體（LED）：相較於常用的螢光燈或高壓鈉燈等照明設備，發光二極體較省電、光度大、較不會發熱，而且體積小、壽命長、穩定度高，還可以調整光質和光量，因此是目前較環保的人工光源。

發光二極體目前的缺點在於目的技術尚未成熟，然而在這樣的情況下，荷蘭依舊有不少業者積極投資並且在溫室內進行試驗，例如有蝴蝶蘭生產業者便在300平方公尺的溫室空間內，以發光二極體做為照明。只是測試成果大都不盡理想，不僅與原先預期的節能程度有落差，花果生產的品質和數量也不如預期。即便如此，栽培業者和製造廠商仍密切合作，一般預期早晚會取得最適合的光質、光量、水和二氧化碳的組合，讓發光二極體的應用面顯著增加。

作物輪作和其他技術的應用：在安排溫室生產計畫時，還可運用輪作，把需要高溫的作物安排在夏天，或使用雙層溫室以便控制濕度、二氧化碳濃度及溫度。此外，在人工成本節節上漲的環境中，生產程序都追求自動化，預期在2015年，就可由機器人來採收非洲菊，這將是生產的一大進展。

在激烈的商業競爭和慘烈無情的淘汰下，倖存的花卉生產者，就像是浴火後的鳳凰，生產競爭力更強，造福的不但是業者本身，消費者也同樣受惠，能以最低的價格，買到最佳的產品。然而，除了降低成本、減少能源消耗，這個產業還有更高的門檻。要永續經營，還得和環境和諧共生。

農業和環境的協調發展：荷蘭花卉栽培環保專案

荷蘭農業高度發達，產品的品質和產量已臻顛峰。現階段目標是追求農業和環境的協調，在不降低品質和產量的前提下，盡力做到減少使用化肥，也不污染環境和地下水，同時強調綠色生產力。

FLOWERS
BELOW
SEA LEVEL

5 PHOTO | 花開茂盛的溫室蘭花，可是在精心控制溫濕度以及空氣
成分下所成就的榮景。

6 PHOTO | 水仙百合栽培試驗溫室，在這裡觀察栽培和促進開花的
條件。

在全球化的過程中，產品運輸銷售無遠弗屆，認證因此成為產品買賣中無比重要地一環。不同國家、不同產品、不同體系都有各自的認證系統。「荷蘭花卉栽培環保專案」（Milieu Programma Sierteelt）就是在各國各自為政、互不相讓的情況下，面臨WTO規範下的統一認證制度所考慮的折中方案。而這也是荷蘭在強國環伺的情況下，以小國之姿脫穎而出的實例。

這個環保專案是由荷蘭花卉拍賣市場、西區花卉研究會，以及部分生產者、研究顧問和教育專家於1995年共同創立的，主要三要素包括花卉栽培、環境保護和認證專案。

該專案是以荷蘭的現行生產管理為藍圖，用統一的標準為國內各產地的產品進行認證。由於地區認證是無可取代的，且這套運作邏輯亦盛行於國際或大盤交易，於是買家依照認證下單訂貨，很快就在歐盟市場站穩腳跟。接著，荷蘭繼續將花卉栽培環保專案推行到日本和美國等市場，只要有興趣買賣歐洲產品，自然就會成為夥伴關係。花卉產業的認證制度成功推行之後，就繼續運用相同模式，推廣到蔬菜水果等其他農產品。

這個認證標籤不以生產管理為滿足，還從消費者的角度出發，以清潔、無農藥污染的產品為訴求，並配合環保團體的宣導。此外，荷蘭花卉栽培環保專案也打出業者牌，從花店裡製作花束的設計師、賣場的收銀員、超市裡整理貨架的員工，都要受到無農藥污染的保護。於是，擁護並使用荷蘭花卉栽培環保專案的就不只有管理階層，更深入到花卉產業的各個環節。

荷蘭花卉栽培環保專案十分成功，全世界需求不斷增加，不但大型零售商前來要求認證，貨物追蹤資料也越來越熱門。至於生產者亦十分信賴這個專案的效力和威信，參與其中可增加銷售機會、建立機構形象和顧客忠誠度，並確立市場定位、鞏固同行之間的關係，從而賺取更多利潤。這也是荷蘭花卉栽培環保專案打出的口號：利潤、員工、業務量、合作夥伴、關懷地球。誰說環保一定和經濟發展相衝突？

特殊的智慧財產權：育種家的品種保護權

荷蘭花卉產業的獲益，有精密的計算。獲利的除了種植者和販賣者，育種家亦可藉由權利金分享繁殖和販賣新品種的利潤，這給予他們實質的回饋，從而激發更多創新。市場上剛推出的一個新品種，平均是由1~5萬個品種中挑出，而種植者也願意支付權利金，以確保同行不會栽培同品種而落入惡性競爭。由於這些努力，市場上常有耳目一新的新品種花卉上市。

拿鬱金香來說，提到鬱金香，大家都會想到荷蘭，卻鮮少有人想到土耳其。其實第一株鬱金香球莖是在十六世紀末由土耳其引進荷蘭的，然而現今鬱金香的種植和買賣獲益，卻是放入荷蘭人口袋，而非其原生地土耳其。原因之一是鬱金香的培育和研究現今皆在荷蘭進行，其二是這些品種的專利（亦即育種權）也都握在長期投注心力培育新品種的荷蘭育種者手上。而這都要歸因於新品種保護國際公約。

目前國際通用的〈植物新品種保護國際公約〉，是1961年由國際植物新品種保護聯盟（UPOV）開始施行。該公約認可育種家的智慧財產權，是發展農業、園藝及森林的重要里程碑。受到公約保護的植物新品種，必須與現行認可的品種不同，並具備相當的均質性、穩定性和新穎性，且在商業推廣前取得保護。這個公約的藍本就是荷蘭的育種者法，現已成功推行到七十個會員國，不但有完善的保護規範，且有律師、顧問和植物警察共同執行，而拍賣場上的交易規則也定得清清楚楚，因此盜取他人品種的行為十分罕見。荷蘭不斷向其他非會員國推廣這個公約，網羅新會員，在執行和訓練方面不遺餘力，擔起了領航員的責任。

「荷蘭國家種苗檢測中心」為荷蘭植物品種檢定的專責單位，除了負責檢定品種，也定期舉辦訓練課程，邀請新會員國的專家參加，以確保各國植物品種檢定能維持一定標準。此外，該中心也有專職人員定期到世界各地去收集最新的育種進展，建立完整的資料庫和人脈。

荷蘭的育種專業可說是欣欣向榮，有專業的品種獵人到世界各地發掘原生品種和新育成品種，然後用現代化的生物科技來改進產品的顏色、形狀、氣味和

7 PHOTO | 荷蘭國家種苗檢測中心專家表示，送檢的蝴蝶蘭需要符合均質性、穩定性和新穎性。

8 PHOTO | 花團錦簇的菊花品種苗圃，供各國來的採購商觀賞評估。

性質，甚至是消費者不能從外觀上看得到的性狀，也不斷推陳出新。例如近來的育種標榜低能源少污染，透過挑選抗病品種以減少農藥使用，或選拔在低溫下仍能快速生長的品種以減少生產成本。原來需要大量人工採收的非洲菊，也藉由加強莖稈強度而能採用自動化採收。

香蕉和西瓜美味無籽的原理也廣為應用在花卉上，如香水百合花朵豔麗大方、香氣撲鼻，可惜原來品種的花粉顏色暗沉，盛開時容易沾染到美麗的花瓣上，彷彿灰頭土臉的落難美女。新培育出的香水百合就乾淨清爽，沒有花粉的困擾。這是幾家較大的公司合資進行專案計畫的成果，有政府補助，並由研究機構來克服技術瓶頸。發展出來的新技術應用在各家原有的品種上，既能避免惡性競爭，又能共同獲利。

又例如全球知名的火鶴花育種公司「萊茵植栽」（Rijnplant），除了循規蹈矩登記品種保護權，還以眾多新品種的特色做市場區隔，主導控制品種和市場分布的優勢。哪個品種授權給哪家育苗場都登記得清清楚楚，因此只要市場上出現侵權的非法繁殖商品，馬上就可以循銷售管道找出源頭。

在這個保護制度下，育種家可以專心育種，而培育者購買、培育新品種後，推到市場上所賣得的好價錢，會再支付權利金給育種家，以研發更多新品種。這種共同獲利的合作關係，也是荷蘭花卉產業重要的一環。

▌花卉拍賣場

荷蘭拍賣場是花卉生產者所組成的非營利機構，以服務會員為宗旨。生產者只要把花卉產品送到拍賣場，繳交固定的手續費，營運盈餘最後回饋給會員。荷蘭拍賣場的起源可以追溯到 1912 年，由兩家經營花卉和盆栽植物的拍賣公司在人口密集、土地有限的阿斯湖（Aalsmeer）地區共同創建。當時的拍賣場由小農共同參與，集合眾多產品提供買家選擇，買賣皆由拍賣場經手，就近提供阿姆斯特丹都會的消費。參加拍賣場的小農不必費心收帳，同時會員農家也可一起採購肥料以爭取優惠價格。該組織的成功逐漸使當地鮮花生產蓬勃發展起來。因地利之便，原先是船隻在綿密的水道上穿梭運送，如今則是通往全歐

FLOWERS
BELOW
SEA LEVEL

9 PHOTO | 非洲菊需要大量人工採收，但新品種加
強了莖桿強度，有利往後自動化採收。

10 PHOTO | 東歐外勞在田間採收鬱金香切花，懸吊
裝置用以保護勞工的背部。

的物流網和世界各地的機場。

在荷蘭各地分別發展出眾多類似的小型拍賣場，近年來則漸次兼併，終於在2008年初，荷蘭最大的兩家拍賣場也合併為世界最大花卉拍賣場「荷蘭花卉」（Flora Holland）。他們旗下有六個拍賣場，其中最大面積占地99萬平方公尺，超過120個足球場，計46個拍賣鐘，每座鐘日交易量約3500萬支花、230萬棵植株，交易金額1000萬歐元。拍賣場每週營業五天，每天進場的花卉植物有四分之三來自荷蘭，其他則來自肯亞、以色列、伊索比亞、厄瓜多爾和德國等。這些花卉主要供應荷蘭本地消費，當然也外銷到歐洲和世界各地，每日交易量達2000萬朵花，其中以玫瑰、鬱金香、康乃馨、菊花和非洲菊為大宗。

荷蘭拍賣場目前擁有5000名以上的會員，超過8000個供應商，每日前來交易的顧客約2500名，會場內的員工更高達4155人。以拍賣場為核心，相關的批發、零售業等花卉產業創造出的專業從業人員約有25萬人，2010年營業額41億歐元。花卉拍賣的周轉率高，主要歸功於拍賣流程電腦化、資訊透明化，加上會員的產品品質高、商譽佳，還有近年來發展出的環保生產認證，同時配套的物流通路完善。此外，產品標準化、電子標籤、自動化冷藏倉儲管理、分裝集散設備以及便利的收付款系統，亦功不可沒。

荷蘭花卉拍賣場外銷的不只有花卉，還有花卉的拍賣模式。從南非約翰尼斯堡、巴西聖保羅州荷蘭村，到中國的昆明，都使用荷蘭拍賣場的模式。臺灣目前有臺北、臺中、彰化、臺南、高雄等五家花卉拍賣市場，其中由花農與花商出資的臺北花卉產銷公司，早於1988年就已經引進電腦化拍賣鐘，運用的就是荷蘭的拍賣模式。臺灣第二家拍賣場是田尾花卉拍賣市場，成立於1994年，率先導入荷蘭式電腦拍賣系統來進行拍賣作業。

花卉拍賣現場

有別於藝術品拍賣場上擊槌拍定，花卉拍賣場是以拍賣鐘的倒數計時進行。當載著商品的推車依次進場，鐘面也同步顯示供貨商、產品名稱和數量等相關資料，而拍賣員則在旁宣布最小訂購量和品質檢驗結果。拍賣價格會隨著拍賣

FLOWERS
BELOW
SEA LEVEL

11 | PHOTO 拍賣場的採購商全神貫注的看著倒數拍賣鐘和裝有
商品的推車。

12 | PHOTO 拍賣後的推車送到發貨廳，依照買家，開始分別配
花點驗，準備進行包裝。

鐘上的顯示燈從 100 秒開始倒數，購貨商則盯著拍賣鐘上的價格從高降低決定叫價，誰先按下按鈕讓大鐘停下，誰就是買方。而鐘面價格乘上買方要買的數量，這個交易就算完成，至於同批沒有售完的貨品就繼續向下叫價。

拍賣現場交易是個充滿壓力的工作。如果太早按鈕成本就高，太晚按則可能被買走。購貨商要掌握產業和市場的脈動以及供需品質等鉅細靡遺的資料，而且反應要快、判斷要準，工作壓力之大，專業養成之艱辛漫長，是少數還未有女性涉足的行業。

據說有一回荷蘭女王前來參觀，想要嘗試叫價，於是拍賣員破例讓她坐上購物商的臺階。一車車繽紛的鮮花川流不息地走過拍賣鐘下方，而拍賣鐘上的指針上上下下不停倒轉歸零又返百，看得女王眼花撩亂。等她終於看準按下按鈕，結果買到的花不但非上品，出的價格也貴得離譜，成了新手冤大頭！現在電子商務盛行，買家不必親臨會場就可在虛擬的遠端參與拍賣。不管在世界哪個角落，都能在電腦終端機前同步看拍賣鐘開價下單。

荷蘭花卉拍賣場成功的要素是荷蘭地小人多、生產集中，更重要的是產品標準化。拍賣場的發展帶動整個產業提升，周邊相關產業也扮演關鍵推手。然而這個模式是否能成功移植到其他地方，端視當地的產業發展和市場需求狀況。在中國昆明國際花卉拍賣交易中心，因為有海關、植物檢疫、品質檢驗、郵政銀行以及鐵路航空公路運輸及專業代理公司等服務系統，運作起來就十分平穩成功。但在北京、廣州和上海卻因附加成本過高、標準化不足、採購量低落，又缺乏相應配套的服務體系，功敗垂成。

荷蘭人善於保存歷史，觀光客至今仍可以造訪位於阿斯湖市的第一座鮮花拍賣場。訪客親臨縱橫交錯水道的同時，可以看到在低矮的木架玻璃溫室裡，還停著骨幹結實的腳踏車，連平底的載貨小船都還在運河裡搖盪。徘徊在花圃間，彎下腰來聞聞香氣濃郁的粉紅玫瑰，摸摸開滿寶藍小花的雛菊，置身在這些當年流行的品種之間，處處有走入時光隧道的驚喜。

結合品種展示、觀光與景觀園藝的庫肯霍夫花園

聞名世界的庫肯霍夫花園（Keuekenhof，意思是「廚房後院」），在十五世紀時是女伯爵的狩獵領地，當時女伯爵在這塊廚房後院栽培蔬果香料，現在則成為球莖花卉的開放展覽場地，完美結合了品種展示、休閒觀光與景觀造園，每年造訪的人潮有數百萬之譜。

庫肯霍夫花園最早是由景觀設計家佐赫（Zocher）父子於1840年設計，為典型英式庭園風格。有潺潺的流水、蜿蜒的曲徑、青翠的草坪、人造瀑布和雕像噴泉等。在花園中央的水池還有由木頭搭建的平臺，不但充分以花卉來結合水景，也成功燃起遊客的興致。庫肯霍夫也是荷蘭最大的雕塑陳列公園，許多藝術家都在這裡展出他們的雕塑作品。

每年9月，花園內會種下700萬株不同花種的球莖，其中鬱金香就有上千種，另外還有有風信子、水仙等球莖花卉。在每年3~5月繁花盛開的季節，造訪雅緻又壯闊的造景和花田，這是許多人的夢境花園，更可說是荷蘭的象徵和門面。

美麗花卉博覽會的背後

先前臺灣眾所矚目的一件大事，就是臺北市所舉辦的2010臺北國際花卉博覽會。事實上，國際花卉博覽會的正確名稱應該是「園藝博覽會」（Floriade），它源自荷蘭，1960年在荷蘭鹿特丹首度舉行，而臺北是第七個取得國際園藝家協會認證的亞洲主辦國。

園藝博覽會在荷蘭是十年一度的盛事。然而，荷蘭歷次博覽會的收益並沒有想像中那麼美好。1982年在阿姆斯特丹舉行的園藝展，虧損了將近400萬歐元；1992年在淡水湖鎮（Zoetermeer）的園藝展，號稱有200萬株球莖和330萬名參觀者，卻仍虧損了1050萬歐元。2002年，當他們鍥而不捨地在史基浦機場附近的哈林湖市（Haarlemmermeer）舉辦，花費七年的時間規劃，博覽會結束後卻依舊背負了800萬歐元的赤字。

13 | PHOTO | 兼具人工美和自然美的荷蘭門面，庫肯霍夫花園。

然而，鉅額虧損並未打消荷蘭人辦展的決心。2012年，荷蘭打算把園藝展設在荷、德邊境的小鎮芬洛（Venlo），而籌辦委員會更是帶著決心、魄力和智慧，不僅周旋在女王、政府個行政部門以及民眾和國際宣傳的事務上，更務實地規劃芬洛周圍的交通建設和基礎設施。

事實上，即使在財務上有所虧損，有許多效益卻是帳面上看不到的。就以2002年的哈林湖市博覽會為例，在籌備的七年之間，一條新的高速公路A5和一條相當於省道的N205開進了哈林湖市，附近的基礎建設也如期完工，還有一條直達的公共汽車路線提前通車，並留下了五百畝的綠地。荷蘭觀光局估計，這個園藝博覽會總共為該地區創造了五億歐元的營收。不但如此，還打開了地區的知名度，而設計師的理念和本地居民的願景，也得到了公眾的關注和企業的支持。他們散播了美好記憶和綠色理念給觀光客，而在展覽區域留下可永續可用的硬體建設和不墜的名聲。

或許荷蘭人在思考大型活動的價值，不會單從帳面上的營收來論成敗，還深入關注活動對於該城市在硬體和軟體建設上的後續效應及成長。從他們以七年來籌備一場盛會的決心和執行力，可以知道這絕對不是個讓大家熱鬧熱鬧的活動而已，背後還有對人民和土地更深遠的關懷。因此，即便屢次虧損，荷蘭人卻從未打消舉辦博覽會的念頭。而世界各國前仆後繼爭取主辦博覽會，原因也就可見一斑了。

消費習慣

能撐起龐大花卉市場，荷蘭人的消費習慣功不可沒。荷蘭人的生活少不了鮮花，院裡、屋內，從年頭到年尾都有不同顏色的花朵綻放。就連走在街上，都可看到腳踏車籃子裡插著一束鮮花，甚至學生宿舍裡到辦公室桌上，更是鮮花盆花不斷。說花朵消費是荷蘭生活的一環，是一點也不為過。

荷蘭人在研發和培育花卉品種時，也研究過消費者的喜好。例如對荷蘭人來說，好的玫瑰至少要能盛開兩週，因此賣給荷蘭老奶奶的鮮花，得以壽命見長。然而對於俄羅斯的消費者來說，他們追求的是盛大而豔麗的外型，俄羅斯小伙子以美麗玫瑰擄獲美人芳心後，第二天可能就扔到床底下，因此花朵壽命

FLOWERS
BELOW
SEA LEVEL

2002年哈林湖市園藝
博覽會的主展館,現成
為休閒公園裡的餐廳。

花卉市場上不斷推陳出新的祕密武器,在於每個種
子都有潛力變成市場上的明日之星。這個果莢裡,
孕育著未來數十個新的玫瑰花品種。

並非他們關注的重點。由是之故，荷蘭的玫瑰花園裡開闢了新區，專門種植銷往俄羅斯的玫瑰品種。為不同客戶品味而開發新品種，體現了荷蘭人靈活務實的特性。

此外，荷蘭育種者在進行買賣時，賣的不只是花朵，還有對品質的專注及堅持。北荷蘭有個種植百合的農夫，把培育的球莖賣給在臺灣埔里的客戶，他甚至專程飛到臺灣，親手教會他如何在收成的季節裡挖出球根、放入乾燥的大木箱、控制儲藏的溫度和濕度，然後注意堆積的高度和防蟲防腐處理，確保在臺灣能開出一樣高品質的百合，如此交易才算完成。

互助還是競爭？

2007年，停辦了十二年的臺北國際花卉展在臺北世貿中心舉行，荷蘭公司業務代表莫理斯正在和代理商洽談。當他看到同座的人都開始朝同一個方向張望，且有腳步聲和交談聲漸漸傳來，便隨著大家一起站起、步出會議室。原來是農委會的高級長官來視察。長官見到莫理斯時，和藹可親地表示：「你這回來，可是我們的競爭者啊！」莫理斯很自然地回答：「是啊，但我們還是互助合作吧……」話還沒說完，長官已經遠去了。

也許莫理斯未完的話中想表達的是，競爭要在合作中才會有進步。美麗的花朵盛開的時間何其短暫，但荷蘭人團結合作、注重品質、講求效率和開發創新的精神，則是隱藏在驚人銷售數字下的恆常價值。

FLOWERS BELOW SEA LEVEL

＊本文感謝Mr. Martin Schornagel 提供協助

BIG
BUSINESS
IN A TINY
COUNTRY

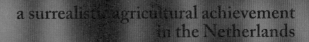
a surrealistic agricultural achievement
in the Netherlands

16

小國大業 | 荷蘭的超現實農業成就

BIG BUSINESS IN A TINY COUNTRY : a surrealistic agricultural achievement in the Netherlands

> 荷蘭有今日讓人賞心悅目的大自然景觀和強大的農產品產
> 值，靠的是不拘泥傳統的創新精神、日新月異的農業科技，
> 以及對大自然的熱愛。

馬慧志・文
曾任職於荷蘭種子加工機械公司，長居荷蘭

　　荷蘭是個以農立國的國家，農業用地占全國總面積70%。它的面積雖比臺灣略大，但由於緯度高、植物生長季節短，一般說來並不適合農業發展。然而荷蘭卻以僅占全國3%的勞動人口，創造出有巨額盈餘的農產品外銷成績。以2008年為例，荷蘭農產品的外銷總量便高達65億歐元，僅次於美國。農產品的出超額是23.5億歐元，占全國總出超額的60%。其中番茄外銷量占全世界四分之一，甜椒黃瓜則占全世界的三分之一。這種超出現實條件允許的成就，實在讓人刮目相看。這樣的「農業大國」到底是如何崛起的？

昔日的荷蘭農業

在梵谷畫作《吃馬鈴薯的人》中，農夫跟農婦在辛苦了一天後，帶著滿臉無助的倦容，坐在餐桌上吃著只有煮馬鈴薯蘸醬汁的晚餐。這是十九世紀末，荷蘭這個一年中有一半時間不適合植物生長、每寸土地都要與天相爭的小國裡，傳統農家的生活寫照。

1945年初，亦即二次世界大戰末期，荷蘭人經歷了一個可怕的冬天。那年約有兩萬名荷蘭人因耐不住寒冬與飢餓而先後死亡。大戰結束後，這種飢餓的身體記憶激發了荷蘭人積極發展農業的決心。為了增加經營效率，農家相互併購或交換農地，將過去分散的田地集中開發經營，並進行機械化跟工業化的改革。育種專家則積極研發，培育優良的蔬菜品種。當時政府的農業政策是大量提供農藥跟化肥，協助農民提高作物產量，以解決人民糧食問題。傳統「鋤禾日當午，汗滴禾下土」的小戶農家很快就被淘汰了。從1947~1967年，短短二十年的時間裡，務農人口已經從全國勞動力的20%銳減至7%，但農家的平均收入卻比法國農家多出40%，更是德國的兩倍。

荷蘭境內多水澤，農田多分散在水道之間。從前，農夫每天都要划著小舟輪流到分散各地的小農地去耕種。零星分散的幾個村莊、聚落，也只能依賴船隻相互往來。四百年多前，荷蘭人為了增加可耕之地，已經開始將水澤抽乾，重劃農耕地。可是到了1970年代，開發較晚的荷蘭西北部卻仍是一片水澤泥沼。為了提高經濟效益，政府一鼓作氣將這區農田全數收回，填平不規則的水道，重新劃分可耕地，再以等值但形狀規則、面積較大的土地發還給農人。同時，政府亦重新開闢新的灌溉水運網絡及陸上交通網絡，以提升農產品的價值。荷蘭西北部的景觀也因而煥然一新。

在土地使用計畫裡，部分原有的農地因改做都市建設或娛樂休閒區，實際農地面積於是逐漸縮小。由於大型農場不斷增加，農業科技的要求也持續提高，專業知識越來越複雜，歐盟跟政府的管制條例也越來越多，要維持農場的競爭力亦越發困難。2003年，在荷蘭還占世界花卉市場的60%、其他植物和作物市占率也有40%的強勢的年代裡，跟不上時代腳步的家庭農場，卻以每週九十家的驚人速度紛紛倒閉。

BIG
BUSINESS
IN A TINY
COUNTRY

荷蘭農業不只解決荷蘭人的民生問題，它也和牧場結
合成荷蘭的大自然景觀。食用動物和食用作物的和諧
交融畫面，構作出現今荷蘭典型的鄉村景致。

2 | PHOTO
梵谷於1885年以《吃馬鈴薯的人》等系列
畫作，來描繪荷蘭農村生活。

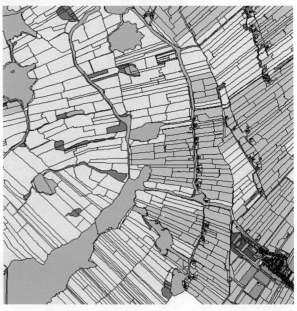

3 | PHOTO

土地重劃前，以
水路為交通網的
農村。圖為1832
年位於荷蘭菲士
蘭省的地圖。

在缺乏後代接管的祖傳農場，地主仍可保留農地，將土地轉租給需要更大耕地的農家。舉例來說，農場主人以一公頃地4000歐元的年租將一塊土壤肥沃、質地鬆軟的好耕地租給鬱金香花農。接下來的四、五年，由於這塊地的生產力降低，只能以大約1800歐元的價格租給種植青花菜、花椰菜等只需次等土壤的農人。接下來是土地的休耕期。地主會在這塊土地上種植禾草來改善土壤品質，並讓畜牧業者在其上放牧牛羊。牛羊的排泄物可以「滋潤」農地，地主也可以向畜牧業者收取300歐元的借用金，而長出來的草還可賣給畜牧業者當作牛羊飼料。三年後土地恢復了活力，又可再租給鬱金香花農，開始新的循環。

今日的荷蘭農業

充滿挑戰的荷蘭農業

隨著農業知識與種植技術日新月異，不管農場大小，若要保持競爭力，每個人都得嚴陣以待，吸收最新的專業知識。從前經營農場者只需要出勞力，今日的農人不但要有最新的農業知識，還得知道如何善用。為此，有一群專事育種、土壤、病害等方面的專家，共同創辦了一個農業知識庫，任何人只需繳交2500歐元年費，便可獲得最新的農業知識與資訊，並解答農作實務上的問題，是一種機動性的培訓班。知識庫每天會透過電腦傳送最新資訊到家，提醒注意事項。這種線上顧問能讓農民的專業知識趕上時代，也為農民解答所有的實際問題。

身為農民除了要戮力汲取專業知識，還得迎合社會環保意識、配合歐盟繁瑣條例。如果沒有對農業經營的熱情與憨勁，沒有彈性、創新、接受挑戰的精神，勢必難以在農業這一行立足。

荷蘭有很多新的農業科技，都是農場工作人員在工作時得來的靈感，再與機械工廠共同研發出來的。像鬱金香的水育法；溫室裡用來模擬日光時間與光度的自動調節設備；在溫室裡自動播種、搬運、採收的機械人，還有完全自動化的接枝機器等。

創新的嘗試，有時也會讓人覺得不可思議。有的荷蘭果農為了保持果園土

壤肥沃及土質鬆軟，特別注意果園蚯蚓的生態環境。他們不但不往地面噴灑農業，還定時在土裡摻混培養菇類的剩餘培養土，以增加土裡的腐植質，提供蚯蚓良好的活動環境。農人甚至還打算嘗試以牛奶來澆灌土壤，因為牛奶裡的蛋白酵素有可能活絡土壤中微小動、植物的生態環境，讓蚯蚓變得特別有活力。這種不拘泥於傳統、隨時創新、勇於嘗試的能力和魄力，正是荷蘭農業一直能保持競爭力的主要原因。

媲美矽谷的「種谷」

早在二十世紀初，人類才剛認識遺傳基因對植物雜交的影響時，荷蘭農業界就開始進行育種研究，他們積極研發質優的新品種，不但增加農產品的產量、加強種子的抗病性、改善產品的色香味，也增加蔬菜、花卉機械化收成的可能性。一個世紀以來，荷蘭的農業科技一直領先全球。荷蘭的育種業者常會說：「一公斤高品質的番茄種子，比一公斤的黃金還貴。」乍聽之下像是在吹牛，事實上靠著現代科技，一粒好的番茄種子在理想的溫室環境裡可以長出25公斤的番茄果實。換句話說，一公斤的番茄種子可以收成400萬公斤的番茄。農業早已脫離從前灰頭土臉的時代了。

荷蘭西北部的西菲士蘭地區受到溫暖海洋型氣候的影響，有日照時間長、氣候溫和的優點。打從十九世紀末期起，就有許多育種公司相繼成立於此。到了二十世紀初，這裡的小鎮恩克豪森（Enkhuizen）已儼然成了世界育種業的搖籃。隨後與種子處理技術相關的研發公司也紛紛跟進，現在已有三十多家領先世界蔬菜花卉的育種公司，改良種子技術的高科技公司及種子處理的加工機械公司，也都集中在荷蘭的這一角，形成今日所謂的「種谷」（Seed Valley）。

「種谷」生產的花卉、馬鈴薯、草類和蔬菜等作物的源頭材料（例如種子），年輸出總額超過25億歐元，占世界市場的46%。先正達（Syngenta）、聖尼斯（Seminis，孟山都的子公司）、尼克森史旺（Nickerson Zwaan，利馬格蘭的子公司），比久（Bejo）及安莎（Enza）等世界五大育種公司都集中於此。為了不斷改良品種、研發新品，這些育種公司每年投資在研究發展上的金額占其總營業額的15~25%。

雖然荷蘭外銷種子到世界各地，這些種子卻不是在荷蘭種植生產的。種子由育種公司研發出後，會選擇在氣候最合適的地方種植。種子採收後送回荷蘭，

由種子公司進行精準的篩選，經過消毒、包衣的加工處理，製成市場上需要的樣子，再銷往適合生長的國家。由於繁殖工作不在荷蘭進行，所以這種「種子交易」的成長空間相當大。

從種子經銷商到育種公司

1959年，原來只是種子經銷商的安莎育種公司正式加入育種行列。該公司依照其經營發展策略，分別在世界上二十多個國家設置了育種站、繁殖所和經銷處。育種專家利用現代DNA標記的新技術，加速選種交配、提高育種效率，不斷培育出適合各地氣候並符合消費者訴求的蔬菜品種。繁殖所則遍布世界各地，按季節輪種，使全年都可供應市場所需。這些種子經過品質檢核後，再加工製成不帶細菌、黴菌等病源且發芽一致的健康種子，才包裝分送世界各地，並提供客戶技術協助等售後服務。

他們成功的祕訣是能夠預測出消費市場跟種植公司未來的訴求跟走向，培育出趕在時代先端的品種，及時推出市場。如今已成為世界上最大的育種公司之一了。

領先世界的種子包衣技術

中國孔老夫子曾說出「吾不如老農」這番對農事不屑或不感興趣的話語，那是因為他不了解農業對民生的重要性。如果他能看到今日經過加工處理的種子，說不定他也會對農事發生興趣。這些加工種子不但色彩斑斕、色澤晶亮，有些還包裹成珍珠般的丸粒。種子種在田裡之後，長成的菜蔬一坑一株、出落得整齊劃一；至於在高大、透光良好的玻璃溫室裡，這些種子有的種在土裡，也有種在水裡或長在岩棉裡的。

育種家盡量結合有抗菌、抗黴、色香味俱佳、營養價值高等優勢遺傳基因，改良出一代優於一代的種子。可是要保障這些種子在成長中有最佳表現，還需要經過進一步的優化加工。「種谷」裡專門研發種子加工技術的公司盈可泰（Incotec），便擁有全世界最先進的種子加工科技。從田裡採收的種子有可能受到黴菌或其他細菌感染，盈可泰則以濕熱空氣殺菌法取代傳統化學藥物來替種子消毒，不但完全符合環保要求，而且全世界獨一無二。有些種子雖然遺傳特性很好，卻不易發芽，該公司也能對種子進行刺激，讓種子入土後能同時發

芽、成長速度一致，並維持種子原有的儲藏時間。

　　這些上市的種子都是花花綠綠的，這是因為它們經過「包衣」處理。包衣是在種子表面裹上一層顏色鮮亮的薄膜，或以天然原料裹成丸粒狀，既方便播種，又可作為化學肥料、殺蟲劑的載體。如此一來，可以精確控制每個種子施用的化學藥劑用量，也可為種子提供發芽期的最理想環境，並減少對土壤的汙染。而製成丸粒狀的種子，亦方便人工或播種機使用。尤其是花卉的種子通常都非常小，包裹成丸粒狀才能有效率控制播種數量。

　　番茄是高價位的種子，溫室的生長空間跟設備成本又高，不能浪費，所以種子一定要健康有活力。為此，「盈可泰」研發出世界上獨一無二的X光選種設備，引發發芽後的番茄種子會一粒粒經過X光篩選，而根據種子胚芽的長相，便可100%正確地選出健康的種子。

種子加工機械公司

　　此外，種谷裡還有「荷蘭種子加工機械公司」，從一開始就在此為這裡的種子公司服務，專門製造適合蔬菜花卉種子精選的加工機械。由於近水樓臺，他們經常跟種子公司切磋，不但可以隨時調整改良既有的機械產品，還進一步合作研發最新的機器設備。

　　如此一來，從育種、篩選到加工，一氣呵成，使「種谷」不論是實質上或象徵上，都是世界種子的「谷」倉。

號稱「世界花園」的溫室農場Agriport A7

　　大約150年前，有一群不按牌理出牌的荷蘭人在西部的威士蘭地區蓋起溫室，開始種植不可能在荷蘭生長的葡萄樹。這個高緯度的小國為了要跟外國農業競爭，藉著玻璃溫室來延長蔬菜和花卉的生長季節，以提高作物產量。現在荷蘭已經有一萬多公頃、五千多個玻璃溫室。溫室裡主要栽培番茄、青椒跟黃瓜等高單價的蔬菜，還有150種切花和500多種盆栽。荷蘭溫室生產的花卉和蔬果，有80%是針對外銷市場。傳統溫室農場的平均規模大概只有兩公頃，但2006年在北荷蘭新開發的玻璃溫室農場區Agriport A7，最小的溫室面積就有15公頃，而目前即將經營的荷蘭最大溫室面積則高達125公頃。

5 PHOTO | 從種丸長出來的種苗

6 PHOTO | X光下經過引發的番茄種子胚胎

以Barendse-DC這家專門種植黃色甜椒的溫室農場來說，目前已完成的溫室面積有20公頃，一次可種50萬株黃椒，全年有十二個月的生長期。每年11月開始種幼苗，次年3月開始收成，一直收到當年11月為止。一株植物可以持續採收黃椒九個月，全年可收黃椒2500公噸，其中有95%銷往國外。

Barendse-DC是個封閉式溫室，採光極佳，並以岩棉式水耕栽培法。順著一排排的培育臺上，放著長條的岩棉枕條。岩棉是玄武岩加熱融化後拉絲製成的礦物纖維，吸水率為95%，可供應植物足夠的水分。化學肥料就以點滴的方式順著輸水管流入岩棉，未被吸收的肥料則隨著流出來的水重新回收，無需擔心汙染。向育苗公司買進的黃椒幼苗也是生長在岩棉塊上，只要整株植栽放在岩棉枕條上，幼苗就可在岩棉條上扎根成長。

在生長季節裡，主人會透過大黃蜂授粉。溫室裡不使用農藥，而以瓢蟲等昆蟲類「生物農藥」取代化學農藥，所以也沒有農藥的汙染問題，保障黃椒的食用安全。溫室裡的溫度全年維持在20℃左右，調溫系統是讓水從屋頂順著溫室玻璃向下流。夏季溫度高，過多的熱量就會被水帶出溫室，儲存於接在溫室外頭的巨無霸大水箱裡。天冷時，熱能會再隨著水流送進溫室，可以節省50%的能源。不足之處則以汽電共生系統補足（參見〈海平面下的花花世界〉）。在溫室下方則有三個儲存雨水的大水槽，供應植物用水。此外，還有電腦系統可以自動控制，精確調節溫室裡的溫度、濕度、給水、電力與熱能的供需設備，儼然一個高科技實驗室。

地方政府准許業主在這裡興建溫室農場之前，曾要求他們擔保絕對保護空氣、水源、土壤不受汙染，並維護當地大自然原有面貌。在這個溫室農場區，業主之間不但像個大家庭，經常交流經驗、互換心得，還一起興建發電和儲水等設備，共同解決包裝、貨櫃、運輸等問題，提高物流效率及經濟效益。眾志成城，荷蘭的農業奇蹟顯然是大家一起打拚出來的。

乍看之下難免讓人懷疑：為了種植甜椒或番茄，竟可以安裝如此重量級的複雜設備，成本到底怎麼算？事實上，雖然玻璃溫室的投資成本高，但在這種由電腦自動控制光照、溫度、給水和二氧化碳含量的溫室中，農作物的收穫量可比傳統種在露天土裡的方式多出七、八倍，收成大有保障。再加上溫室產品對

人類安全無虞，對環境也友善，不但保障農業經營的永續性，也保持長久的競
爭力，因此溫室農場目前正是荷蘭農業的主流模式。

如此看來，「種谷」有種子製作、加工跟加工機械完整的生產鏈，而Agriport
A7的園區裡，除了生產玻璃溫室的蔬果，也有包裝、儲存、運輸、行政等配套
企業的完整規劃，已經是個自成一格的成熟農業體系。

對基改作物的猶疑

自從人們發現所有生物基因都是由同樣的元素組合而成之後，就異想天開
地設法轉換不同生物間的遺傳基因。在農作物領域裡最常見到的基因轉植，就
是將細菌或濾過性病毒的基因剪下，重新接在某種決定植物遺傳特徵的DNA
上，於是植物開始具有天然並不存在的基因。這是自然界裡人為設計出的基因
突變，是打破達爾文演化論的物種變異理論，是人類設計新生命的開始。自從
1994年美國人開始生產可以延長保存時間的基改番茄後，這種基因轉換的技術
就逐漸取代了傳統的育種工作。

一個廣為流傳的基改實例，就是美國最大種子公司孟山都的「毒蠍包心
菜」。蠍子尾巴裡製造毒素的基因被轉接在包心菜的DNA上，毛毛蟲只要吃了
包心菜，就會被包心菜自己生成的毒素毒死，如此便可大量減少農藥使用。這
種基改技術也可使油菜生成原本沒有的油性成分，而在大豆上轉接對抗除草劑
的基因之後，就可在大豆田裡噴灑這種除草劑而不傷害大豆。此外，還有含有
原先只存在於魚肉裡的omega-3黃豆、可以抗旱的稻米等。

基改作物產量高、抗病性強，既容易種植又節省人工，在不理想的環境下也
可生長。很多人認為這是解決世界糧食最好的辦法，再加上美國孟山都、先正
達以及先鋒種業（Pioneer）等公司便大力推廣，基改作物已在美洲跟亞洲大為
普及。現在全世界的玉米、大麥、米、黃豆、馬鈴薯、棉花等大宗農作物，已
有90%以上是基改產品，而種植最多的國家則是美國、阿根廷、中國跟巴西。

大約十年前，中國北方的棉花農開始廣泛採用孟山都的基改棉花，以遏止
棉鈴蟲生長。剛開始的時候農藥用量的確有減少，省了人工也達到環保目的。
但在2010年夏天，這些棉田卻突然發生了嚴重蟲害。初步認定是由基改棉花

7 | PHOTO | 玻璃溫室農場區Agriport A7一景，綠色的大水槽與溫室的調溫系統相連。

8 | PHOTO | 溫室農場Barendse-DC的黃椒玻璃溫室中，種植著黃椒的岩棉塊跟岩棉枕條。

田所引起。那些原來在棉花田裡生存但對棉花威脅不大的小昆蟲，在適應了基改棉花後，不但逐漸產生了抗體，還變本加厲以更大的破壞力侵入其他蔬菜、水果，結果反而得以更多農藥來控制蟲害。為了要降低成本並保護環境基改棉花，而今反而成了危害自然的兇手。在此同時，印度和美國亦分別傳來抗除草劑基改作物以及基改油菜所造成的大自然反撲。基改作物將為世界帶來什麼樣的後果，恐怕還需繼續觀察。

這種趨勢讓歐洲社會深感不安，人們擔心基改作物會驅逐原來的生物品種，威脅到世界植物的多樣性；也擔心單一基改作物不能應付未來全球暖化的問題，而造成糧食危機。可是不管歐洲人對基改作物的恐懼有多大，在世界潮流的影響下再加上利益相關者的遊說，歐盟已在2009年允許種植兩種可以抵抗某種昆蟲的基改玉米。西班牙開始大量生產基改玉米，美國也希望透過西班牙趁機打進歐洲市場。目前歐盟正準備通過會員國可自行決定是否拒絕基改作物的決議，致使反對基改作物的國家被消音。根據危機解密披露的最新消息：美國為了壟斷市場，曾威脅法國，倘若拒絕基改作物便予以處罰。美國也曾遊說梵蒂岡，想利用羅馬教宗影響世界上十幾億信徒對基改作物的態度。基改種子已經深入國際政治舞臺，其意義已不是單純為了解決世界糧食危機了。

目前荷蘭仍採觀望態度，卻又難免擔心市場被搶光，因此荷蘭某些種子公司也開始急躁地從事基改品種的研發。只是目前在荷蘭還很難通過費時耗資的嚴格檢核，使基改作物遲遲不能推出生產。按照目前的局勢，荷蘭恐怕早晚也會對基改作物屈膝，因為即使荷蘭還不准種植基改作物，從美國進口的基改玉米跟基改黃豆食品，卻早已悄悄進入每一個廚房了。

有機市場的開發

與基改作物對峙的是老祖宗的傳統：具永續性的有機作物。大約二十年前，由於荷蘭政策的鼓勵，荷蘭從事有機農業的人才漸漸多了起來。不過因為荷蘭政府本身就對農藥使用有嚴格規定，一般人並不擔心食物裡有農藥殘餘，加上有機食品較貴，選擇有機食物的動機往往只是基於環保理念以及對大自然的感情。因此它的消費群體往往也很有限。有機蔬果的市場雖然年有增加，到2009年止卻只占蔬菜市場的5.2%，比預期的10%少很多。

荷蘭的有機認證所代表政府監測、檢驗有機作物的生產過程是否合乎有機作業的原則，並授予EKO有機標記的使用權。有機作業的原則包括：不用農藥、不用化學肥料、只用有限的有機肥料、不能只種單一作物、不准選用基改作物。此外，為了避免作物受病蟲害，可採植物輪種計畫，在小塊地上種植不同作物，選擇抗病性高的品種，以確保土壤組織的品質和土裡生物的活力。對從事有機生產的農人來說，農場應該是廣納人、土壤、作物、動物及動物排泄物的完整生命體，而農人也必須配合當地的土壤、氣候、降雨量等自然環境，選擇農場的農作物跟畜養的動物。

簡單來說，有機作物的生產方式是使用百年前的種植方式，不施以農藥或化學肥料、不破壞土地原有的養分及生長力，使農業可以永續發展。然而，要推廣有機農業，除了仰賴前人累積下來的經驗，如果有機蔬菜的根鬚能生長繁茂、深扎入地，又能抗菌抗旱抗蟲害、提高產量，一定更有幫助。育種專家在這方面的努力，將是有機農業成功的關鍵。

不容否認的事實是，有機農作的成本高、產量少，不可能單靠有機食物餵飽全世界的人口。可是在荷蘭，即使是不贊成積極推廣有機作物的人，也希望至少能維持某種程度的有機耕種。因為荷蘭有今日讓人賞心悅目的大自然景觀，這種傳統的農作與畜牧方式功不可沒。

理想主義者的有機農場

有些選擇有機食物的理想主義者，會以贊助有機農場來表達他們對大自然的感情。在荷蘭中部的De Oosterwaarde有機農場，就是以會員加盟的模式在經營。它有兩百多個會員，每月繳交一定的會費以維持農場經營。為了避免病蟲害，除了選擇健康強壯的好種子，也會按照季節來輪種五十多種不同的蔬菜，以預防病蟲害。他們畜養牛羊，牛羊的飼料也是自己種的。而家禽、家畜的排泄物則可作為蔬菜的天然肥料。農場每個禮拜五收成一次，收成什麼會員就分到什麼。

當然，也有許多生產品項較為單純的有機農場、牧場，未必都經營完整的生物鏈。人們可以直接到農場購買食物，或是到有機市場選購。目前荷蘭大概一共有一千五百家有機農場，規模都不是很大。

9 PHOTO | 食物包裝上的有機食物認證EKO標記

以荷蘭為借鏡

過去，人們為了增加農作物產量，曾經長期無限量地施肥跟用藥；為了農田的灌溉，竭盡所能汲取自然水源；為了增加農作物用地，砍伐、破壞天然森林，造成全球土地的鹽鹼化、沙漠化及水土流失。這些年來，受到全球性糧食危機的威脅，人們忽然警覺到這種破壞性的農業經營方式已經威脅到人類的生存環境和農業經營的永續性。大地是否能維持現狀？人類是否能繼續生存？農業發展無疑是個關鍵問題。可是在一般社會裡，農業常得不到應有的重視，一般人還是很難體會到農業對自己生存環境的重要性。

荷蘭人今日的農業成就，全靠整個世紀以來專業知識跟經驗的累積，以及不斷創新的天性。從事農業工作的人為了保持競爭力，不但藉著電腦、透過媒體隨時吸收最新的農業知識，還要跟著潮流不斷更新設備跟生產技術，因此生命中常會迸發出一種讓人興奮的動力和創造力。然而荷蘭人經營農業的理念不僅是為了自給自足，更放眼配合全世界的糧食需求，並關注於生物品種的多樣性、生態環境的保護、全球暖化及能源供應的問題。它是積極隨著科技前進的傳統產業，卻又是不忘社會責任的成熟體系，以此造就了它的活力與競爭力。這就是荷蘭農業超現實成就的祕訣

繪圖Stella So

荷蘭 不唬爛

THE UNDUTCHABLES

一探矛盾的、發噱的、極端的、令人發狂的荷蘭；
《荷蘭不唬爛》帶你深入超級道地、從未認識、歎為觀止的荷蘭

荷蘭人：「對！我們可不只有海尼根、風車和大麻⋯⋯
這本書把我們的祕密都講出來了！」

荷蘭國土，只占據地球表面不到百分之一的面積，

但，荷蘭皇家航空公司彌補了剩下的部分⋯⋯

如果你正坐在國際航班上，機長宣布正飛越荷蘭上空。

千萬不要眨眼，不然你可能會錯過它！

事實上，你只要花三個小時就能開車橫跨這個國家。

但除了鬱金香、木鞋和風車（或大麻、紅燈區和同志遊行），

你知道被鄭成功趕出台灣的荷蘭，今日強大的國力是來自哪些匪夷所思的細節嗎？

荷蘭——

比你印象中更規矩又更失序

比你以為的更公平又更歧視

比你見到的更整潔又更凌亂

比你想得更有效率又更癱瘓

作者：柯林・懷特
&勞莉・布克
譯者：郭書瑄
大家出版

common master press 大家出版

世界盃足球賽中，荷蘭代表隊在晉級前八強之後面臨流街頭的危險
——因為之後沒訂旅館！
這就是荷蘭人對金錢的態度：裝窮、務實、省到最後一分錢！

全面曝光荷蘭人的祕密

1989年，這本書問世之初，荷蘭知名記者Johannes van Dam在阿姆斯特丹書店的櫥窗上發現了它，於是為它寫了一篇書評。他提到：「這本書對荷蘭的描寫真是又精確又好笑，把我們的祕密都說出來了。」之後本書在荷蘭成為長年暢銷書，至今路邊廣告看板、火車月台上和機場，都還在推廣本書，本書儼然成為外國觀光客進入荷蘭的備戰守則。

讀者笑到流淚推薦

＊我的荷蘭朋友對我說：「如果這不是荷蘭，那是因為荷蘭還更超過。」
＊我在荷蘭住了好幾年，而這本書簡直就是外國人居住荷蘭的生存守則！
＊我是個荷蘭人，書裡面講的都是真的！我邊讀邊笑，笑到無法自拔，而且還買來送給身邊所有的外國朋友！你如果想認識我們這些瘋狂的荷蘭人，一定要讀這本書！如果你要搬到荷蘭，飛機上必讀！

國家圖書館出版品預行編目資料

新荷蘭學：荷蘭幸福強大的16個理由／郭書瑄 等
著 ──初版── 台北市：前衛出版社
2012.01
面；公分
ISBN 978-957-801-680-4（平裝）

1.區域研究 2.荷蘭

747.2   100023692

＊「前衛本土網」http://www.avanguard.com.tw
＊加入前衛出版社臉書facebook粉絲團，搜尋關鍵字「前衛出版社」

新荷蘭學：從歐洲邊陲站上世界中心

作者・郭書瑄等｜美術設計・林宜賢｜書籍企畫・宋宜真｜責任編輯・宋宜真｜行銷企畫・林君亭
出版者・前衛出版社 10468 台北市中山區農安街153號4樓之3 電話：(02)2586-5708｜傳真：(02)
2586-3758 劃撥帳號05625551｜http://www.avanguard.com.tw｜信箱・a4791@ms15.hinet.net
出版總監・林文欽｜法律顧問・南國春秋法律事務所｜總經銷・紅螞蟻圖書有限公司 台北市
內湖區舊宗路二段121巷19號1樓 電話：(02)2795-3656｜傳真：(02)2795-4100
定價・380元｜初版一刷・2011年12月 初版二刷・2018年7月｜版權所有・
侵犯必究｜本書如有缺頁、破損、裝訂錯誤，請寄回更換